中传学者文库编委会

主　任： 廖祥忠　张树庭
副主任： 蔺海波　李　众　刘守训　李新军　王　晖
　　　　　杨　懿　柴剑平

成　员（按姓氏笔画排序）：

王廷信　王栋晗　王晓红　王　雷　文春英
龙小农　付　龙　叶　龙　刘东建　刘剑波
任孟山　李怀亮　李　舒　张绍华　张　晶
张根兴　张毓强　林卫国　郑　月　金　炜
金雪涛　周建新　庞　亮　赵新利　徐红梅
贾秀清　高晓虹　隋　岩　喻　梅　熊澄宇

中传学者文库

主编／柴剑平
执行主编／龙小农
副主编／张毓强　周建新

远山青未了

孙振虎文集

孙振虎　著

中国传媒大学出版社

·北京·

图书在版编目（CIP）数据

远山青未了：孙振虎文集 / 孙振虎著 . -- 北京：中国传媒大学出版社，2024.8.

（中传学者文库 / 柴剑平主编）．

ISBN 978-7-5657-3771-8

Ⅰ．G210-53

中国国家版本馆 CIP 数据核字第 2024DW2741 号

远山青未了：孙振虎文集
YUANSHAN QING WEILIAO：SUN ZHENHU WENJI

著　　者	孙振虎				
责任编辑	张继媛				
封面设计	锋尚设计				
责任印制	李志鹏				
出版发行	中国传媒大学出版社				
社　　址	北京市朝阳区定福庄东街 1 号		邮　　编	100024	
电　　话	86-10-65450528　65450532		传　　真	65779405	
网　　址	http://cucp.cuc.edu.cn				
经　　销	全国新华书店				
印　　刷	北京中科印刷有限公司				
开　　本	710mm×1000mm　1/16				
印　　张	17.25				
字　　数	273 千字				
版　　次	2024 年 8 月第 1 版				
印　　次	2024 年 8 月第 1 次印刷				
书　　号	ISBN 978-7-5657-3771-8/G・3771		定　　价	86.00 元	

本社法律顾问：北京嘉润律师事务所　　郭建平

总　序

媒介是人类社会交流和传播的基本工具。从口语时代到印刷时代，再经电子时代至今天的数智时代，媒介形态加速演变、融合程度深入发展，媒介已然成为现代社会运行的基础设施和操作系统。今天，人类已经迈入媒介社会，万物皆媒、人人皆媒，无媒介不社会、无传播不治理。今天，无论我们怎么用力于信息传播的研究、怎么重视信息传播人才的培养都不为过。

中国传媒大学（其前身为北京广播学院）作为新中国第一所信息传播类院校，自1954年创建伊始，即与媒介形态演变合律同拍、与国家发展同频共振，努力探索中国特色信息传播人才培养模式、构建中国信息传播类学科自主知识体系，执信息传播人才培养之牛耳、发信息传播研究之先声，被誉为"中国广播电视及传媒人才摇篮""信息传播领域知名学府"。

追溯中传肇始发轫之起源、瞩望中传砥砺跨越之未来，可谓创业维艰而其命维新。昔日中传因广播而起，因电视而兴，因网络而盛，今天和未来必乘风破浪、蓄势而上，因人工智能而强。在这期间，每一种媒介兴起，中传均吸引一批志于学、问于道、勤于术的学者汇聚于此，切磋学术、传道授业，立时代之潮头，回应社会需求，成为学界翘楚、行业中坚，遂有今日中传学术研究之森然气象，已历七秩而弦歌不断，将传百世亦风华正茂。

自新时代以来，中传坚守为党育人、为国育才初心，励精图治、戮力前行，秉承"系统治理、创新图强、交叉融合、特色发展"的办学理念，牢牢把握高等教育发展大势、传媒业态发展趋势，瞄准"智能传媒"和"国际一流"两大主攻方向，以世界为坐标、以未来为向度，完成了全面布局和系统升级，正在蹄疾步稳、高质量推动学校从传统高等教育向未来高等教育跨越、从传统传媒教育向智能传媒教育跨越、从国内一流向世界一流跨越，全力建设中国特色、世界一流传媒大学。

中国特色、世界一流，在于有大先生扎根中国大地，汇聚古今、融通中外；在于有大先生执教黉门，学高为师、身正为范；在于有大先生躬耕杏坛，敦品积学、启智润心。习近平总书记更强调，高校教师要立志成为大先生，在教书育人和科研创新上不断创造新业绩。中传广大教师素来以做大先生为毕生职志，努力成为新时代"经师"与"人师"的统一者，做真学问、立高品行，践履"立德树人"使命。

2024 岁在甲辰，欣逢中传建校 70 华诞，学校特邀约部分学者钩玄勒要、增删批阅，遴选已公开刊发的论文汇编成集，出版"中传学者文库"，意在呈现学校在学科建设、科学研究、服务行业实践等方面的最新成果，赓续中传文脉，谱写时代新声。

文库汇聚老中青三代学者，资深学者渊渟岳峙、阐幽抉微；中年学者沉潜蓄势、厚积薄发；青年学者踌躇满志、未来可期。文库与五十周年校庆所出版的"北广学者文库"相承接，大致可勾勒中传知识生产薪火相传、三代辉映之概貌，反映中传在构建中国特色新闻传播类、传媒艺术类、传媒技术类学科体系、学术体系和话语体系方面的耕耘与收获，窥见中国特色信息传播类学科知识体系构建的发展脉络与轨迹。

这一构建过程，虽筚路蓝缕，却步履铿锵；虽垦荒拓野，亦四方辐辏。一批肇始于中传，交叉融合、具有中国特色的学科，如播音主持艺术学、广播电视艺术学、传媒艺术学、数字媒体艺术学、政治传播学等，从涓涓细流汇入滔滔江河，从中传走向全国，展现了中传学者构建中国自主知识体系的学术想象力和创新力。文库展示的虽然是历史，实则是呈现今天；看似是总结过去，实则是召唤未来。与其说这套文库的出版，是对既有学术成果的展示，毋宁说是对未来学术创新的邀约。

回首过往，七秩芳华。我们深知，唯有将马克思主义基本原理与中华优秀传统文化相结合，才能推动中华学术创造性转化和创新性发展，推动中国自主知识体系的构建。我们深知，唯有准确把握媒介形态演变的脉动、深刻认知媒介形态变革所产生的影响，才能推动中国信息传播类学科自主知识体系的构建与时俱进。

展望未来，星辰大海。我们深知，以人工智能为代表的产业和科技革命正迅疾而来，媒介生态正在加速重构，教育形态正在全面重塑，大学之使命与价值正在被重新定义；我们深知，唯有"胸怀国之大者"、面向世界科技前沿、面向经济主战场、面向国家重大需求，才能确保中传始终屹立于中国及至世界传媒教育发展之潮头。

如何应对人工智能带来的深刻变革，对中传而言是一场要么"冲顶"、要么"灭顶"的"兴亡之战"。我们坚信，不管前方是雄关漫道，还是荆棘满途，唯有勇敢直面"教育强国，中传何为？"这一核

心命题,奋力书写"智能传媒教育,中传师生有为!"的精彩答卷,才能化危为机,奋力开创人工智能时代中传智能传媒教育新纪元。

功不唐捐,芳华七秩;风帆正举,赓续创新。

是为序。

第十四届全国政协委员,中国传媒大学党委书记、教授、博士生导师

序　言

　　四轮光阴，荏苒如梭。2023年春末，孙振虎教授杳然远去，给我们留下了太多的遗憾。2024年深秋，正值中国传媒大学建校70周年，在这片他深爱的土地上，我们谨以此文集聊表怀念。

　　生随光影，斑驳如诗。孙振虎教授在小学三年级时就与摄像机结下了缘分，此后摄像机便与其相伴一生。他用镜头记录下祖国的万般风土与温暖人情，用一部部影片中永恒的符号来凝刻历史，《中华泰山》《胡永乐和他的秧歌队》《永远的丝路》等代表作品斩获了中国广播电视新闻奖、中国电视金鹰奖等知名奖项。

　　桃李不言，下自成蹊。孙振虎教授在教育事业中辛勤耕耘二十余载，付出了无数心血。他诲人不倦，传授给学生们丰富而扎实的知识技能，他的教学风格自成一派，受到大家的万般喜爱。他风趣开朗又不失威严，学生们总是亲切地称他为"虎哥"，他们既是师徒，更是朋友。"大学是一个庙，老师是钟，学生是撞钟人"，孙振虎教授极为重视师生间的碰撞共鸣，在如此的师生关系中，学生很难不与他亲近。

　　得贤于外，更重身后。横溢的才华与辛劳的付出为孙振虎教授带来了无数荣誉，而在这耀眼光芒的背后，生活中的他更是一位孝顺的儿子、体贴的丈夫和无私的长辈。他将家庭视为生命，时刻把家人放在心头，将一方屋檐构筑成温暖的港湾。

电影《东邪西毒》中有句台词如是:"其实'醉生梦死'只不过是她跟我开的一个玩笑,你越想知道自己是不是忘记的时候,你反而记得更清楚。我曾经听人说过,当你不能够再拥有,你唯一可以做的,就是令自己不要忘记。"逝者已矣,生者如斯。但愿爱他的人永远怀着深沉的爱,平静地接受失去他的痛,并依然充满希望地继续前行。

谨以此文,纪念像阳光般温暖的孙振虎教授!

赵甜　王润秋

(作者赵甜系孙振虎教授的博士研究生,王润秋系孙振虎教授的亲属)

目 录

一、纪录片研究

创造历史叙述的温婉化语境
　　——试论《台北故宫》的创新模式 ………………………………… 003
论可持续发展的纪录片运行模式
　　——以央视纪录频道一周年运营为例 ……………………………… 012
站在历史与未来的交汇点
　　——2009年度中国纪录片创作回顾 ………………………………… 018
中国纪录片制作力量的发展方向 ………………………………………… 025
溯源与流变：中国纪录片"精英文化"的观念史考察 ………………… 030
文献纪录片年轻化传播的创新策略
　　——以中国共产党成立100周年主题纪录片为例 ………………… 043
新媒体语境下纪录片创作路径的改变 …………………………………… 052

二、广电节目创新

电视媒体创新
　　——技术倒逼内容生产 ……………………………………………… 065

客厅革命与传统电视节目创作的变革 ………………………………… 072
实现电视节目创新的可持续性发展
  ——从版权引进到原创的必由之路 …………………………… 077
视频新闻创作的电影化倾向 ……………………………………………… 082
浅论益智类节目的发展现状与问题 ……………………………………… 088
基于 T2O 模式的电视节目创新研究 ……………………………………… 096
"一带一路"电视新闻报道的话语建构分析 …………………………… 105
移动优先对新闻媒体占领舆论阵地的技术支持 ………………………… 123
融媒体环境下时政报道创新路径探析
  ——以 2017 年两会报道为例 …………………………………… 129
央视 G20 峰会的"走心"路线 …………………………………………… 139
"陌生化"理论视域下的电视真人秀创作
  ——以北京卫视"跨界"品牌为例 …………………………… 147

三、新媒体视听

数字影像时代的新媒体革命
  ——以手机的影像传播为例 …………………………………… 159
新媒体语境下解说词的创作要点 ………………………………………… 166
参与式文化视角下的弹幕视频分析 ……………………………………… 173
融合传播与互动仪式：央视新闻直播带货模式探索 …………………… 184
从《国家宝藏》看文化综艺节目对文化记忆的媒介重构 ……………… 191
主流媒体报道对微博舆论中公众情绪的影响研究
  ——基于近三年网络群体性事件相关微博的分析 …………… 200
机器人新闻的发展与反思 ………………………………………………… 222
影像创作中景别的单独表意与组合叙事 ………………………………… 229
景深：重构影像的画面表达与主题叙事 ………………………………… 241

四、新闻传播学学科建设

新闻传播学新文科课程体系建设路径探析
　　——以中国传媒大学电视学院为例 ……………………………………… 251

一、纪录片研究

创造历史叙述的温婉化语境*

——试论《台北故宫》的创新模式

2009年伊始,中央电视台12集电视纪录片《台北故宫》的播出在社会上引起了广泛的反响。虽然观众对这部作品的评价褒贬不一,但是在目前娱乐节目和电视剧占据电视节目收视主体的大环境下,一部在深夜播出(央视一套22:40)的纪录片依然能够引起人们的普遍关注就已经值得纪录片创作者欣慰了。

关于这部作品的争论主要集中在对历史史实的斟酌、对春晓解说风格的不适、对从未进入台北故宫拍摄的质疑以及各集内容上存在重复等问题上。应该说,任何作品都不可能是十全十美的,只要瑕不掩瑜,我们还是应该对其创作的主流进行肯定。《台北故宫》正是这样一部作品,它一改《故宫》《郑和下西洋》《再说长江》《新丝绸之路》等作品的大气磅礴、纵横捭阖,独辟蹊径地开创了一种温婉的历史叙述方式。

《台北故宫》的总导演周兵在2005年因为一部荡气回肠的《故宫》而获得人们的普遍认同。因此,当《台北故宫》出现的时候,人们自然而然地就会拿这部作品与之前大获成功的《故宫》进行比较。但因为《台北故宫》走了一条与《故宫》完全不同的路线,很多人感到很不适应。这既有创作者勇于自我突破的原因,也有受创作题材客观限制的原因。《故宫》围绕着世界上最大的宫殿建筑群展开,雄伟的宫殿以及与之相关的帝王故事势必

---

* 本文原载于《中国电视》2009年第5期,收入本书时有改动。

将整个叙事推向一种宏大的讲述方式；而《台北故宫》的主体只是一座占地面积并不大的供展览用的博物馆，即便是能够入内拍摄馆藏文物，其镜头的张力也十分有限。同时，因为《故宫》已经将存放其中的许多国宝的故事讲述过一遍了，无论是在故事性还是在视觉冲击力方面，《台北故宫》无疑都无法超越前作。因此无论是有意还是被迫，《台北故宫》的创新都势在必行。

一、历史叙述的文人情怀

《台北故宫》首先将叙述的切入点定位于与台北故宫文物有关的人物上。他们大都和这批颠沛流离的文物一样，有着曲折的人生经历。这就将对文物的简单介绍或者其背景故事的叙述拓展开来，将一种器物之外的人情世故放入其中，赋予了这部纪录片以新的看点。

例如，第一集《国宝迁台》的线索人物是时任国民党教育部政务次长的文物迁台总负责人杭立武；第二集《北沟烟雨》的主人公则是一直陪伴着这批国宝文物的负责人、庄严之子庄灵；第三集《青铜记忆》的主人公是中国考古学之父李济；第五集《瓷中繁花》的主人公是台北故宫器物处原副研究员廖宝秀；第九集《翰墨风雅（下）》的主人公则是台北故宫博物院前院长秦孝仪先生……

应该说以人物为线索的叙述方式并不是《台北故宫》的首创，但是《台北故宫》却将人物的命运曲折与那个时代的大背景有效地结合起来，从而让人们有了一种点面结合、纵深穿插的历史感。例如，在《国宝迁台》一集中，当讲到第一批文物运至台湾的时候，节目就将当天台湾报纸上的几则新闻铺陈出来：基隆港的吞吐量创新高、花莲水稻正丰收、土地改革在台湾各地正方兴未艾……历史的点与面就这样不经意地结合在了一起，而当杭立武为了让张大千先生和他临摹的敦煌壁画搭上飞机而不得不放弃自己毕生的积蓄时，节目又穿插了蒋介石搭乘最后一班飞机离开大陆的情景，两条历史叙事线的交叉让人感慨颇多。

作者对这些历史史实的整理和组织，实际上并不是将主要的意图放在让观众了解历史的简单层面上，更多的是一种文人情怀的抒发。例如，在《国宝迁台》一集的最后，节目将伴随国宝来到台湾的人物的命运作了如下陈述："60年前，几乎所有人在踏上台湾土地的那一刻，都以为这里只是他们短暂停留的一站。杭立武后来一直生活在台湾，直到88岁逝世，他再也没有踏上过祖国大陆的土地。高仁骏到台湾的时候只带了一身衣服。索予明还没有来得及安顿好老母亲就上了船。那志良到台湾后，劝说大家不要买木制家具，以免回北京时扔了可惜。李济一直盼着早点回安阳，继续新的发掘。庄严在去世前还在和小儿子念叨，自己终生的遗憾是没能把这些宝贝再带回北京。"真正触动人们的并不是这些史实本身，而是史实背后那种平凡人的情感宣泄。它所力图表达的并不是让观众看到什么或者学到什么，而是感受到什么。它借助文字和影像来表达，却不执着于文字或者影像，它更注重的实际上是一种文人情怀的共鸣，这一点在第五集《瓷中繁花》中也得到了很充分的体现。

《瓷中繁花》作首尾呼应的是台湾著名作家张晓风描绘台北故宫所在地——台北外双溪的文字："村落外有一座不太高的山，一带禾田都尽收眼底……小山之外还有好几叠山峰，在夕阳的返照下幻出一片淡索的霞光，一个人若是一生都能过着这样的生活，真该心满意足了。"这实在不像一部传统意义上的历史题材纪录片的结构风格，但是在片子整体氛围的影响下，我们却会觉得非常自然而贴切，因为它所要达到的效果是一种历史情怀的自然吐露，而不是正襟危坐式的历史宣讲。

将帝王故事或者历史典籍的严肃转化为一种文人的雅致情怀，是《台北故宫》与《故宫》的不同之处。它没有停留在文物的典籍故事中，而是将视线更多地集中在了人的身上，对于人物命运和历史曲折的叙述也放下了考据的艰涩和严肃，更关注一种能够在大众中引发普遍共鸣的情怀。这种情怀不是对命运多舛的感慨，也不是对个体人格或魅力的渲染，而是在历史的梳理中放下悲喜之后的释怀，它给人的是一种荣辱不惊的力量，因而具有更加厚重的历史积淀。它并不是要大张旗鼓地感染人或者教育人，而是潜移默化地

进行了一种历史情怀的熏陶。

二、真实再现的婉约情境

真实再现手法的使用在如今的电视纪录片创作中并不是什么独家秘籍，但是《台北故宫》在真实再现的创作中却独树一帜地创造了一种崭新的样式，就是将历史影像与再现影像有效地结合起来。

例如，《国宝迁台》在表现后来成为台北故宫博物院副院长的昌彼得在中央图书馆善本书籍的装运前进行检查时，画面的后景是装箱后整齐排列的一排排木箱的历史图片，只是在画面前景的一角堆放了几只再现用的道具木箱，一个身着长袍的人正在检查。几束光线将后景的历史影像与前景的再现场景清晰地分割出来，却又将历史与再现完美地统一在一起。这种做法将历史时空与再现时空有效地组织在一幅画面中，既延展了画面空间的纵深，又有一种历史与现实交错的感觉，这样的画面结构让观众仿佛站在了历史与现实的交叉点上，那种感慨的情绪要远远大于对历史细节的关注，这恰恰与历史叙述中文人情怀的路线不谋而合。

与《故宫》百万劳工运丹陛石的壮观场景不同的是，《台北故宫》的真实再现甚至都没有走出过室外，大都是由斗室中靠几束光线、一个旋转的云台以及后期合成的背景构成的。但是正是这样的设计让《台北故宫》的真实再现更多地将影像的表达集中在了一种婉约的情感而不是大气磅礴的视觉效果上。其中既有像1713年法国人莱昂雷克多研究中国陶瓷技艺和1737年陈祖章雕橄榄核的小舟的情景再现，靠几笔简单的线条勾勒出中国窗棂的简洁或者窗外摇曳的枝干所赋予的意境，也有像奉化汝瓷珍品来源的故事那般似皮影戏式的剪影处理。这种室内剧情的设计褪去了影像的"势"，而更加凸显了再现影像的"神"。例如，《翰墨风雅（下）》的结尾在讲述古稀之年的秦孝仪先生和他的《玉丁宁集》的时候，运用了这样的再现方法：一只颤颤巍巍的手将毛笔放在了笔架上，然而老人起身离开的时候却不小心打翻了案头的茶杯，慢慢淌下的水渐渐地模糊了宣纸上的字迹，而这个镜头就这样静静地看着茶水一点点浸湿了案几上的纸张，观众能够体会到这一画面背后的那种意境，它书写得并不张扬，但是却充满了温婉而细腻的情调。

因此，假如我们将《故宫》一类的情景再现描述为"铁马秋风塞北"的北方豪迈气概，那么就像台北故宫的地理位置和人文环境一样，《台北故宫》的情景再现描绘的则是"杏花春雨江南"的南方文化精神，其影像的基本追求就是放弃宏观的粗犷而走向微观的婉约。

三、解说与采访的平易路线

历史题材的电视纪录片常常选用男声作为解说，其主要原因就是男声的浑厚和低沉更加能够衬托出沉甸甸的历史感。也正因为如此，春晓的女声解说成了这部纪录片被很多人诟病的原因。说得通俗一点，就是习惯了"关西大汉，执铁板唱'大江东去'"的人们，是很难一下子习惯"十七八女孩儿，执红牙拍板，唱'杨柳岸，晓风残月'"的。

因为这部纪录片具有在历史叙述上的文人情怀以及情景再现上的婉约情境，所以为了将这种风格一以贯之地统一起来，纪录片在声音的处理上也势必会放下深沉而厚重的历史陈述方式，而走向一种更为亲近而平易的路线。这一风格在声音方面的努力仅从片首的主题歌《爱延续》上就能够得到突出体现。

这首由台湾音乐制作人小虫制作的主题歌完全走向了婉约的抒情方向。且看"溪的美，鱼知道；那流泪倾诉的依赖，难分离。风的柔，山知道；那留在千年的故事，难忘记"。这样的歌词，无论如何都无法与一部纵贯几千年文明史的历史纪录片联系在一起。但是将这样的词曲风格与《瓷中繁花》首尾呼应的张晓风的文字串联起来看，或者与《国宝迁台》结尾的解说词比较一下的话，我们似乎就能够找到其中的原因了。其实这首主题歌从一开始就已经给我们透露了这部纪录片的整体基调。在这样的基调下，浑厚而沧桑的男声解说的介入反而会给人不伦不类的感觉。这也难怪很多看过节目的网友会说，开始的时候会觉得这个带着台湾普通话味儿的解说有些奇怪和不适应，但是当坚持看完四五集之后，反而会觉得解说才是最出彩的地方。

实际上，春晓的解说是将一种亲切和平易的风格带入到了原本需要沉甸甸、压得住阵的纪录片的解说中。传统的历史题材纪录片往往习惯于进行一种厚重的历史解读，历史在观众面前没有亲切感才会充满威严感。观众因为这种历史的距离感，才会沉浸在创作者所营造的博大精深的意境和深邃的体验中，而《台北故宫》的创作思路却不同，它放下了历史的厚重与深邃，将历史中走出来的人作为叙述的主体。人物的情感以及人物与历史背景所产生的那种关系并不是冷冰冰的，虽然解说词的陈述并不带有过多的主观色彩，但是女声的解说还是赋予了这些原本就更为感性的信息一种温情。从这个层面来说，正是出于与观众心灵沟通的渴求，《台北故宫》才卸下历史沧桑的面具而去找寻那些记忆中的温暖。正如总导演周兵所说："我们不仅仅只是在唠叨一些国宝搬家的故事，一些文化与艺术的历史创造，我们更想表达一些隐藏在我们内心的某种情感，某些可以拨动起来的心结，某些你不得不面对的真相。"

正是出于这样的考虑，《台北故宫》才在历史题材纪录片中大胆地将采访部分设计成一种众说纷纭的结构。在这部纪录片中，采访对象既有严谨的学者，如台北故宫的廖宝秀女士、北京故宫的耿宝昌先生和李承恩先生等，也有曾经亲历过那段历史的当事人或者他们的后人，如那志良、高仁骏以及庄严的儿子庄灵、李济的小儿子李光谟，这些都沿袭了传统历史纪录片的采访安排。但是，这部纪录片中也出现了收藏家王刚的分析、流行歌手周杰伦的体会、新生派演员桂纶镁的感受以及戴立忍、郑文堂、彭文淳等一批台湾导演的看法。时尚的因素、现代的感觉甚至前卫的精神都浸润到了一部历史纪录片的声音结构中。形形色色的人的介入会让一些观众觉得作品缺少了学术的严谨和对历史应有的尊重，这就像央视《百家讲坛》将中国古代典籍进行大众普及时，势必会在通俗化的同时降低其学术性，但是从信息传播的整体来看，它依然达到了应有的传播效果，《台北故宫》同样力图让观众通过不同的被访对象，从不同的层面去感受那段历史而不是了解或者分析那段历史，因为这一初衷的感性特色，所以它所选择的方式也更加平易而亲切，让观众有机会去真正触摸历史的心跳，感受历史的温度。这种方式虽然不像传统历史纪录片那样给人更为震撼的理性冲击，却让观众在温情脉脉中更为从容而适意地与历史有了亲切的邂逅。

四、叙事结构的细节张力

温润的历史叙事方式会放弃大张旗鼓的正面交锋，变得更加细腻，更加注重在细节上不经意地引起观众的联想或者共鸣。因此，《台北故宫》的叙事结构并没有太多刚性的特征，而是略显松散。它并不会给观众特别明确的主题指向，却通过更多的细节在每一个点上给予观众一种想象或者感怀的空间。为了达到这样的效果，《台北故宫》特别注意对时间点的有效利用。用创作者的话来说，是注意了新闻性元素的有效介入。因为很多时间的记录对于这部作品的拍摄而言确实是具有新闻的时效性的，因为它们大都出现在节目创作的后期甚至播出前很短的时间内。

例如，第十二集《承古开今》提及了这样的时间概念：2008年6月13日签订海峡两岸包机纪要，7月4日大陆首批赴台旅游团出发前往台湾，2008年12月15日大陆与台湾之间的大三通真正得以实现。第四集《釉彩千年》则提及了2008年11月北京故宫东路延禧宫举行的陶瓷展，并穿插了对汝窑瓷器的说明。应该说，在历史题材中加入当下时间和事件的叙述确实能够扩展时间轴的纵深，让观众在古今的连接和跳跃间感受到历史的博大精深。

但是，《台北故宫》却不像以往的纪录片那样将这种时间点的处理只是作为叙事展开的楔子，而是将这些点作为叙事结构的一部分。于是我们经常会听到这样的解说词：

2008年秋天的河南安阳县，史书中记载的商代最后一个都城殷的所在地。(出自《青铜记忆》)

2008年春天的一个下午，台北市中心的一间茶社里，台北故宫器物处副研究员廖宝秀正参加一次茶友的聚会。(出自《瓷中繁花》)

告别了漫长的雨季和肆虐的台风，2008年10月初的这个清晨，在凉爽湿润的空气里，这座亚热带城市显得格外安详与宁静。(出自《北沟烟雨》)

这样的时间记录实际上并不具有典型意义上的新闻性，但是这种明确的时间点的结构样式，让观众能够将自己的生命体验与影片的时空产生一种比较和呼应。叙述因此被非常准确地放置在了时间轴上的一点，让观众的体验变得如此真切和实在。这种细腻的处理并不是为严谨的考据服务，而是力图唤起观众心中的接近性和亲切感。新闻是历史的第一手稿，这一概念在这样的处理中体现得非常突出，这就使得《台北故宫》中对当下的记录不再是为了追述历史而做的铺垫，而是实实在在的内容的组成部分。它通过很多个这样的时间点的处理，让观众产生一种更为真切的体会：时间，既不属于历史，也不属于当下，而是一种可以体验和感知的无形力量。因此，在时空结构上，《台北故宫》实际上在改变一种点面结合的传统结构，探索一种散点式的细节张力。虽然它并不见得很成功，但是确实是一种有益的尝试。

综上所述，《台北故宫》的创作实际上在很多方面都进行了大胆的创新和尝试。这种温婉的风格在历史叙述中也许并不是主流，也可能得不到普遍的认可，但是笔者认为，中国电视纪录片的创作自上个世纪末之后就已经打破了单一风格一统天下的格局，多元化是当代纪录片创作的大势所趋，因此风格上的多样性是弥足珍贵的。当然，《台北故宫》的创作中也存在着这种风格的摇摆，从而也出现了一些问题。比如，关注情怀的叙述方法在《釉彩千年》的后半段被打破了，作品花了不少的笔墨来介绍文物的特色和价值，以及其制作方法的传承。一部性灵小品由此变成了说明文，也就难怪让人觉得有些遗憾了，而这种问题的出现，显然是当鱼和熊掌不可兼得的时候，创作者依然照单全收而未做取舍的结果。此外，虽然手头上的素材因为客观原因变得有限，但是这不是内容重复的理由。要知道，同样的素材只要有不同的切入点和叙述的侧重点，就完全可以产生全新的意义。同样，内容的反复出现就如同一个镜头在节目中多次出现、一个词汇在文章中多次使用一样，显示出一种驾驭能力的欠缺。

  电视是一门遗憾的艺术。我们从创作的主流来看，《台北故宫》是将《故宫》的内容结构与《苏园六记》的温婉风格结合在一起的一种大胆尝试。这种区别于大开大合的历史叙述的方法给予我们的是一种全新的体验。就像网友对周兵两部故宫作品所作的描述的那样："当年《故宫》，扑面而来，仰观华夏灿烂文化；《台北故宫》，微风拂面，静品九州绵亘精神。"笔者认为，风格并无优劣好坏之分，只是题材表述的策略不同。

论可持续发展的纪录片运行模式

——以央视纪录频道一周年运营为例

2011年1月1日,中央电视台纪录频道正式开播。作为中国唯一一个全国播出、全球覆盖的高端专业纪录片频道,开播一年多来,"CCTV-9纪录"中文版节目覆盖了中国13亿人口,观众收看规模达6.6亿人,日收看观众人数突破9400万,并成功使收视份额一年内增长200%;英文版"CCTV-9 Documentary"在全球60多个国家和地区落地,拥有2500多万国际用户。纪录频道成为2011年央视社会影响力最大的频道。[1]

中国纪录片的对外传播呈现出一片喜人景象。2012年3月20日,在一年一度的香港国际影视展上,央视纪录频道首次亮相,受到来自世界各地纪录片制播机构的关注,多家机构对频道原创纪录片《故宫100》《南海1号》等提出明确的购买意向。4月2日,在戛纳电视节(MIPTV)的"中国日"晚宴上,出现了BBC(英国广播公司)、美国PBS(公共电视网)、法国国家电视集团、英国ITV(独立电视台)、KBS(韩国广播公司)以及NHK(日本广播协会)、朝日电视台、东京电视台的高管,还有欧洲主要电视纪录片制作与发行机构代表的身影。

与此同时,国内多家卫视频道纷纷开办纪录片栏目。2011年,浙江台率先推出纪录片播出季"中国蓝新锐人文季";2012年北京台开办午间《博览》和晚间《光阴》两个纪录片栏目;广西台开办纪录片栏目《走南闯北广西

---

[1] 中国网络电视台.中国纪录片,跨出国门能走多远[EB/OL].(2012-03-30)[2012-04-15]. http://big5.taiwan.cn/plzhx/wylz/201203/t20120330_2412221.htm.

人》；中央一套在晚间黄金时段开办《魅力·纪录》的日播栏目，着力打造频道文化品位和品质。

一直被认为是小众的、曲高和寡的纪录片，突然之间迸发出如此巨大的感召力，这与央视纪录频道成功运营的示范作用是分不开的。央视纪录频道开播一年就实现了收支平衡，并创造了高于预期近三倍的稳定收视率，初步实现了"可以站着赚钱"的频道构想。这项成就是走可持续性发展战略的结果。

一、明确定位，实现精准投放

在央视纪录频道开播之前，只有上海纪实频道和湖南金鹰纪实频道是较为纯粹的纪录片频道，但是这两个频道一个走本地化营销的道路，另一个则采用付费频道的经营方式，都不具备可借鉴性。央视十套科教频道的巨大成功带来更大的竞争压力。如果简单复制科教频道的经验，既会因央视频道的内部竞争造成资源浪费，又会因为缺乏频道特色而在起步阶段就被淘汰。面对这样的竞争环境，纪录片频道在运营之初就实施了更为精细化的管理。因为没有可资借鉴的成功经验，纪录片频道的内容编排并不求一步到位。在开播之初频道实施了"边播出边调研"的方式，尝试用各种编排为调研提供第一手资料。这一方面有赖于中央电视台对纪录频道的政策倾斜，即开播三年的市场培养期不看效益、不关注收视；另一方面则是有赖于频道管理者对收视和效益的长远眼光。

针对节目定位和收视的调查在持续了九个月之后，纪录频道的第一次改版就带来了巨大的变化：全天收视率提升 79.3%，市场份额提升 86.1%，而在晚间时段，收视率提升了 92%，几乎翻了一番。这次改版将频道的收视份额从 0.3 提升到了 0.5，峰值达到了 0.7，非常接近央视二套财经频道 0.85 的收视份额。2012 年纪录频道的效益开始走向良性轨道，频道实现了收支平衡，而本年度的广告费已经达到了 2 亿人民币，估计到年底广告费可以达到 2.5 亿元，这是央视发展速度最快的一个频道。

是什么运营方式如此迅速地提升了频道的综合实力呢?

1. 对观众的准确定位

纪录片一直被认为是小众传播,因此纪录频道在九个月的调研中,首先考虑的就是自己"仅有"的受众群体究竟在哪里?但市场的反馈让所有人都大吃一惊。这个群体之大根本不能以"小众"来归纳。在2010年中央九套还是英语新闻频道时,其在全国的覆盖达到了5.8亿人,而纪录频道一年的运营让这个数字增长到了6.5亿。纪录频道总监刘文这样解释这一现象,其实观众并不是没有纪录片的需求,而是这么多年来观众的需求被压制了。①

在对受众进行精细化分析后,我们可以看出纪录频道的受众群体体现出"三高"特征:高学历,其大学以上文化程度的受众份额甚至高于已经运营了10年的央视科教频道,而相伴而生的是其受众群体的高收入和高阶层特点。特定的受众群体使得纪录频道的广告投放产生了不同于其他频道的特点:它更加重"质"不重"量",这也使得高端奢侈品牌找到了更加精准的投放目标。

调研还发现,纪录频道的受众群体还体现出以男性观众为主的特点,其受众群体中60%是男性,因此纪录频道只要投放军事题材的纪录片,就能够获得很高的收视率。反映抗美援朝战争的纪录片《断刀》,在2011年纪录频道的收视率榜单上位列第15位,而在它之前的作品大都为国外大制作的自然地理类纪录片。

2. 对时段的精准投放

面对收视群体的特殊性,纪录频道在时段内容的安排上执行了更为精准的投放原则。它果断放弃了晚间黄金时间段20:00—21:00的收视竞争,因为这一时段是以青少年收视群体为主,而果断加强了24:00至次日凌晨2:00的收视竞争,因为这一时段仍然在看电视的群体已经非常纯粹,适合纪录频道大力争取。同时,调研发现,纪录频道之所以能对青少年群体产生吸引

---

① 中国网络电视台.中国纪录片,跨出国门能走多远[EB/OL].(2012-03-30)[2012-04-15]. http://big5.taiwan.cn/plzhx/wylz/201203/t20120330_2412221.htm.

力，是因为他们对频道内容知识性的渴求，于是纪录频道改变了其在晚间18：00—20：00的编排方针，投放了更加具有知识性和能够开拓视野的内容，这一时段新增的"精彩放送"和"寰宇万象"两个板块，收视份额都得到了大幅提升。

3. 差异化的编排特征

央视十套科教频道是纪录频道最为直接的竞争对手。由于科教频道已经确立了以人文历史和科学探秘为主要内容的传播模式，纪录频道的差异化编排首先强调了自然地理方面的内容。在当时纪录频道的板块设计中，"精彩放送""寰宇万象""人文地理""寰宇视野"都突出了自然地理方面的内容。实践证明，这一差异化的编排策略收到了极好的效果。纪录频道收视率最高的前10名纪录片，无一例外都是自然地理类的节目。排名前两位的是《鳄鱼争霸战》和《野性的亚马逊》。

与中央十套科教频道的收视习惯相似，观众对于历史探秘类的纪录片有着很强烈的兴趣。科教频道的相关节目在22：00之前形成了收视高峰，纪录频道则将这类节目错峰安排在了22：00之后，差异化的播出使得竞争格局变得简单化。对于午夜12：00之后的受众的关注，成为纪录频道编排上的一大特色。

二、质量为王

与大多数频道内容主要依赖自制为主不同，纪录频道的内容并不以自制为主。据悉，纪录频道中英文两个版对节目量的需求将近3000小时。2011年，在央视纪录频道播出的节目中，台内改编节目量约占27%，委托制作量约占30%，海外引进节目量约占23%，地方台、社会制作机构节目量约占20%。也就是说，通过纪录频道一年多的运营，其播出内容的外购比例达50%以上，每年向市场释放出1400小时的首播需求。虽然中国每年的纪录片产量达到5万小时左右，但按真正意义上的纪录片来衡量，这个数字远不能满足纪录频道的播出需要。

长久以来我国的纪录片生产一直缺乏市场流通意识，早期"形象化政论"的宣传语使纪录片处于尴尬境地。解说加画面的表现形式过分强调了创作者的主观意图，弱化了画面叙事的能力，让观众很难接受，而近年来大量出现的宏大叙事、解读历史的纪录片不接地气，互相克隆，复制明显，直接影响了观众的观看兴趣。为了保证"三高"人群的稳定收视，质量为先的原则必然是可持续发展的前提条件。

纪录频道选购节目的原则是：第一，选题必须是社会关注的热点；第二，纪录片要有好的故事；第三，纪录片必须是高清画面，并在影像、音乐等方面都有较高水准。以前的国产纪录片可以说是低成本、低质量、低价位，纪录频道要做的就是用一年至三年的时间，把国内纪录片市场的框架搭建起来，把节目的收购价格抬高，进而激活市场，提高质量，把社会资本吸引进来，为中国纪录片的海外传播打下坚实的基础。[1]

收视为王还是内容为王，这样的问题同样存在于纪录频道的发展中。出于对收视率的考虑，纪录频道必须给予猎奇和历史探秘类的节目足够的播出时长，因为他们有着更为稳定的收视表现。但这类节目的份额只占到全天节目播出比重的1/4左右，大量播出的是制作精良、品质卓越的国内外精品节目。这也是可持续发展战略的一种体现。

三、注重市场培养

央视纪录频道的运营对于中国纪录片的市场化运作而言，还处于新船出海的磨合期，而中国纪录片市场也处于市场的培养期。重视长远发展的纪录频道作为行业的领航员，担负着培养市场的重任。

2011年9月24日，纪录频道实施第一次改版后的第五天，纪录频道举办了"影像的力量——让纪录片走进大学校园"主题论坛，并启动首届《青春

---

[1] 吴洋，何清.央视纪录频道总监：注重培养年轻受众 面向社会定制[EB/OL].（2011-11-13）[2012-04-15]. http://www.ce.cn/culture/whcyk/gundong/201111/14/t20111114_22835649.shtml.

中国——大学生纪录短片征集计划》，其意义在于：高校是未来"三高"人群相对聚集的地方，对这一潜在受众市场的培养，显然对纪录频道的未来发展具有非凡的意义。就像"教育要从娃娃抓起"一样，纪录频道面向青年学生发出征集计划，也是在培养未来潜在的节目制作人。

　　自纪录频道播出以来，其购买的节目总是尽量同时获得节目的电视播出权和网络播出权。因此，在央视CNTV（中国网络电视台）的纪实频道中，我们几乎可以看到已经播出的所有纪录片。一份以中国传媒大学和北京大学学生为主的调查显示，75%左右的学生会选择在网络上观看纪录片，而这一比例要高出选择电视观看的学生所占比例5个百分点，这一情况在其他院校甚至更为突出。重视全媒体传播，并不依赖电视这一播出平台，是纪录频道迈向全平台传播的重要一步。纪录频道节目管理部主任石世仑指出，目前纪录频道只是实现了纪录片在播出环节的质量把控，为了培养自己的专业制作公司，频道正在逐渐完善全流程的质量监管系统，在纪录片生产之初就为其奠定一个高品质、高水准的基础。对生产环节的培养显然是整个市场培养的重要组成部分，纪录频道正是在培养消费者、培养流通渠道和培养生产环节三个方面，立体化地对中国的纪录片市场进行着规划和设计，意在为其开创一个无比恢宏和灿烂的未来。

站在历史与未来的交汇点*

——2009年度中国纪录片创作回顾

2009年是一个主题鲜明的年份。在中华人民共和国成立60周年的节点上，中国纪录片无疑要对60年来中国走过的道路进行大写意般的总结。同时，2009年又是现实的一年，我们对过往的一切总结和分析都是一种站在当下的现代阐释。统一、和谐的大主题与发展、辉煌的主旋律成为这一年中国纪录片在内容和风格上的共同方向；"宏大叙事"成为这一年纪录片创作最显著的特征，而在这些共性的追求之下，中国纪录片创作者对纪录片的思考和实践闯出了一条新路，这值得我们去分析和总结。

一、历史题材中的新闻意识

为了迎接祖国60华诞，宏大叙事的电视纪录片将视线投向近60年来祖国发生的巨大变化。例如，上海纪实频道在国庆节前夕，率先推出大型系列纪录片《中华一家》，以中国众多少数民族的民族文化、节庆风俗、宗教信仰、民族歌舞及生活现状为表现对象，以不同民族的家庭和村寨为切入点，展现不同民族在漫长历史岁月中积淀下来的文化和历史，这部纪录片历时3年创作完成，可谓献礼国庆的宏大叙事节目的典型，上海文广新闻中心《深度105》栏目推出的纪录片《看懂中国——外国影像里的60年》，则

---

* 本文原载于《中国电视》2010年第2期，收入本书时有改动。

通过安东尼奥尼等世界纪录片大师在不同历史时期拍摄的中国画面，剪影新中国60年的变化。北京电视台的《北京记忆》《我爱你，北京》都立足于北京，以60年来不同时代的人们的典型人生记忆，呈现一代代中国人与中华人民共和国水乳交融的峥嵘岁月和心路历程。湖南电视台的3集纪录片《湘江》，同样完整地记录了湖南自革命年代到现代化建设60年来的翻天覆地的变化。

这些投资大、立意高远的纪录片虽然能够给观众带来大气磅礴的视觉享受和历史变迁的沧桑感，但是却没有从历史的视野中真正走出来，依然传承着这类纪录片历史回顾与现代阐释的思路，没有注意到要在历史与现实之间建立起一座桥梁，让现代人能够找到追述历史的当下记忆的连接点，而这个连接点却已经在一些同样类型的纪录片创作中显露出来。

例如，2009年初央视播出的电视纪录片《台北故宫》，虽然有大量的内容是介绍台北故宫中的珍宝的故事和价值，但是这些在悠悠岁月中已经逐渐被人们淡忘的记忆，却被一种极具新闻性的语言和结构牵引着。创作者有意识地让具有新闻时效性的事件和时间点介入其中，让那些大都出现在节目创作的后期甚至播出前很短的时间内"新近发生的事件"，去勾起人们对历史的记忆。所以这个片子的第12集《承古开今》提及了这样的时间概念："2008年6月13日签订海峡两岸包机纪要，7月4日大陆首批赴台旅游团出发前往台湾，2008年12月15日大陆与台湾之间的大三通真正得以实现。"应该说，在历史题材中加入当下时间和事件的叙述确实能够扩展时间轴的纵深，让观众在古今的连接和跳跃间感受到一种历史的博大精深。

2009年国庆节期间，中央电视台历时3年拍摄完成的大型高清历史文献纪录片《大三峡》和观众见面了。这部纪录片首度全方位地披露了三峡工程兴建的始末，多角度地展示了三峡工程建设成就，多层次地彰显了三峡工程带来的深远影响和综合效益。创作者却没有将视野仅放在过往的历史中，而是始终将新闻的时代感作为一个重要的结构因素来使用。例如，第3集《生命盾牌》结尾在讲到三峡大坝的完工将会彻底改变荆江地区的防洪形势的时候，就用了一组央视新闻作为叙事的依托，交待了2009年长江干流洪峰安全通过三峡大坝的信息,并且在制作结束的最后时刻,又将刚刚收到的长江荆江河段洪峰安全度过的新闻作为整个节目的结尾,将一个历史百年的追述,终结在了一则新闻性消息上,让历史与现实在节目中很好地契合在了一起。2009年,中国的电视纪录片已经不再将历史与现实简单地割裂开来,而是力图找到历史与现实的交汇点。

二、宏大叙事中的温婉情怀

题材重大、纵贯古今的纪录片往往过分强调历史的厚重感,却在一定程度上忽略了电视作为感性媒介的轻巧。因此,这一类纪录片显得凝重有余而灵动不足。很多纪录片工作者认为,如果在重大题材中过分强调一些细节,会让整部作品缺少沉甸甸的感觉而显得太过浮躁。

2009年的大型电视纪录片却处处都体现着一种温婉的文化情怀,不再保持历史的刻板印象和凝重,而是以一种更为亲切的方式给观众展现了别样的历史。

例如,北京电视台的《北京记忆》虽然描述的是改革开放30年来北京的历史变化,但是却始终坚持让普通的老百姓和历史的见证人,以"拉家常"的方式来陈述历史。历史不再是历史书上的枯燥的史实,而变成了一个个鲜活的故事和个性鲜明的人物。更具特色的是,《北京记忆》所有的采访画面,在设计上都运用了老百姓在那个时代的日常生活中常用的物品,如凤凰自行车、老旧的半导体收音机、长条木凳、八仙桌等,让一种生活的温情跃然于屏幕之上。

同样,湖南电视台的纪录片《湘江》在短短的120分钟的时间里,也没有去表现些历史上显赫的人物和事件,而是从一些小人物的命运变迁中折射出60年来湖湘大地发生的翻天覆地的变化。巨大的历史跨度和宏大的历史叙事,都不过是这些小人物生存的历史背景。

人文纪录片固然是这样,科技类纪录片也在试图向这个方向突破。中央电视台经济频道制作的10集纪录片《大庆魂》,全景式回顾了大庆石油会战所取得的重要成果，充分展示了大庆的风采。在这部纪录片中，每逢人物采访，都有一个动态的动画场景作为背景，写意的画面以温暖的颜色来叙说被采访者所提及的历史记忆。这样的做法使得原本单调的采访画面有了新颖的样式，同时石油会战这样悲壮的历史也被添加上了一抹温情的色彩。

中央电视台《大三峡》是一部包含多样性题材的纪录片，包括3集工程片、3集文献片和2集人文纪录片。工程片作为科技类纪录片的一种，往往承袭着传播科学知识、弘扬科学精神的创作思想。节目的信息量巨大，但是并不能够吸引观众的注意力。因为在机械的纵横交织和大机器生产的轰鸣中，我们很难体会到一种感性的温情。

《大三峡》却放弃了对科学知识的灌输，而是将重点放在了"人"的身上。无论是讲大坝的建设、三峡的航运还是电力的输出，其都首先关注人，以人为线索，以人物的情感和命运为核心，将科学知识和科学精神熔铸在这些人的身上。观众关注的虽然是人，但是体味的却是人与自然、人与科学千丝万缕的联系。人物成为承载科学和人文精神的纽带。也许这样的做法在一定程度上降低了科学的严谨性，但是却在信息的有效传递上达到了前所未有的效果。很多专家学者在震撼于影像的表现力的同时，都交口称赞这种人本思想与科学精神的有效结合。富有人情味的陈述方式无疑给予了科学和技术以温婉的情怀。

三、国家命题下的人文精神

除人文纪录片和科学纪录片的创作外，国家命题下的纪录片也成为这一年创作的一大亮点。例如，广东电视台制作的大型电视纪录片《握手——改变世界的日子》，专为纪念中美建交30年拍摄制作，致力于进一步加深中美两国人民的沟通与了解，推动中美建设性合作关系的发展。

上海文广新闻传媒集团在这一类节目中更是重拳出击。由上海纪实频道承制的"激情三部曲"——《大阅兵》《大工程》《民族底片》经过一年多的酝酿,在 2009 年国庆期间纷纷亮相。5 集纪录片《大阅兵》以 14 次国庆阅兵式为主线,铺陈了新中国 60 年来艰难曲折地走向辉煌的时代宏景;6 集纪录片《大工程》聚焦新中国 60 年中的六项伟大工程,重温国人建造长江大桥、红旗渠、酒泉卫星发射中心、宝钢、三峡工程、青藏铁路的艰苦历程;56 集高清纪录片《民族底片》则以 40 多位著名摄影家为 56 个民族拍摄的精美照片为主要素材,体现了中国 56 个民族文化的多姿多彩,展示了各族人民团结和睦、安居乐业的生活状态。

中央电视台也陆续推出了《辉煌六十年》《西藏民主改革五十年》《人民大会堂五十年》《和平中国》等一系列涉及国家方针政策变革的纪录片。这些纪录片或从一个地区的发展来看国家政通人和的变革;或从一个极具政治意味的地点切入,以此为线索串联起新中国内政外交的发展;或从一个典型主题入手,鲜明地唱响时代的主旋律。

在这些严肃而正统的国家命题的纪录片的摄制中,以往刻板而庄重的创作风格被大大弱化了,代之以更加注重人文气息和叙事表达的创作方式。政治的说教和宣传口径的模式化,正在被更加电视化、更加注重传播效果的影像叙事技巧所代替。从这些带有很强政论色彩的纪录片创作风格的转变中,我们能够明显地感觉到,在政治宣传和国际传播中,我们逐渐找到了一种更加影像化的意识形态编码方式。这一传播策略的逐渐成熟,势必会给民众带来更加亲切的政治传播,也会更容易让世界听到中国的声音。

四、服务宣传,兼顾市场

2006 年,历经 5 年策划制作的纪录片《圆明园》第一个登陆电影院线,为中国纪录片市场化运作进行了大胆尝试,这部在上映伊始就创下 500 万元票房的纪录片,曾经让中国的纪录片创作者一度非常乐观,然而影片 1000 万元的投资却让纪录片的盈利前景堪忧。在这部纪录片之后,纪录片的市场化运作一直是一个热点话题。虽然至今纪录片的流通市场依然没有像电视剧市场和动画片市场那样建立起来,但是纪录片创作者依然在进行着不懈的努力。

在《圆明园》之后，陆续有国外的纪录片走向中国的银幕。2009年，一部《就是这样》(*This is it*)上映首日就创造了全球票房2010万美元的奇迹，在中国上映一周票房就超过了3000万元。这部通过彩排花絮制作的纪录片有望最终拿到10亿美元的票房，这是中国纪录片望尘莫及的。2009年，中国纪录片创作者并没有放弃，陆续又有很多纪录片走上了院线放映的舞台。

摄制了《圆明园》的导演金铁木，在2009年又完成了一部以唐朝历史为背景的纪录片《大明宫》。这部作品斥资千万，堪称2009年最大手笔的纪录电影，仅西安市政府前期配套文化建设投资就达1.6亿，其影像意义和文化意义都不可小觑。2009年9月9日，在各国名流的注视之下，《大明宫》在联合国总部举行了国际首映式。从某种意义上来说，这不仅是一部商业作品，也是中国文化的一张国际名片。服务宣传与兼顾市场在这部作品里良好契合。虽然在《大明宫》上映前，300多张预售票就已经脱销，但是导演金铁木认为，与那些商业大片相比，这并不算什么。他说："这类电影决不可能创造5千万以上的票房，如果作为黑马，有两千万的票房我就觉得很了不起了。"也就是说，导演金铁木只是将影片的盈利定位为保本微利。

2009年，中央新闻纪录电影制片厂也有两部纪录片走上了银幕，一部是浓缩了长安街诞生、变迁等长达600多年历史的大型文献纪录片《长安街》，另外一部则是击败了2008年上映的纪录片《筑梦2008》之后，荣获第二十七届中国电影金鸡奖最佳纪录片奖的《决战太原》。与《大明宫》的商业运作不同的是，这两部作品都首先服务于宣传。《长安街》在首映式上邀请了曾经居住在这条街边的居民以及在街边的酒店、影院、电台工作过的人们，让他们回忆自己与长安街的各种缘分。《决战太原》则旗帜鲜明地打出"谨以此片献给太原解放暨新中国成立六十周年"的宣传词。相比较而言，《决战太原》在服务宣传的同时，更加注重作品的艺术性。作品以拍故事片的手法让影片充满观赏性，并且汇集了大量鲜为人知的真实资料，通过三个太原同乡（徐向前、薄一波、阎锡山）之间的战斗引发对不同信仰的思辨则是影片的核心思想。从某种意义上说，能够走上银幕的纪录片，大都强调作品的故事化表达，而收回成本、自负盈亏则成为它们目前对商业利益的追求。

总之，2009年的中国纪录片创作呈现出承前启后、继往开来的开拓精神。一方面，面对中华人民共和国60华诞的大背景，宏大叙事的思路是一种对人文纪录片整体风格的继承，但是无论从创作题材的推广上，还是从创作手法的创新上，2009年的纪录片都给我们打开了走向未来的一扇窗。另一方面，虽然纪录片的创作依然主要服务于宣传，呈现着各家媒体自身的制作实力，但是对纪录片的市场运作以及商品价值的探索，逐渐成为人们思考的重点和核心。2009年10月，国家广电总局正式批复上海广播电视制播分离改革方案，作为全国推行制播分离的试点，上海在2009年底完成制播分离。在这样的媒介生态的大环境下，纪录片的市场化生产与营销已经离我们越来越近了。

中国纪录片制作力量的发展方向[*]

虽然中国纪录片的创作历史悠久，但是中国纪录片的创作力量一直比较单一。这一方面缘于纪录片创作对技术和器材的要求比较苛刻，另一方面则是我们的宣传方针、创作思想、经营思路和队伍建设方面的欠缺造成的。

随着影像技术的快速发展和信息传播全球化趋势的日益深化，中国纪录片的制作力量也逐渐显现出百花齐放的争鸣态势。创作力量的多样化有利于中国纪录片的发展，因此对各种制作力量的扶植和整合是中国纪录片未来发展的方向。

一、主流媒体仍然是纪录片制作的核心力量

据了解，全国主要影视机构库存的新闻电影纪录片超过 0.5 万部，历史影片资料超过 3 万本，年产纪录片在 100 小时左右。近年来，我国每年都有作品在国际纪录片节上获奖。这些作品绝大多数来自主流媒体。因此维持并发展主流媒体对纪录片创作的资金投入和队伍建设，仍然是中国纪录片发展的重要内容。

面对中国纪录片在主流媒体中的日益萎缩，首先，应该保证节目制作的日常化。目前中国纪录片制作普遍缺乏整体的策划和安排，纪录片的制作和播出缺少长远的规划，因而无法融入媒体播出的常态。

---

[*] 本文原载于《现代传播》（中国传媒大学学报）2007 年第 3 期，收入本书时有改动。

其次，应当打破主流媒体制作力量各自为政的局面。因为受到媒体播出竞争的影响，主流媒体的纪录片制作力量长久以来都是分而治之、各自为政的状态。这一方面造成了纪录片资源的浪费，另一方面又不利于作为整体的纪录片制作力量的发展。因此，媒体制作力量的合纵连横将是大势所趋。这样一方面可以集中纪录片制作的优势力量对一些重大选题进行集中攻关，另一方面又可以在相互融合中取长补短，共同繁荣和壮大中国纪录片的制作力量。为了达到这样的目的，除了需要具体的制作单位互通有无外，还需要政策上的扶持和纪录片行业组织的宏观把握和协调。

最后，应当转变主流媒体制作力量的创作观念。作为中国纪录片最重要的制作群体，媒体制作力量大都抱有两种制作观念：一种是为节目的播出制作，另外一种则是为了能够代表所在媒体的制作水准，即为了评奖而制作。前一种观念虽然能够保证纪录片制作和播出的数量，却无法保证其质量，并不能真正树立纪录片在公众面前的形象；后一种虽然大都制作精良，但是为了评奖而制作的节目更多的是迎合评奖组织和评委的喜好，缺少真正的受众意识。因此，媒体的制作力量应当加强对受众意识的培养，同时为了运作的健康发展，应加强纪录片制作的产业意识和市场意识。

二、加强对公司制作的扶植和规范

随着中国影像传播制播分离的发展，参与纪录片制作的影视公司已经成为一支不可忽视的制作力量。虽然目前大多数影视公司在参与纪录片制作的过程中，主要还是通过一些人脉关系收购并改造国外纪录片作品，通过贴片广告的方式盈利，但是，公司运作的市场化以及其对纪录片制作的经营理念都将对中国纪录片的制作带来冲击，并对传统纪录片制作的创作观念和制作理念的改造起到积极的启发和引导作用。

要想加强对公司制作的扶植，首先，应该在思想上明确公司制作是中国纪录片制作力量的重要补充，是中国纪录片走向市场化运作的必然产物。对公司运作的尊重和重视体现了我国对纪录片创作市场化的理解和尊重。作为第一批吃螃蟹的人,公司制作力量的出现和发展为我国纪录片向产业化进步奠定了基础并提供了宝贵的经验教训。

其次,应当积极鼓励公司制作创作和经营的热情。在纪录片拍摄和制作的相关政策上予以配合,并积极地开拓纪录片的国际国内市场,为公司制作提供通畅的经营渠道和丰富的市场信息。一方面,国家或者行业组织应当设立发展基金来扶植纪录片的创作,加大对纪录片的资金投入以改变纪录片创作靠主创单位自己出资或拉赞助的艰难局面,同时建立纪录片运作多样化的资本市场,从而为纪录片的发展提供资金支持。另一方面,广电总局及相关的行业组织应当为公司制作力量提供具有摄制价值和可操作性的选题,并依靠社会力量筹集经费,对重大题材实施招标竞争,谋求竞争的合理化。

最后,应当在政策法规上规范纪录片制作公司的创作。由于公司制作在中国尚属于新生事物,其制作力量良莠不齐。同时受到市场经营思想的负面影响,有可能造成其对题材的主题思想或传播效果的误读。这些问题都需要我们进行规范和引导。对公司制作的纪录片进行正常的审核和引导以及对其相应的制作力量进行有效的培训,都将有利于公司制作力量的发展。

三、重视对个人制作力量的研究和疏导

影像技术的发展和普及使得个人从事纪录片创作成为可能。在我国,个人制作力量早在20世纪90年代就已经出现。其中不乏在国内外获得认可的优秀纪录片。但是,由于其制作的边缘性和对社会现象与问题阐释的非主流特点,其在近十几年的发展受到了很大的限制。独立制作人无法打开国内市场,无法进入国内的主流媒体,因此走出了一条抛开国内媒介传播主流,迎合西方媒介传播需求的道路。这样的情景使得个人制作力量的纪录片创作始终是一个圈子内部的小众传播。虽然在制作观念上,个人制作力量因为其国际化的思路有许多值得国内业界学习的地方,但是因为其思想的个人化倾向并没有得到普遍的重视。

随着 DV 的普及和数字传播技术的发展，独立制作人的队伍不断壮大，其在国内和国际上的影响力也越来越大。对于个人制作力量的研究是未来中国纪录片发展必须进行的课题。

第一，必须认清独立制作人的发展壮大是与整个传播大环境人本化、个性化和小众化的发展趋势密不可分的。随着影像传播话语权的大众化和世俗化，独立制作人因为置身民众生活中，对一些影像传播个案的研究更具发言权，也更有说服力，所以其能够打破大众传播信息大而全的传播局限，形成个性化的小而精的特色。

第二，改变对于个人制作力量的偏见。应当意识到独立制作人的存在是对主流创作力量的有效补充，能够在创作观念和影像技巧方面对主流影像制作产生积极的作用。另外，个人制作力量的壮大和普及有利于培养更为广泛的中国纪录片受众，并在题材选择、主题立意和叙事技巧上冲击传统的纪录片观念。

第三，个人制作力量参差不齐，但是他们的创作能够触及生活的各方面，以更加细腻和朴实的镜头分析和解构这个社会，因此比主流媒体更容易接近生活，也更能体现纪录片的本质属性。若能对个人制作力量有效疏导，并将其纳入纪录片创作的主流渠道，使之成为中国纪录片创作不可替代的组成部分，必将从各方面推进中国纪录片事业的发展。

四、强调对国际制作力量的引入和借鉴

纪录片创作走向世界是中国纪录片发展的必然趋势。纪录片创作的国际化必然要吸收和引进国外的先进经验。在我国制作力量和制作习惯都无法与世界接轨的情况下，引入和借鉴国际制作力量，通过"借船出海"的方式进行学习和研究，是推进中国纪录片创作国际化的重要途径。

中国是一个巨大的纪录片市场，一方面是因为中国具有世界上最大的受众市场，另一方面则是因为中国具有丰富的纪录片创作题材，从自然、文化、历史到政治、经济和生活的各个方面都具有吸引国外先进媒体和创作人员进

入中国的资源。引入国际制作力量，就是希望通过与先进制作力量的合作达到提升自身制作水平，了解国际制作规范的目的。从中国纪录片发展的现状来看，我们对国外制作力量的引入和借鉴主要通过以下方式实现：

其一是由我们设立项目并投资，通过公开招标的方式请外方来做。这种方式有利于我们了解国外的先进制作理念，并学习国际上通用的制作规范。但是我们多数只是作为管理方或者服务方出现，学习的深度会受到一定的影响，但是对于中国的外宣策略来说，这无疑是传播效果最好的方式。

其二是合作拍摄。项目可以由双方讨论后共同提出，双方共同出资，共同拥有版权，可以由外方提供主创人员，也可以一个项目有中外两套班底，但外方的节目必须在国外的主流媒体播出。合拍的方式在中国纪录片创作的初期已经被广泛采用，并且为中国纪录片的发展起到过积极的作用。今后我们应当继续加强对这种引入国外制作力量方式的扶植和投入，因为合作有利于培养中国纪录片创作者的国际化视野、国际化的制作理念和与国际制作团队的合作经验。同时，强调最终产品在国外主流媒体的播出也有利于将中国题材引入西方的主流传播媒体，开拓中国纪录片在国际市场上的竞争力。

其三是协拍。协拍即对方出选题、资金、拍摄计划，我们认可后就作为国内的接待单位协助拍摄。这种方式注重对国外优秀制作团队的引入，并且学习西方的思维方式和传播理念，有利于我们对外宣策略的制订和实施。同时，国外制作队伍对中国纪录片资源的开发和传播，也能为国内制作力量的发展提供很好的学习范本和研究个案。

溯源与流变：中国纪录片"精英文化"的观念史考察*

一、问题的提出

精英文化作为知识分子文化的典型样态，在中国社会文化生活中占有重要地位。国内关于精英文化概念的研究，以学者邹广文的界定为主，其指的是"知识分子阶层中的人文知识分子创造、传播和分享的文化"，对社会进行教化、对价值产生规范是其主要作用，精英文化是"'经典'和'正统'的解释者和传播者"②。

中国纪录片诞生于革命战争的历史背景中，从新闻宣传和报道影像中脱胎，着眼于反映重大社会问题，因此充满思辨精神、品位高雅成为其作为"精英文化"而存在的典型特征，"精英文化"所具有的气质是中国纪录片的"外显"属性。从1911年我国首部真正意义上的纪录片《武汉战争》诞生之日起，中国纪录片便从影像作为"影戏"时代记录杂耍的工具的单薄功能中剥离出来，宣传进步思想、反映社会问题成为中国纪录片承担社会教化使命、发挥价值规范导向功能的指导思想。在以上语境中诞生的中国纪录片，宣传

---

* 本文原载于《现代传播》（中国传媒大学学报）2021年第5期，与赵甜合作，收入本书时有改动。

② 邹广文. 当代中国大众文化及其生成背景 [J]. 清华大学学报（哲学社会科学版），2001（2）: 46–53，67.

教化是其主要的社会功能,精英性成为其固有的文化基因。在20世纪八九十年代中国纪录片发展的鼎盛时期,其"精英文化"的气质更是表现得淋漓尽致。纪录片创作者们所代表的崇尚独立的精神与自我价值实现的气质交织在一起,使得纪录片常与"高品位"联系在一起,形成了中国纪录片界"梦一样的现实"[1]。21世纪初,"阳光卫视"纪录片频道诞生,作为中国首个"严肃高雅的纪录片频道"[2],其以全球精英人士为服务对象,尽管该频道最终悲壮退场,但其追求纯文化理想的实践仍是代表"精英文化"气质的历史性事件。2011年,以"高端的媒体属性、高质的频道受众、高度的传播覆盖"[3]为宗旨的CCTV-9纪录频道开播,其将"高学历、高收入、高职业"的收视群体作为目标受众,"大气、从容、冷静、理性"[4]成为频道的主要风格,这些无不体现着纪录片作为文化产品的精英文化品位。时至今日,纪录片仍被视为"电视文化的守望者"[5],享有"胶片盒子里的大使""国家相册""人类生存之镜"等一系列美誉,承担着"精英文化"的社会使命。

尽管"精英文化"的独特气质成为中国纪录片创作与传播的"外显"属性,但纪录片领域对"精英文化"观念的研究却处于相对缺失的状态。在现有的重要著作和期刊文献中,关于纪录片"精英性"的研究占比较小,部分研究仅对纪录片"精英文化"气质的具体现象进行了阐释,但对其本质的研究尚未形成体系。这就导致,一方面,"精英文化"观念已经深刻影响了中国纪录片的创作与传播实践,"精英性"几乎成为我国纪录片发展的默认属性;另一方面,这种精英性的界定、"精英文化"观念的产生过程等本质性问题却

---

[1] 何苏六.纪录片市场化:中国问题与外国方法[J].现代传播(中国传媒大学学报),2005(3):101-104.

[2] 何苏六.中国电视纪录片史论[M].北京:中国传媒大学出版社,2005:137.

[3] 刘文,张国涛.修行与探索:央视纪录频道的元年盘点[J].现代传播(中国传媒大学学报),2012,34(2):87-91.

[4] 李艳峰.新开局 稳探索 向未来:CCTV-9纪录频道的传播运营之道[J].中国广播电视学刊,2012(12):72-74.

[5] 韩飞,何苏六.新旧动能转换视野下的中国纪录片产业发展[J].当代电影,2019(9):128-132.

处于说不清、道不明的状态。这种在实践领域内已经外显的"精英文化"观念，成为纪录片研究领域"内隐"且模糊的观念，始终被提及却难以清晰地被界定。

如何理解中国纪录片的"精英性"？这种看似自然而然形成的"精英文化"观念，是在怎样的历史语境中被建构出来的？在人人拥有影像记录工具的新型媒介环境下，尤其是在大众文化日益占据主流文化版图、泛娱乐化现象愈演愈烈、后现代主义思潮盛行的当下，纪录片所代表的精英文化属性是否仍合乎时宜？我们应该如何在偌大的文化地图中为中国纪录片寻求合理定位，以更准确、科学的观念指导我国纪录片的创作与传播实践，助力其产业勃兴与价值回归？只有对以上问题作出解答，我们才能找到中国纪录片产业蓬勃发展的路径。

二、当前矛盾："精英文化"观念与市场需求的不匹配

（一）市场遇冷："精英文化"观念带来的生存困局

近年来，我国优秀国产纪录片层出不穷，"舌尖""匠人""风味"系列纪录片的火爆，在一定程度上提振了中国纪录片创作与传播的信心，而相较整个纪录片庞大的生产规模来说，这些现象级的纪录片仅是沧海一粟。《中国纪录片发展报告》历年数据显示，我国纪录片生产的"产品率"多年来徘徊在10%左右，近九成的纪录片无法从文化作品转化为文化产品，实现文化商品层面的流通更是难上加难。调查报告显示，"近10年来，中国纪录片市场规模大幅增长，但以定制市场、委托制作市场为主的格局并没有发生变化，一半靠政府，一半靠市场。完全依靠市场和注意力销售收回成本的纪录片凤毛麟角，健全的市场体系尚未形成"①。纪录片的盈利模式相对单一，"收视率普

---

① 张同道.2019年中国纪录片发展研究报告［J］.现代传播（中国传媒大学学报），2020，42（7）：109-113，119.

遍不高，广告价格也相对比较低""衍生品开发环节基本处于缺失状态"①的窘况依然存在。《中国纪录片发展研究报告2020》数据显示，"2019年中国纪录片生产总投入为50.36亿元，年生产总值约为66.60亿元，同比增长3.3%，增幅为近10年来最低值"②。中国纪录片真正的繁荣期还未到来，在影视传媒领域市场化改革倒逼纪录片走向市场的语境下，"精英文化"的固有观念与市场运行规律之间存在有待弥合的空间，这为中国纪录片的发展带来了生存困局。

（二）边缘地位：中国纪录片的发展桎梏

如图1所示，为助推我国纪录片产业发展，广电总局自2010年起便发布了一系列政策规划。2010年发布的《关于加快纪录片产业发展的若干意见》，对振兴纪录片产业提出了总要求；2013年"加强版限娱令"下发，明确要求上星频道"按周计算平均每天6∶00至次日1∶00之间至少播出30分钟的国产纪录片"③；2015—2017年，《百人百部中国梦短纪录片扶持计划》通知出台，旨在激发短纪录片的发展活力；2018年广电总局在面向2018—2022年的规划文件《关于实施"记录新时代"纪录片创作传播工程的通知》中再次明确规定，"每个电视上星综合频道全年在19∶30—22∶30时段播出国产纪录片总量不得低于7小时"④。

即便国家已在政策层面着力推动纪录片产业的发展，当前中国纪录片在整体上还是难以摆脱其长久以来的边缘属性。小众传播经常被概括为纪录片传播的特点，业界更将此奉为圭臬，甚至在2011年中央电视台纪录频道正

---

① 张红军，毛阅.中国纪录片产业链现状分析及策略建构［J］.现代传播（中国传媒大学学报），2011（6）：83–88.
② 《中国纪录片发展研究报告二〇二〇》发布［J］.新闻世界，2020（5）：52.
③ 中国纪录片网.国家新闻出版广电总局规定2014年起上星频道须播出纪录片［EB/OL］.（2013-10-17）［2020-09-01］.http：//docuchina.cntv.cn/20131017/100044.shtml.
④ 中国纪录片网.国家广播电视总局关于实施"记录新时代"纪录片创作传播工程的通知［EB/OL］.（2020-06-23）［2020-09-01］.http：//www.docuchina.cn/2020/06/23/ARTIXiKuDgd0VYYET8cVz8Lv200623.shtml.

式开播前,该频道"在九个月时间的调研中,首先考虑的就是自己可能'仅有'的受众群体究竟在哪里"[①]的问题,可见纪录片工作者群体内部早已对纪录片的"小众化"达成一定共识。《中国纪录片发展研究报告》历年调研结果显示,近年来专业纪录频道面临着严重困局:"专业纪录频道在资金、资源与传播空间上受限"[②],已上星的卫视频道的大部分纪录片还是活在卫视的"睡眠时间",播出时间多为深夜。例如,湖南卫视、黑龙江卫视以及江苏卫视将"中国梦"题材纪录片安排到凌晨一点至六点排播;浙江卫视和云南卫视自制精品纪录片《西湖》和《经典人文地理》,也未能在播出时间上赢得先机。这在一定程度上使中国纪录片所代表的"精英文化"气质处于小众传播、边缘化的尴尬境地,即便在国家政策的助力下,一时间也难以实现产业勃兴。

2010年	2013年	2015—2017年	2018—2022年规划
《关于加快纪录片产业发展的若干意见》	《关于做好2014年电视上星综合频道节目编排和备案工作的通知》(简称"加强版限娱令")	《百人百部中国梦短纪录片扶持计划》	《关于实施"记录新时代"纪录片创作传播工程的通知》
	"按周计算平均每天6:00至次日1:00之间至少播出30分钟的国产纪录片"		"每个电视上星综合频道全年在19:30—22:30时段播出国产纪录片总量不得低于7小时"

图1 2010年以来我国纪录片产业发展的重要政策

三、"精英文化"观念的形成与发展

由以上叙述可知,中国纪录片所具有的"精英文化"观念在一定程度上

---

① 孙振虎.论可持续发展的纪录片运行模式:以央视纪录频道一周年运营为例[J].中国广播电视学刊,2012(6):87-88,92.
② 张同道.2018年中国纪录片发展研究报告[J].现代传播(中国传媒大学学报),2019,41(5):117-122.

带来了产业发展中市场遇冷、边缘化的问题,生存困境已成为制约中国纪录片产业发展的巨大阻碍。更重要的问题在于,中国纪录片这种看似自然而然形成的"精英文化"气质,究竟是如何被建构起来的?中国纪录片为何具有"精英性"?只有真正透彻地分析清楚以上问题,才能有的放矢,为中国纪录片的困境开出对症药方。

(一)"形象化的政论":胎记般的烙印

中国纪录片脱胎于新闻纪录电影,"形象化的政论"在该历史进程中是一个无法回避的关键词。"在相当长的历史时期内,它就是我国新闻纪录电影的代名词,而且在电视崛起后对电视新闻与电视纪录片创作产生持久的内在影响。"[①] "形象化的政论"作为指导我国纪录片创作的核心理念而被应用,在漫长的历史实践过程中逐渐演变为一种媒介生产惯习。新中国的纪录片由新闻纪录片发展而来,在该思想的指导下,我国的纪录片创作与传播更多地重视作品自上而下的宣教作用,无形中形塑了中国纪录片的"精英文化"气质。

"形象化的政论"是1925年列宁与卢那察尔斯基谈话中的观点,列宁明确提出:"它(新闻片)应该是形象化的政论,而其精神应该符合我们优秀苏维埃报纸所遵循的路线","新闻电影工作者应该向我党和苏维埃的报刊的优秀典范学习政论,应该成为拿摄影机的布尔什维克记者"[②]。1954年初,《人民日报》发表了题为《进一步发展人民电影事业》的社论,明确指出"新闻纪录片应该是报纸的兄弟"[③]。这样的宣传逻辑继续得到贯彻,1960年陈荒煤在题为《加强新闻纪录电影工作的党性》的讲话中指出:"新闻纪录电影可以说是党报的兄弟。我们能不能及时地、迅速地、正确地反映现实,正确地宣传

---

① 田秋生. "形象化的政论"再探:新影传统的历史生成及其影响[J]. 现代传播(中国传媒大学学报), 2019, 41 (9): 119-124.
② 列别杰夫. 党论电影[M]. 徐谷明, 等译. 北京: 时代出版社, 1951: 50-51.
③ 进一步发展人民电影事业: 人民日报一九五四年一月十二日社论[J]. 电影艺术译丛, 1954 (1): 10-14.

总路线,都决定于是不是紧紧地依靠党委的领导。"① 这次讲话,将纪录片作为"形象化的政论""党报的兄弟"的观念贯彻到了中央新闻纪录电影制片厂的创作中,"形象化的政论"成为新影厂的创作传统。由延安电影团组建的新影厂,是当时我国唯一生产新闻纪录影片的专业机构,我国早期的纪录片创作人才均出自该单位,其纪录片创作与传播的观念决定了我国纪录片发展的历史脉络。

在中国电视诞生初期,电视纪录片与电视新闻的界限十分模糊,纪录片所拍摄的题材往往是围绕执政党中心工作以及宣传方针而设定的新闻题材,纪录片与新闻片往往含混为一体,这也导致了"形象化的政论"传统得以沿袭。以陈汉元为代表的我国早期纪录片创作主力曾表示,其对"形象化的政论"的断言是"确认无疑,而且是刻骨铭心的"②,在这种思维的影响下,由这些创作者们拍摄的包括中央新影和地方电视台在内的纪录片都具有了"形象化的政论"的影子。《英雄的信阳人民》《铁人王进喜》《光辉的榜样焦裕禄》《收租院》《周恩来访问亚非14国》《大庆在阔步前进》等纪录片,主题围绕一化三改、社会主义生产建设、阶级斗争等主题展开,纪录片的新闻性超过了艺术性,声画分离且依靠解说词阐述的内容居多,喊口号式的宣教风格成为其主导色彩,宣传意味浓厚,画面表现单一,因此被称为"格里尔逊式的宣教纪录片"③。在"文革"时期,拍摄领导人的运动镜头甚至只能由远及近,不能由近及远,因为领袖不能远离人民。被政治意识形态捆绑的纪录片常以宣教工具的面貌存在,政治意义大于影像意义,在新闻纪录片占据主流的时期,"形象化的政论"成为纪录片创作的核心观念。

由此可见,在观念层面,我国的纪录片创作与传播沿袭了苏联时期的传统理念,以列宁"形象化的政论"为指导原则,在我国的实践中具体落实为"党报的兄弟",作为阶级斗争的工具而存在。但仔细分析便会发现,列宁提

---

① 陈荒煤.加强新闻纪录电影工作的党性[J].电影艺术,1960(4):12-21,89.
② 陈汉元,赵曦.发现 记录 表达[M].北京:中国发展出版社,2012:65.
③ 冷冶夫,刘新传.中国电视纪录片创作50年:思维、形态与路径的轨迹变迁[J].当代电视,2008(7):49-51.

出的"形象化的政论"的论述，原本是针对"新闻片"的创作与传播观念的。"列宁说的'形象化的政论'是指新闻影片，却被当成是纪录片的唯一定义，这必然会导致对纪录片特性、功能的狭隘理解及认知上的偏差。"[①] 由于历史的特殊原因，我国早期纪录片与新闻片的界限并不清晰，新闻纪录电影作为纪录片的主要形式而存在，"形象化的政论"创作原则自然而然地从新闻纪录电影领域拓展到了更大范围的纪录片。在纪录片的概念逐渐明确、类型日益多样的发展趋势下，再以"形象化的政论"观念指导纪录片创作与传播实践，必然会出现方枘圆凿的尴尬局面。"形象化的政论""党报的兄弟"这种媒介生产习惯所带来的自上而下的说教传统，将纪录片这种原本极具影像魅力的艺术形式拔高到阶级斗争的高度，其自上而下的宣教作用掩盖了纪录片的艺术魅力。"形象化的政论"带来的宣教特点使得我国纪录片从诞生之日起便成为"精英文化"的一分子。

（二）"文人电视"：知识分子情怀的表达

1954年，弗朗索瓦·特吕弗发表了《法国电影的某种倾向》一文，将导演视为影片的真正作者，奠定了"作者论"的理论基础。安德烈·巴赞紧随其后，发表了题为《论作者论》的文章，强调应从作者的角度去品读、解码作品。从《北方的纳努克》诞生起，纪录片作为影像作品的一大类别，其文本始终与作者捆绑在一起，无论是"直接电影理论"还是"电影眼睛派"指导下的纪录片，在坚持真实的同时，始终蕴含着创作者的观念表达。因此，要回答"中国纪录片'精英文化'观念是如何形成的？"这一问题，就要对作为知识分子的纪录片创作者进行考察。

在传统儒家思想的哺育下，"修身齐家治国平天下"是历代中国文人的共同目标，"文以载道"也因此成为书生报国理想得以实现的主要方式。在"文以载道"传统观念的影响下，作为知识分子的中国纪录片创作者尤其重视纪录片这一媒介载体所承担的社会使命。纪录片"所体现的典型的电影特性和

---

① 陈一.中国电视纪录片的生产与再现［M］.北京：中国书籍出版社，2011：28.

它传达意识形态无与伦比的优势，让纪录片创作者不由自主地背负起且迷醉于一种责任感、使命感"[1]，这一特征自20世纪80年代中国纪录片走向人文化时期便表现得尤为显著。随着改革开放的到来，中国社会的思想迎来了解放，作为社会精英的知识分子在思想解放的时代拥有了表达的权利，"天下兴亡，匹夫有责"成为中国纪录片创作群体的文化自觉和历史自觉。作为精英知识分子的纪录片创作者们牢牢抓住纪录片这一话语武器，积极进行主体价值的表达与言说，对社会现实、国家命运进行思考和发声。自此，纪录片创作者所奉行的精英话语、弥漫于中国社会的爱国主义与进取情绪糅合为一种"不充分的纪实精神"[2]，在20世纪80年代理想主义文化空气的熏陶下，成就了"文人电视独领风骚的岁月"[3]。作为"文人电视"文化的承载物，纪录片成为创作者们表达情怀、实现文人治世理想的关键，其"精英文化"的气质也日益凸显。

《话说长江》《话说运河》作为20世纪80年代纪录片的典型代表，蕴含着纪录片工作者深厚的知识分子情怀。这两部反映我国人文地理概貌的纪录片，由戴维宇导演、陈汉元撰稿，采用章回体的形式拍摄而成，旁白华丽、思想深邃、规模宏大。在《话说长江》的创作中，戴维宇导演特别邀请了虹云、陈铎两位老艺术家借助中国古典小说章回体的结构形式将长江两岸的风土人情娓娓道来，文学意味深厚。在《话说运河》第一集《一撇一捺》中，"这长城是阳刚雄健的一撇，这运河不正是阴柔深沉的一捺吗？""巍峨的长城是我们的祖先用自己的骨和肉筑造的，深沉的运河是我们祖先用自己的血和汗灌注的"等工整对仗、饱含深情的解说词便是"文人电视"文化的典型样态。这种文学气息浓厚的创作风格，带来了一批诸如《让历史告诉未来》《唐蕃古道》《共和国之恋》《黄河》《万里长城》等纪录片。从此，民族精神

---

[1] 阎春来.纪录片的意识形态问题[J].现代传播（中国传媒大学学报），2017，39（5）：109-114.

[2] 常江.现代性的基因：解读20世纪80年代的中国电视文化[J].新闻春秋，2013（1）：58-64.

[3] 祁林.电视文化的观念[M].上海：复旦大学出版社，2006：87.

成为主题表征，文学化的影像创作方式成为主流，作为知识分子的纪录片创作者们将自己对家国、民族、社会的关怀注入到纪录片这一影像文本之中。理想气息和人文气质的关照，使得中国纪录片有别于一般的通俗文化作品，其承载着"精英文化"的深厚价值内涵。

这种"文人电视"的观念在20世纪90年代继续得到发扬，人类学纪录片的迅猛发展唤醒了纪录片创作者们作为知识分子特有的独立精神。这一时期出现了象征独立创作精神的个人小作坊式的创作群体，也造成了"对一些弱势群体和边缘群体进行一些貌似平等、实则借助媒介的力量强行做不平等的窥视似的记录"①。《沙与海》《藏北人家》《深山船家》《最后的山神》《老头》《龙脊》《回家》《神鹿呀，我们的神鹿》《山洞里的村庄》《婚事》等一系列深入边缘地区、探寻古老生活方式与反映社会矛盾的纪录片，都是创作者以知识分子视角关照社会现实、表达治世情怀的代表作品。导演杨荔钠在拍完纪录片《老头》之后，直言不敢再回头看这些老人，因为片中对老者死亡挣扎时刻的展现，暴露出其由于过分追求独立精神而造成的近乎冷漠的、自上而下式的精英审视视角。同一时期出现的《半个世纪的乡恋》《德兴坊》《毛毛告状》《大动迁》，分别反映了"慰安妇"问题、住房问题、底层群体生活困境、改革开放与城市拆迁矛盾，无一不体现着创作者们对于社会现实的深切体察。冯乔的"教育三部曲"《我想有个家》《刘金海与成功教育》《我的潭子湾小学》，主题表达没有停留在单纯的记录层面，而是深入知识分子对于教育问题的观照与思考层面。

21世纪以来，中国纪录片的类型更加多元，但与同时期消费主义主导下的电影、电视剧、综艺等大众文化产品不同，中国纪录片在一定程度上仍保留着长久以来的文化品格。2000年，中央电视台纪录片栏目《见证》开播，在选题方面多以关乎国计民生的重大题材为主，风格相对严肃厚重。2003年中央电视台新闻频道唯一的新闻纪录片栏目《纪事》开播，以打造"行进中的影像中国"为宗旨，引领了新闻纪录片的创作热潮，但在叙事语言上仍有

---

① 任远.纪录片的理念与方法［M］.北京：中国广播电视出版社，2008：98.

文学化的意味。与此同时，以《雾谷》为代表的纪录片，通过夸张的手法对假权倨傲的社会现象进行讽刺，开辟了社会学纪录片的新路径。2006 年中国广播电视协会纪录片工作委员会举办的"中国纪录片选片会"专门设置了"社会报道类"纪录片的评选项目，通过纪录片关怀、体察社会成为创作者们公认的文化自觉。在美学风格、表现手法方面出奇制胜的纪录片《北京的风很大》引发了极大关注，这种颠覆性的影像表达方式尽显实验性纪录片的特质，但过于先锋的创作理念容易造成纪录片与普通观众之间的疏离感，使纪录片成为创作者们隐喻现实的"圈子艺术"，与日渐崛起的大众文化相背离。除此之外，《故宫》《大国崛起》《复兴之路》《河西走廊》等纪录片的出现，使得纪录片的历史厚度、文化底蕴得到升华，构筑起纪录片创作者们对"大国"的文化想象。2012 年，现象级作品《舌尖上的中国》引领了美食类纪录片的创作风潮，但美食并不是该类纪录片的核心，透过美食展现东方生活价值观才是其要义所在。2014 年至 2016 年涌现的《爸爸去哪儿》《奔跑吧兄弟》等一系列娱乐纪实电影显现出粉丝经济的强势，学界和业界对于这种快消式的纪实影像形态定义存疑，这种对娱乐纪实电影的警惕也在一定程度上映射出创作者对纪录片与娱乐元素相结合的潜意识的抗拒心态。事实上，在纪录片形态日益多元、"纪实+"产业面貌日渐凸显的今天，对粉丝经济的良性引导和运用也不失为助力纪录片产业发展的一种途径，此前的这种抗拒心态恰好反映出创作者们对纪录片文化品格的高要求。2017 年，中国首部获得公映许可的慰安妇纪录片《二十二》的出现，体现了创作者们对于社会问题的深刻揭示。近年来，《生门》《我的诗篇》《摇摇晃晃的人间》《四个春天》《三矿》等社会现实题材纪录片崛起，发挥纪录片"打造社会的锤子"的功能以影响现实生活，成为创作者们关怀社会的具体方式。

由此可见，在作为知识分子的纪录片创作者眼中，纪录片从来都不是单纯的影像记载工具，而是表达文人情怀、实现社会关照的载体。即便是在全面拥抱消费文明、泛娱乐化现象愈演愈烈的当下，中国纪录片创作者们仍坚守着一定的文化品格，"文人电视"是创作者们对纪录片社会功能的共同期待。一项最新的关于纪录片从业者的调查显示,"重情怀轻回报"①是当下纪录片创作群体的显著职业特点。这种饱含文人治世理想的纪录片创作与传播观念,在一定程度上造成了来自知识分子自上而下的审视感,使其难以放下身段满足普通观众对于精神文化消费品的需求。因此,中国纪录片作为"精英文化"载体的地位不断被拔高,成为曲高和寡的艺术形式。

四、结论与展望:对"精英文化"观念的思考

中国纪录片的影像技术和拍摄手法习于西方,这种最初被西方中产阶级知识分子用来探讨文化与社会问题的影像文献手段,在功能主义的媒介范式影响下与中国历史语境相契合,成为由作为知识分子的创作群体推动、对主流价值观进行阐释、具有社会教化和价值规范作用的"精英文化"的典型样本。"形象化的政论"和"文人电视"的创作与传播观念,共同形塑了中国纪录片"精英文化"的独特气质。中国纪录片"精英文化"观念的本质是人文理想的影像化呈现,无论是"形象化的政论"带来的说教传统,还是"文人电视"体现出的知识分子的社会关照,都存在一定的审视态度,这使得中国纪录片不断被推向神坛,成为曲高和寡的影像文本。

纪录片不是一种静态的、固定的文化形式,而是如文化研究学者威廉斯所说的"活文化",是一种"'普通人'在与日常生活的文本与实践的互动中获取的'活的经验'"②。从"精英文化"向"大众文化"靠拢,改变长久以来自上而下的审视视角,拉近与普通观众之间的距离,是当前中国纪录片创作与传播的必然路径。

具体而言,中国纪录片有以下两种实践转向:

一方面,其应直面大众娱乐消费的需求,以精神文化消费品的身份走向大众。在全面拥抱消费文明的当下,市场话语的强势入侵带来了整个文化生

---

① 黄衍华,何苏六,罗卓灵.纪录片人的情怀:影响中国纪录片从业者从业时间的非线性因素分析[J].中国新闻传播研究,2020(2):140-157.
② 斯道雷.文化理论与大众文化导论[M].常江,译.北京:北京大学出版社,2019:56-58.

态向大众文化迈进的趋势,满足人们娱乐休闲的需求成为文化产品的归宿。在大众文化日益占据主流文化版图的今天,"精英文化"观念为中国纪录片的发展带来了生存困境。抛却旧有的严肃沉闷、呆板说教的"高冷"面貌,以轻松愉悦、清新生动的创作特点吸引观众,走出精英话语的固有框架,成为市场话语下的大众文化产品,是中国纪录片走下神坛的关键。近年来,《早餐中国》《宵夜江湖》《人生一串》《十三行》《可以跟你回家吗》《此画怎讲》等一系列具有后现代主义解构精神的纪录片赢得广泛好评,为中国纪录片提升自身影响力、传播力带来了可借鉴的经验。

另一方面,融媒体时代的到来赋予了普通人通过影像进行自我表达与记录的权利,中国纪录片的创作与传播成为一种参与式文化。关于布迪厄强调的"文化资本"一词,我们不难理解:在人类社会的绝大多数时间内,底层百姓的文化活动是难以在历史上留痕的,因为占据文化资本的群体也占据着被记录的机会,普通人因为缺少文化资本,其日常实践始终处于"发生即消失"的状态。随着媒介技术的发展和媒介形态的变革,记录工具的普及宣告着"人人都能成为记录者"的时代的到来,影像纪录作品的创作成为超越影像本身的参与式文化。以《浮生一日》为代表的众筹式纪录片的出现,将大众群体纳入到纪录片创作与传播的过程中,在充分激发观众作为纪录片创作者的参与热情的同时,使得纪录片创作打破了"被精英知识分子垄断"的刻板印象,成为普通观众也可以参与的大众文化。

纪录片本该且必然是大众生活与大众文化的一部分,其亟须撕去"精英文化"的价值标签。在影像作品早已不是感官奢侈品的今天,中国纪录片的创作与传播应"飞入寻常百姓家",及时向群众的日常生活靠拢。这不仅是关乎产业良性发展的现实路径,更是在文化权利维度实现向人民赋权、将视觉权利下放给普通大众的积极尝试。

文献纪录片年轻化传播的创新策略*
——以中国共产党成立 100 周年主题纪录片为例

2021 年是中国共产党百年华诞，习近平总书记强调："要用好红色资源，传承好红色基因，把红色江山世世代代传下去。"① 讲好党史故事需要以具体媒介为抓手，而建党百年纪录片承担着以影像书写党史的重要使命。这种"影像修史"的创作目的在于更好地传播党史故事，尤其是对青年群体产生引领带动作用。如何改变文献纪录片单调说教的死板面孔，让厚重的党史贴近年轻人的欣赏习惯？如何以鲜活灵动的影像将党史讲"活"、讲"透"？这是当前亟待解决的问题。总结中国共产党成立 100 周年主题纪录片在年轻化传播策略上的创新经验，对中国文献纪录片的创作与传播大有裨益。

一、影像修史：新时代语境下文献纪录片的功能与困境

1. 党史的影像书写：纪录片"影像修史"功能的实践

中国人历来有着修史的传统，国有史，方有志，家有谱，这是中华传统文化生生不息、中国历史连绵不断的保障。随着从文字传播到视觉传播的转变，影像成为文字书写历史的赓续，海德格尔"世界被把握为图像"② 的预言

---

* 本文原载于《新闻与写作》2021 年第 7 期，与赵甜合作，收入本书时有改动。
① 习近平. 用好红色资源，传承好红色基因 把红色江山世世代代传下去 [J]. 新长征（党建版），2021（6）：4.
② 海德格尔. 林中路 [M]. 孙周兴，译. 上海：上海译文出版社，2014：84.

已成现实。读文时代让位于读图时代，且在影像语言系统日益完善的过程中，进一步出现以"读片"为表征的媒介实践。"以影视的方式传达历史以及我们对历史的见解"①的"影像修史"实践已渐显活力，文献纪录片正是最重要的呈现方式。

党史并不是冷冰冰的呆板说教，而是充满革命力量、由动人故事书写的鲜活历史。习近平总书记强调，"中国共产党的历史是一部丰富生动的教科书"②，发挥纪实影像的特长，以真实可感的纪实语言书写党史，是建党百年文献纪录片的功能所在。与厚重晦涩的典籍史册相比，纪录片作为"写在胶片上的历史"，是一种易解码、更富有感染力的媒介形式。以"影像修史"的方式为中国共产党百年奋进的历史做时代注脚，建构属于中华民族的集体记忆，为时代发展凝心聚魂，是中国共产党成立100周年主题纪录片的功能指向。

2. 现实矛盾：厚重的历史与年轻的观众

"思想主流与市场边缘的尴尬"③阻碍着我国文献纪录片的发展，体制内的资金与政策支持使得文献纪录片的创作与传播呈现出"命题作文命题做"的态势，历史的呈现与叙述更像是文字史料的翻版，难以引发年轻人的观看兴趣。其结果是"影像修史"实践的价值被大大削弱，年轻观众的收视需求难以被考虑在内，被封存于档案馆成为多数文献纪录片的归宿。实际上，"影像修史"的目的不只是存档，而是为了实现历史更好的传播，因此传播效果就是其重要的考量指标。青年群体作为当下视频观看的主要群体，在任何视频内容的传播效果中都有着举足轻重的地位。"年轻化是一种基于新传播语境下的用户导向反作用于创作上的观念和方法论"④，"走近年轻人，记录新时代"成为多个纪录片论坛的探讨主题。国产纪录片受众的年龄结构年轻化趋势明

---

① 谢勤亮.影像与历史："影视史学"及其实践与实验[J].现代传播（中国传媒大学学报），2007（2）：80.

② 习近平.中国共产党的历史是一部丰富生动的教科书[J].党史纵横，2010（8）：1.

③ 肖灿.思想主流与市场边缘的尴尬：国内文献纪录片发展现状与困境[J].今传媒，2010，18（11）：70.

④ 韩飞，黄绮婷.纪录片如何亲近年轻人[N/OL].文艺报，2020-06-10［2021-01-06］. https://wyb.chinawriter.com.cn/content/202006/10/content55038.html.

显,"35 岁以上的观众只占 12%,而在新近热片如《本草中华》《水果传》的观众年龄结构中,35 岁以下观众占比竟分别高达 95%、96%"①。"得年轻人者得天下",实现纪录片的年轻化表达,已成为纪录片生产与传播的重要命题。

纪录片需要进行年轻化传播,具有宣传教化价值、承担修史重任的文献纪录片更是如此。一方面,青年是国家的希望、民族的未来,青年人在哪里,舆论阵地就应该在哪里。1916 年李大钊在《新青年》发表的《青春》一文,以"青春中华"的理想唤醒了时代,百年之后的今天,青年群体的价值塑造和精神领航同样重要。尤其是在泛娱乐化倾向明显、后现代主义解构精神盛行的当下,年轻群体对党史的认知处于相对模糊的状态,且只停留在教科书上的较浅的了解层面,因此党史教育亟待完善。要想以百年奋进的历史凝心聚魂、以史为鉴激励中华儿女为建设社会主义现代化国家而奋斗,需要文献纪录片对年轻观众进行价值引领。另一方面,在互联网与新媒体语境下成长起来的年轻观众对纪录片有着更高的审美期待,这就要求文献纪录片及时转变语态,调整传播策略。

如何打通厚重的历史与年轻观众之间的隔阂?如何发挥纪录片记录历史、凝心聚魂的社会价值,对当代青年人进行价值引领?这是当前文献纪录片进行"影像修史"实践所面临的核心问题。

二、创新策略:文献纪录片的年轻化传播

1. 叙事视角:从"自说自话"到"他者阐释"

受"形象化的政论"以及"文人电视"观念的影响,我国文献纪录片的创作与传播长期沉浸在"自说自话"的表达框架中,宣传意味浓厚,叙事视角不够全面。上海纪实人文频道推出的纪录片《百年大党——老外讲故事》,跳脱出传统的"自说自话"式表达框架,以"他者"视角呈现中国共产党百年奋进的伟大成就,为年轻观众带来了了解党史的新鲜视角。

---

① 詹庆生. 纪录片年轻化要贴近更要引领[J]. 时代青年(视点),2018(7):32.

"他者"（The Other）是与"本土"（Native）相对应的概念，是一种跳脱出"自我"表达框架的全新视角，"他者"与"本土"既有差异，也互为参照，形成互文关系[①]。"他者视角"带来了"他者化"的过程：我族与他族，我群与（对）他群之间的他者化也可以说是自我群体的身份认同过程。[②]《百年大党——老外讲故事》以"100天、100集、100位外国人"的微纪录片形式讲述了100个关于中国和中国共产党的故事，这些海外人士包括艺术家、科学家、企业家以及普通创业者，这些海外友人从不同视角分享了他们所见证的中国发展的故事，侧面表现了中国共产党带领中国人民砥砺奋进所取得的伟大成就。例如，在"上海解放特辑"中，88岁的英国老人白丽诗以上海方言表达了自己对中国的喜爱，在沪生活20余年的美国历史学者费嘉炯以"第三只眼看中国"的方式讲述了中国共产党领导下的人民解放军解放上海的"战役奇迹"。

传统文献纪录片自上而下、"自说自话"式的宣教式叙事方式难以引起年轻人的观看兴趣，从"本土"的单一视角跳脱出来，以海外"他者"视角讲述中国经济、文化、生态等方面的发展变革，是对百年党史的全新阐释。这种"他者"的观察与纪录片的纪实感叠加在一起，使得中国共产党的形象在"本土"与"他者"的互文中不断丰满起来，在一定程度上降低了"自说自话"式表达的宣教意味，实现了从"宣传"到"传播"的观念转型，更容易被年轻群体接受。

2. 书写方式："以人写史"引发情感共鸣

长久以来，我国文献纪录片常沉浸在宏大叙事的框架中，按时间轴进行线性叙事、以事件带动历史叙事的书写手法占据主流，在很大程度上遮蔽了对人的主题呈现，部分文献纪录片成为"见事不见人"的"资料汇编册"。然而，历史的书写离不开人民，江山就是人民，人民就是江山，中国共产党百

[①] 刘俊."他者"的存在和"身份"的追寻：美国华文文学的一种解读[J].南京大学学报（哲学·人文科学·社会科学），2003（5）：102.

[②] 童兵，潘荣海."他者"的媒介镜像：试论新闻报道与"他者"制造[J].新闻大学，2012（2）：72.

年奋斗的历史，是党和人民同呼吸共命运的历史。只有将百年党史的讲述落实到具体的人物身上，以人性光辉、人格魅力感染观众，才能拉近文献纪录片与年轻观众的距离。

上海纪实人文频道推出的《理想照耀中国》(第二季)，是一部大型文献人物传记纪录片，打破了"编年史"的线性时间框架，以人带史、以史写人，将对党史故事的讲述落实到具体的人物故事中，避免了见事不见人的空洞陈述。方志敏心中"可爱的中国"是怎样的？赵一曼的真名是什么？茅盾口中身材高大的"湖北大汉"自称萧楚女，他的真实性格如何？这部纪录片通过凸显革命英雄的成长轨迹、个人性格等细节来对英雄人物进行祛魅，还原其具有烟火气、温情亲切的人物形象。在中共中央文献研究室与新华社音视频部电视节目中心联合制作的《共产党人》100集的篇幅中有90集为人物篇，中国共产党人成为党史故事讲述的重要抓手。此外，中央广播电视总台推出的百集文献纪录片《山河岁月》，以个人生命轨迹展现革命建设历程、家国民族命运，绘就出"中国共产党人"以及"中国人"的精神群像，"以人带史"的党史书写方式使得宏大主题的表达具有了记忆点和可看性。

在社会化媒体中成长起来的年轻观众，注重影像所传达的情绪价值，"以人写史"的历史呈现方式是对互联网语境下日趋明显的情绪传播客观规律的尊重。党史不是冷冰冰的叙事，更不是"见事不见人"的史料汇编。与文字书写历史不同，"影像修史"是对文字史书的升华，其在确保史实真实的基础上通过发挥影像语言的魅力来传达情感，是文献纪录片对文字书写历史的超越。从人的角度出发，纪录片只有以鲜活灵动的个人故事书写党史，发挥其真实可感的纪实特色，以人带事讲述中国共产党人、人民群众共筑红色江山的历史，才能与年轻观众产生情感共振、价值共鸣。

3. 审美转变：以清新生动的纪实语言盘"活"党史

与电视媒体时代的观众群体不同，在互联网语境下成长起来的年轻观众触及了丰富多样的视听作品，因此更注重作品的审美体验。改变过去宏大叙事、呆板说教的"说理"模式，以清新生动的语态提升文献纪录片的可看性，以"精神文化消费品"的面貌吸引年轻观众，是文献纪录片年轻化传播的一

大要义。

一方面，在视听语言上进行创新，将原本静态的史料进行可视化呈现，使得党史的讲述具有"动感"。文献纪录片着重讲述已发生的历史，用契合当下年轻群体视觉审美的方式呈现"过去式"的史料尤为重要。百集微纪录片《百炼成钢：中国共产党的100年》以及《诞生地》《青春龙华》等，加入了大量沙画、版画以及动画元素，再现了先辈们的革命活动。在讲述毛泽东拜访陈独秀的故事时，不仅将回忆录、书信中的文字进行可视化处理，更通过沙画的形式动态还原了当时的场景，再辅以节奏感强烈的背景音乐，使党史故事具有了可看性。同时以短视频创作中流行的低姿态下悬运镜、"飞机起飞"运镜等形式实现画面衔接和过渡，影像表达方式充满了"时髦感"，契合了新媒体时代年轻观众的审美需求。中央广播电视总台纪录频道联合安徽卫视制作播出的《八月桂花遍地开》，通过广播剧的形式用"角色配音"塑造先辈们的形象，辅以手绘动画及影视资料，充分激发了观众关于英雄人物形象的想象。

另一方面，增加党史故事呈现方式的趣味性，以年轻观众喜闻乐见的样态进行年轻化传播。《播火1920》在展现毛泽东为工人夜学撰写的招学广告时，纪念馆馆长用长沙话念出文字内容，方言的巧妙运用不仅最大限度地还原了历史，更为文献纪录片的叙事平添了一些趣味。此外，《理想照耀中国（第二季）》推出了水墨手绘海报、主题歌曲MV《解放者》对该纪录片的播出进行延伸宣传，网友也纷纷留言来表示赞赏。

文献纪录片并不是文字史书的翻版呈现，"影像修史"有不同于文字书写的章法，用影像的魅力将党史写"活"，需要纪实影像语言的升级。文献纪录片只有积极向多种艺术表现形式借力，改变文献纪录片粗糙、平实的"报告文学体"面貌，以灵动、优美、清新的语态讲"活"党史，让历史以有温度、有高度、有美感的姿态亲近年轻人，才能真正将"影像修史"的年轻化实践落到实处。

4.传播平台：让厚重的党史走向"云端"

用影像写就的百年党史要赢得年轻人的青睐，就需要打入年轻人的阵地，因此传播平台的布局必不可少。中国互联网络信息中心（CNNIC）第47次《中国互联网络发展状况统计报告》显示，截至2020年12月，我国网民规模达9.89亿，互联网普及率达70.4%。①在除传统媒体之外的新媒体平台上积极布局，让"有声有色的党史影像"走向"云端"，积极抢占互联网平台的舆论高地，打破党史影像与年轻观众之间传播空间的隔阂，是建党百年纪录片亲近年轻人的有效策略。

微信、微博作为最常见的社交媒体平台，是建党百年纪录片新媒体传播布局的基础，在以上两大平台中做好口碑宣传，是让厚重的党史与年轻的观众在"云端"相见的第一步。在微信平台上，"纪实人文频道"的微信公众号、视频号在内容上关联互补，对其推出的《诞生地》《青春龙华》《播火1920》《百年大党——老外讲故事》《理想照耀中国（第二季）》《党100年，我也100岁了》《一样的青春，一样的梦》等一系列党史纪录影像进行预热和解读，同时与"新民晚报""上海发布""东方卫视"等官方微信公众号形成联动，拓展了党史文献纪录片的传播力、影响力。在微博平台上，中央电视台纪录频道开设了"山河岁月"微博话题，阅读量达1.3亿，并通过"你知道'学霸'毛泽东是怎么学习的吗？""速懂'两点一存'"等具有网感的方式与网友进行互动，摘取新媒体观众感兴趣的亮点话题进行传播，使文献纪录片实现了"从长到短、再到微"的碎片化传播。除了坚守社交媒体平台基础传播阵地外，在视频门户网站实现内容的分众传播，也是实现建党百年纪录片年轻化传播的关键。在实现优酷、腾讯、爱奇艺、百视TV、好看TV等一系列视频门户网站的基本覆盖后，《播火1920》《百年大党——老外讲故事》《八月桂花遍地开》在B站上线，一系列网友发出"让百年前的红光重新闪耀在大地上""星星之火，可以燎原！""第一集最后听着老红军唱八月桂花遍地开，听着听着，眼泪突然就涌出来了，止都止不住"的弹幕留言与评论。由此可见，受"90后""00后"年轻观众欢迎的B站平台，对党史文献纪录

---

① 中国互联网络信息中心.第47次中国互联网络发展状况统计报告［EB/OL］.（2021-02-03）［2021-04-15］.http://www.cac.gov.cn/2021-02/03/c_1613923423079314.htm.

片来说也是一个值得拓展的传播平台。

对于文献纪录片来说,如果不能摆脱仅封存于档案馆的宿命、实现从传统媒体到新媒体平台的阵地转移,"影像修史"的实践便失去了意义,建党百年纪录片也自然难以发挥建构民族认同感、凝心聚力的社会价值,传承红色基因也就成了空谈。让厚重的历史与年轻的观众在"云端"相见是极具探索价值的路径,作为"有声有色的历史书"的文献纪录片能够且应该实现在网络新媒体平台的广泛传播。

三、走向"新主流":文献纪录片年轻化传播的进路

纵观建党百年纪录片的年轻化传播实践,无论是叙事视角、传播平台,还是书写方式、审美层面的变化,其"影像修史"的实践在观念上都有一个共同的指向:既符合年轻观众的观看需求,又表达主流价值观、弘扬主旋律。这种观念在影视领域被概括为"新主流",是一种以实现"主流价值与主流市场的合流"[①]为宗旨的创作与传播观念,与当前国家与市场双轮驱动下的纪录片产业发展趋势相一致。

对于文献纪录片来说,厚重的历史与年轻的观众之间确实存在一定的距离,但这种困境并非不可突破,走向"新主流",将主流意识形态的表征和观众观看欲望的满足缝合在一起,是未来文献纪录片亲近年轻观众、让鲜活动人的历史"飞入寻常百姓家"的现实出路。未来我国文献纪录片需以"新主流"的创作与传播观念为指导,在以下三个方面进行完善:

首先,作为历史镜鉴的文献纪录片,承担着"影像书写历史"的时代重任,需以"正史"的身份连接过去、今天以及未来,为时代发展凝心聚魂,因此主流意识形态的表征必不可少。但其也面临着新媒体语境下成长起来的年轻观众的挑战,若无法获得年轻观众的青睐、无法对年轻群体的价值观进

[①] 尹鸿,梁君健.新主流电影论:主流价值与主流市场的合流[J].现代传播(中国传媒大学学报),2018,40(7):82.

行引领,那么"影像修史"的实践便失去了意义。因此,未来文献纪录片的创作与传播,应实现国家话语与市场话语两者的统合,在主旋律宣传与观众观看兴趣之间寻找平衡点,探索"影像修史"的年轻化路径。

其次,挖掘文献纪录片作为"精神文化消费品"的价值。习近平总书记在十九大报告中指出,我国社会主要矛盾已经转化为人民日益增长的美好生活需要和不平衡不充分的发展之间的矛盾。人民对美好生活的需要,不仅在于物质层面,更在于精神文化层面。文献纪录片充满精神旨趣与艺术韵味,其对历史的深刻展现,辅以纪实特色赋予的真实感,是社会主义精神文明建设的良好载体。长久以来,文献纪录片是以"有价值但缺少趣味"的方式进行创作与传播的,在一定程度上造成了文献纪录片相对传统、呆板的表达模式。文献纪录片是具有精神消费潜力的艺术形式,能通过文化的方式感染人、启蒙人,为年轻观众提供精神补给。因此文献纪录片在创作与传播的过程中,应适当加入"文化娱乐"的元素,大胆承认自身作为"精神文化消费品"的社会价值与经济价值,并通过寓教于乐的方式吸引年轻观众,以有意思且有意义的方式书写历史。

最后,以史为鉴,注重历史对现实的观照与借鉴价值。"一切真历史都是当代史"是著名历史学家克罗齐的名言,它提醒文献纪录片应"以史为鉴",注重历史对现实的借鉴意义。文献纪录片的内容呈现重点在于历史,但传播价值和意义在于当下和未来,文献纪录片要拉近历史与年轻观众的距离,就需要以史为鉴,将对过往历史的解读与阐释落脚于当下。在历史深处寻找能与当代青年群体产生价值共振、情感共鸣的话题,服务于当下,对当代年轻观众的价值观产生引领作用,这是文献纪录片事业行稳走好、可持续发展的关键,也是"影像修史"实践年轻化的现实指南。

新媒体语境下纪录片创作路径的改变*

新技术往往会带来原有观念的革新，这种改变是"一个持续的过程，是一种创造性的破坏"。①新技术在各个领域的广泛应用，推动了整个社会生产链条的深刻变革。计算机与互联网技术推动的数字技术革新为媒介带来了巨变；而媒介的变革，早已超越了其原有的单纯的工具属性而渗透到社会生活的各个方面。在新媒体环境下，媒介生态与语境的变革，使纪录片从制作到播出的整个产业流程发生了改变。

一、新媒体成为纪录片的传播平台

（一）传统媒体时代纪录片的传播局限

在传统媒体时代，电视是纪录片唯一的播出平台，只有极少数纪录片能进入院线，而一些独立纪录片创作者拍摄的反映社会边缘人群与生活现状的片子，更是无缘在公共媒体上播出。

这些作品不能得到广泛传播，固然有其选题方面的原因，但传播平台的缺失也是重要原因之一。从 20 世纪 90 年代《望长城》等纪录片热播，到央视新闻改革中出现的如《生活空间》等一大批纪实栏目受到追捧，我们不难看出纪实类节目其实是很受观众青睐的。因而笔者认为，除政策原因外，传

---

* 本文原载于《中国电视》2015 年第 5 期，与丁山合作，收入本书时有改动。
① 何苏六，李宁.2012 中国纪录片行业盘点［J］.电视研究，2013（4）：18—20.

播平台的限制也是阻碍纪录片发展的一个重要原因。

（二）新媒体重塑观众的收视习惯

视频网站的快速发展培养了用户在网络上收看电视节目、使用网络视频的习惯。尽管电视仍是家庭客厅娱乐的中心，但其更多是作为伴随媒介而存在的。近年来，随着移动互联网的发展与终端设备的普及，手机、平板电脑等移动终端设备因其便携性、不受时空限制的随意性以及可以有效合理地利用碎片化时间而被用户所钟爱。

2014年，央视市场研究机构ICTR发布的名为《指尖上的网民——移动互联网用户行为分析》的报告指出，对全媒体环境中各类媒体到达率的研究表明，电视的到达率已从2002年的93.7%跌至2014年的80.7%，互联网则在十几年间从8.6%上升至65.5%。近半年来，在手机端上网的用户比例为46%，使用平板电脑的用户比例为23%。其中，观看视频的用户数量占53%。根据年龄分布，20~30岁的在校学生与职场新人是手机视频的主要人群；30~40岁收入稳定的阶层是平板电脑视频的主要人群；以40岁为临界点，40岁以上的人群以电视为主，40岁以下的用户以PC（个人电脑）为主。

（三）纪录片进入多层级、多平台的传播时代

在国家相关政策的引导下，纪录片重新受到各电视台的重视。以央视、各省级频道、城市电视台为主的三级电视机构纪录片主流传播格局正逐步恢复，各电视机构加大了对纪录片资源的分配比重。

五大门户网站以及各大视频网站纷纷开设了纪录片频道或纪实专栏，这无疑拓宽了纪录片的传播渠道。各视频网站纪录片片库的数量与质量不断提升。不少独立纪录片创作者开始借助社会化媒体传播自己的作品，如徐童的"游民三部曲"、范立欣的《归途列车》等，都可以在爱奇艺等网站的纪录片频道观看。

移动互联网的飞速发展使各网站纷纷推出适配移动终端设备的App，这进一步拓宽了传播渠道，分流了年轻受众。

在传统电视蒸蒸日上的时代，电视对印刷媒体的颠覆"改变了公众话语的内容和意义，政治、宗教、教育和任何公共事物领域，都要改变其内容，并用最适用于电视的表达方式去重新定义。"① 在基于网络平台发展起来的新媒体时代，新媒体又实现了对传统电视的颠覆，其内容也必将按照最适用于互联网的表达方式去重新定义。麦克卢汉那句为人熟知的"媒介即讯息"也意味着媒介的形式决定了媒介的内容，不同的内容由不同的媒介来传达才会有更好的效果。新媒体的出现，让纪录片的样态革新成为必然。

二、新媒体时代纪录片衍生的新形态

新媒体时代观众观影习惯的改变、选择范围的扩大以及自由度的提升催生出一种适于新媒体平台"微"传播的新的纪录片样态——微纪录片。微纪录片的出现，无论是在镜头运用还是在叙事话语等方面，都为纪录片的发展注入了新鲜血液。

（一）微纪录片的兴起

几年前，学界和业界尚存在关于微纪录片究竟是一个噱头，还是可以被归于一个新的片种的讨论。但是近年来，随着手机等移动终端的普及，微纪录片作为一种新类型片种逐渐得到了学界与业界的认可。微纪录片具有制作周期短、个人化程度高、生产成本低等特点，不同于传统纪录片的生产、传播和营销方式。但对于到底多长时间、多大体量的纪录片才能算作"微"？用什么样的视角切入才叫作"微"？学界和业界却没有一个统一的标准。

国内一些纪录片赛事对此的划分标准也不尽相同。中国纪录片学院奖自第二届开始，就设立了单独的"微纪录片"竞赛单元。按照赛事标准，微纪录片的时长被限定在12分钟以内，而12分钟以上、52分钟以内的纪录片被归为"短纪录片"类，凤凰纪录片大奖则将作品时长限定在15分钟以内。

---

① 赵淑萍. 国外电视纪录片的发展趋势 [J]. 世界电影，1994（5）：65-70.

2013年4月,由中国纪录片网启动的首届"发现美丽中国"微纪录作品征集及展播活动,片长被限定在25分钟以内。尽管微纪录片的长度存在着一定的伸缩性,但在讲好故事的前提下,为了更好地在互联网上传播,其应是越短越好,因为体量小是其区别于传统纪录片的一个显著的外在特征。

如果仅以时长来界定微纪录片的话,那么20世纪90年代便出现了作为电视杂志节目衍生品的"微型纪录片"。每集10分钟的《东方时空·生活空间》,以"讲述老百姓的故事"为定位,深受观众喜爱,可以被称为"微纪录片"。从2009年开始尝试制作微纪录片的凤凰卫视在2011年首次提出了"微纪录片"的概念。① 但此时,"微纪录片"的概念与20世纪90年代相比已大不相同,其更多指代的是新媒体传播环境下出现的新纪录片样态。

(二)微纪录片带来的纪录片话语变革

观众欣赏趣味的提高和诉求的日趋多元,对纪录片创作者提出了越来越高的要求。微纪录片作为适应新媒体碎片化传播语境的新样态,其艺术表现手法、美学标准、视听语言的表达、制作标准以及技术指标等,在继承传统纪录片优点的同时,也出现了一些新的特点和变化。

首先,画面审美性得到重视。国内传统纪录片创作对纪实美学的推崇在20世纪末达到巅峰,纪实语态统治了电视荧屏。那时的纪录片创作强调展现生活的原生态,不加任何雕琢。但随着多样化影像语态的回归,人们对纪录片画面的美学价值也有了更高层次的要求。在新媒体环境下,画面所带来的美感能够激起观众观看的兴趣。在数字技术条件下,通过数字影像技术手段,电影艺术家能够制作出具有以假乱真效果的影像。② 以5D Mark II 为代表的数码单反相机视频功能的完善,使其越来越多地被运用到创作中,大光圈、浅景深带来的影像语态的变化、主体突出的影像表达方式,很适合在小屏幕的

---

① 张道同,胡智峰,樊启鹏,等.2013年中国纪录片发展研究报告[J].现代传播(中国传媒大学学报),2014,36(4):101-108.
② 唐蓉.虚构与真实:论数字技术语境中纪录片的真实性[J].新闻界,2013(6):62-64,80.

移动终端上收看。

许多优秀的微纪录片在镜头审美上都有不俗的表现。例如，在 2014 年度中国纪录片学院奖及凤凰纪录片大奖上均斩获"最佳微纪录片奖"的《乡村教师》，讲述了一位乡村女教师 30 多年留守乡村、教书育人的故事，情节虽不复杂，但镜头表现却十分沉稳且章法严谨，极富表现力和视觉张力，如拍摄女教师去山外背教科书的过程时，该片采用了多景别、多机位的调度，用 12 个镜头对这一简单过程进行展示，使画面灵活多变且富于美感。一些较为成功的微纪录片，如《插旗》《城市微旅行》《故宫 100》等，在画面的审美上也都可圈可点。

其次，为画面提供了充足的意义空间。除了镜头外在的审美特质外，微纪录片还为画面提供了足够的信息量与意义空间，拓展了纪录片的深度与广度，如果镜头只是提供美感而不提供信息含量，那必然会显得乏味无聊。例如，系列微纪录片《二十四节气》画面构图优美，浅景深的广泛运用使得画面清新脱俗、充满质感，但精美的画面因缺少有价值的信息含量而使整个片子略显沉闷。

爱森斯坦说过："画面将我们引向情感，又从情感引向思想。"对于纪录片创作而言，画面不仅要提供视觉上的美感，更要提供有价值的思想，让观众能够透过画面洞见社会与历史的变迁。"纪录片是对现实的创造性处理，这个处理显然不是指那些和虚构有关的理解，而是说任何纪录片的创作都必须要有一定的思想，而不仅是对现实事无巨细的机械复制。"[1] 一个影像符号可能会存在多种意义的解读，而不会像文字一样只指向一个方向。因而，在传统的纪录片创作中，拍摄者在结构画面诸元素关系的过程中，一定会为画面注入一些主观意识，丰富画面的含义。

微纪录片因时长较短，而对画面表现力提出了较高要求。其画面内容应足够丰富，利用画面内的符号为观众提供较强的意义空间，观众在观看时就会利用已有经验对影像进行自我读解，这样就能够产生较强的参与感，既可

---

[1] 闫伟娜. 纪录片产业新媒体发展策略研究 [J]. 东岳论丛, 2014, 35 (11): 97-102.

拓宽纪录片的容量，又能与观众产生互动，符合新媒体的要求。上文提到的《乡村教师》一片就结构了一段含蓄的镜头，一个农村孩子在昏暗的房间中，长辈躺在躺椅上收听广播里关于党的十八大的新闻播报，他却在一旁的桌子上，一边写作业一边唱一首歌："一二三四五六七，我的同学在哪里，我的同学在家里"，传递了深远的意蕴。观众在观看这个画面时就可能对此产生多样性的解读，互动性由此而生。

再次，运用了个人化视角平视切入的叙事手法。新媒体时代强调个性化表达，微纪录片在创作中尝试从个体视角切入，更加符合新媒体时代的传播特点，如《语路计划》《城市微旅行》等与商业结合大获成功的微纪录片以及许多纪实作品，大多遵循了这样的表达方式。如今，即便是有着厚重文化底蕴的历史文献类纪录片，也开始拓展与新媒体的融合之道，力图使轻量化的外在形式与厚重的历史表达相结合，并通过社交网络平台进行传播。

利用个人化的视角进行宏大叙事在传统纪录片中就已经存在。例如，纪录片《圆明园》就是从曾参与圆明园建设的郎世宁的书信入手，利用他的口吻来进行个人化的陈述与表达。这种陈述方式与新媒体语境下互联网思维突出个人、进行个性化表达的诉求是不谋而合的。

单纯的宏观叙事势必会令片子显得枯燥乏味，这不会因微纪录片的体量变小而有所改变，如央视制作的系列微纪录片《资本的故事》的每一集都讲述一个关于资本与金融的历史故事，体量在8分钟左右，其形态较契合微时代的传播需求，但叙事技巧仍然停留在传统的历史宏观叙事中，画面多是一些资料照片。这部纪录片虽然是通过一个人来对故事进行讲述，但在作品中，讲述人的角色基本上可由解说词来代替，存在意义并不大，且解说人的表达也是中规中矩，个性化表达不足，并无太多亮点。

同样是宏大题材的作品，由南京广播电视台为纪念首个国家公祭日而制作的30集微纪录片《城殇》，则采用了个人化的平民视角叙事策略。例如，第一集《南京大轰炸》先是通过旧有的影像素材对宏大的历史背景进行叙述，随后结构对幸存者吴秀兰、曹志坤等人进行采访的影像段落，通过被摄对象"口述历史"般的陈述，以个人化的视野对宏观历史背景进行陈述。该片在电

视台与网络同步推出，在互联网上迅速传播，半个月内在腾讯视频的点击量破千万。

最后，运用了快节奏单线叙事。在碎片化的新媒体传播语境中，生活在多屏包围中的观众的行为习惯开始发生变化，其注意力下降是普遍现象。移动终端的普及，使越来越多的人在一些碎片化的闲暇时间通过这些终端来收看视频。

腾讯视频纪录片频道主编黄平茂认为，在传统媒体时代，观众对新闻报道的专注力是 30 秒，但随着移动互联网的到来，这种专注力缩短到了 15 秒。如果片子在三五分钟内还没有展开故事，观众就不会继续收看了。因此，微纪录片要尽可能地在短时间内迅速展开叙事，甚至在一些时候有必要将"重要内容前置"。

除了内容编排上的调整外，微纪录片在叙事技巧上也与传统纪录片存在些许差异。从《沙与海》开始，复线叙事无疑会使长纪录片的内容表达更加丰富、矛盾冲突更易展现，因而，这种方式几乎被所有优秀的传统纪录片采用。但在微纪录片中，单线索叙事的方式更容易被掌控，因而以单个人物为主体进行讲述形成个性化的影像表达，更加符合新媒体的要求。

由于体量的限制，微纪录片大多采用固定镜头拍摄，追求相对快节奏的剪辑，而摒弃传统纪录片常用的长镜头跟拍，契合了新媒体传播"短平快"的特点。

就微纪录片而言，其单镜头长度一般控制在 3 秒钟以内，但这并不绝对。对拍摄事件进行过程化的展示与记录，往往会使得画面更富冲击力，产生情绪化的力量，但这还应视具体作品的要求而定。

三、互联网思维下纪录片发展的新思路

（一）影像众筹

通过众筹而获得的资金为许多国内外的独立纪录片人提供了资金支持，使他们有望实现自己的创意和想法，但众筹这一互联网思维下的新模式的应

用途径变得越来越广，于是，影像众筹成为可能。

2011年，导演雷德利·斯科特和凯文·麦克唐纳的手机里来自全球的8万余段影像演绎了"爱和恐惧"的主题。这种由许多人共同参与的创作方式能否为纪录片所借鉴，仍有待尝试。

（二）大数据分析，增强微纪录片市场竞争能力

Netflix公司以大数据分析为指导制作的美剧《纸牌屋》的热播早已为人所知。姑且不论其中是否有商业炒作的成分，大数据在各领域受到重视并被广泛运用是一个不争的事实。

在大数据时代，"过去不可计量、存储、分析和共享的很多东西都被数据化了，大量数据和更多不那么精确的数据，为我们理解世界打开了新的大门"。[1] 在以往纪录片的相关研究中，不乏利用调研数据进行的相关分析，但这些数据多是基于传统的样本分析，虽然对纪录片的创作有一定的指导意义，但作用并不明显。

例如，《中国纪录片公众形象调查》报告虽然得出了超过60%的人喜欢人文历史类纪录片、纪录片观众中男性多于女性、学历越高的群体对纪录片的认知度就越高等结论，但其总样本数只有1566份，地域分布也仅包含北京、上海、广州三地。这样小的样本量，不免让人对其结论是否具有代表性产生质疑。

互联网公司、视频网站拥有强大的后台数据库资源与数据分析整合能力。收视率、点击率等数据较传统媒体时代更易获得。由于微纪录片主要针对偏年轻化、细分化的受众群体，而他们对作品的要求较为苛刻，因而，为实现更大范围的传播，数据分析就显得尤为重要了。

依托这些庞大的数据资源，微纪录片在创作过程中利用大数据分析就成为可能，如对用户收视行为等进行分析，并以此为依据制作受众喜爱的微纪录片，寻找目标受众，选择恰当的平台，实现精准投放，这无疑会增加微纪

---

[1] 胡智锋，周建新. 新媒体语境下电视节目生产的发展空间［J］. 视听界，2008（5）：31–34.

录片的市场竞争力。

（三）交互功能的拓展

现阶段，国内纪录片对新媒体交互功能的认识仍停留在一个较浅的层次。较常见的方式，如优酷的真人秀栏目《侣行》通过网友投票的方式决定主人公的行进路线，并以此拍摄一部纪录片，用户在一定程度上参与了内容的创作过程；又或者在纪录片的制作过程中，通过移动社交平台、弹幕等方式与观众产生互动，但这种交互深入的程度还远远不够。

国外对交互式纪录片（Interactive Documentary）的创作与研究已经展开，并有学者总结出四种主要的交互模式，即"对话模式""超文本模式""参与模式"以及"体验模式"。① 这四种模式在实现方式上各有侧重，但其核心要素并没有本质的变化，即观众参与体验感的提升。观众在观看纪录片的过程中更多的是主动观看，而非被动接受，其主动性大提升。

互联网思维应该更加发散，纪录片未必一定要按照传统线性叙事逻辑来展开。其可否利用不同空间、相同时间发生的事情（或相反）来结构故事，变历时性体验为共时性体验值得探讨。有人做过一次尝试：2008年，一个被叫作 Gaza Sderot 的项目分别在巴勒斯坦城市加沙（Gaza）和以色列南部城市斯德洛（Sderot）各选取了六名平民，并记录下他们对和平的渴望，每段影像长度为2分钟左右，在Web网页中，影像首先按城市划分为两个视频窗口；此外，又按照时间、人物、地域、话题四个维度进行划分，观众可以据此对影像进行随意组合，如相同时间、不同人物的话语，相同话题、不同人物的表述，等等组合方式，打破了传统的线性传播逻辑，却又不违背纪录片的真实性要求。这种有别于传统的叙事方式不失为一种新的探索。

总而言之，技术的发展为纪录片的创作提供了无限的可能性，纪录片的探索之路永无止境。

---

① 赵志伟. 新媒体背景下的纪录片文化传播及其美学特征［J］. 现代视听，2013（12）：9–11.

结 语

在新媒体时代，传播平台的拓展为纪录片的发展提供了新的动力。但笔者认为，媒介技术的进步和传播平台的扩展，都只是放大了传播效应，使传播内容的收看更加方便，提高了到达率，但作品吸引力的原动力仍来自其优势内容。即便在新媒体时代，"内容为王"仍是纪录片创作者需要坚守的原则。

依托于新媒体生长的微纪录片与传统纪录片相比，除了时间长度上的微缩之外，其叙事的简洁性、选题的多元化、影像的个性化，都有别于传统纪录片，其已经自成体系，并有着巨大的潜力空间可供发掘。

微纪录片只是新媒体语境下纪录片衍生出来的一种新形态。在新媒介快速发展的态势下，纪录片的发展势必有无限可能。

二、广电节目创新

电视媒体创新*
——技术倒逼内容生产

媒介融合背景下内容渗透的背后是技术的推手，这几年的影像传播热潮总是有影像技术参与其中。在中国传媒界，2013 年被称为"大数据元年"，央视《"据"说春运》和《两会大数据》成为当年数据新闻的热点；2014 年被称为"4G 元年"，网络带宽和移动互联网技术的发展，带来了网络视频节目的井喷，这一年也被称为"网络视频自制元年"，《暴走大事件》《万万没想到》和《晓说》成为这一年的收视赢家①；2015 年被称为"无人机元年"，这一年，无论是天津港特大火灾爆炸事故，还是深圳市山体滑坡事件，抑或综艺节目《爸爸去哪儿》，无人机视角的出现不仅打造了视觉奇观，也使创作手法得以创新；2016 年被称为"VR 元年"，也被称为"网络直播元年"，无论是新华社的 VR 两会、G20 的 VR 微纪录片《美丽杭州》，还是映客直播、花椒直播的成功，无疑都是影像技术和媒介技术助力的成果。从某种意义上说，技术的发展在倒逼内容生产，有什么样的影像技术和传播技术，就会有什么样的影像语态和传播模式。

一、电视影像的专业化趋势

2016 年上映的电影《比利·林恩的中场战事》采用 3D 技术、4K 清晰度

---

* 本文原载于《电视研究》2017 年第 4 期，收入本书时有改动。
① 北青网. 盘点 2014 五大最火网络视频 暴走大事件入围［EB/OL］.（2014–10–27）［2016–04–15］. https: //ent.ifeng.com/a/detail_2014_10/27/39207685_0.shtml.

以及每秒 120 帧的高帧率拍摄手法，被认为"超越了现有的时代"。当人们在热议这部电影的时候，3D 和 4K 似乎都不是重点，突破电影史上技术规格的 120 帧才是重点。2009 年，同样热衷于技术革新的卡梅隆通过一部《阿凡达》，让观众认识了 3D 技术和动作捕捉技术。这部纯 3D 影片有 60% 的镜头是使用动作捕捉技术完成的。这两部票房大卖的电影并没有精妙的故事演绎，而是凭借越来越专业化的影像技术，让观众必须走进影院才能真正欣赏电影艺术的精妙。

影像专业化是传统媒体内容生产应对网络视频 UGC 的重要手段。当内容同质化已经不可避免时，如何达到影像的专业化高度才是关键。这主要体现在以下几个方面。

1. 镜头视角的专业化

2012 年火遍大江南北的电视纪录片《舌尖上的中国》激发了观众对美食的热爱，也让佳能 5D Mark Ⅱ 的视频功能为人们所关注，这款相机的高清画质和低廉价格使广播档摄像机垄断高清拍摄成为历史。然而，佳能 5D Mark Ⅱ 真正改变专业影像创作的却是其便携性所带来的视角多样化。电视拍摄再也不受笨重的三脚架、移动轨和摇臂的限制，轻便的 5D Mark Ⅱ 的外设——滑轨、镜头灯、减震器，让创作者彻底解放了手脚，也进一步带来了镜头奇观。所以，在纪录片《舌尖上的中国》中，我们能够透过碾盘看到拉磨小驴的主观镜头，透过竹篓看到倾泻而下的红辣椒，透过树干看到捡拾松茸的姑娘，透过扁担看到挑担子的农民的笑容……

解放视角从那时开始就成为创作专业化的一个趋势，这既是已有技术发展带来的创作趋势，也进一步促进了影像技术的完善。GoPro 原本只是美国人尼克·伍德曼希望能够实现边冲浪边拍摄的设想，但是 2011 年以后，它几乎成为可穿戴摄制设备的代名词。因为有了 GoPro，主观镜头才能在各种体育赛事转播中大行其道，而对滑雪、攀岩、漂流等极限运动的拍摄更是迎来了颠覆式的传播革命。人手一台 GoPro 已经成为当下摄影记者的固定搭配，由此延展出来的小米公司的小蚁相机，以更贴近生活的姿态，将主观镜头进行到底。在这种影像观念的影响下，悬念和叙事的贴近性及参与感成为专业影像创作的前提条件。

2015年3月两会报道期间，崔永元手持自拍杆采访拍摄王岐山的段落让"自拍杆"成为当年的热词。实际上，自拍杆的大热同样是参与性视角在新闻报道中的具体应用。在自拍杆的帮助下，新闻报道原本坚持的第三人称视角顺利实现了向第一人称的转变。2016年火遍全国的网络直播，也是建立在这种拍摄理念和传播观念上的成果。

早在2009年，法国导演吕克·贝松出品了一部非营利性影片《家园》。这部完全由航拍镜头完成的影片在当年的世界环境日首播，并在全世界超过100个国家和地区同步公映发行。就像主观镜头成为拍摄常态一样，航拍镜头在无人机设备大发展的今天，在电视新闻创作中也成为常态。2016年春节期间，央视《新闻联播》中一组《瞰春》报道令观众眼前一亮，它采用无人机拍摄的方式，将中国大江南北的春节习俗、风土人情展现出来，在唤起观众年俗记忆的同时引发乡愁，兼具新闻性和时代感。①

无论是早期的5D Mark II，还是后来的GoPro、自拍杆和无人机，视角解放显然是影像创作专业化的方向，也是创新的一大源泉。在视角解放的背后，实际上是受众对于视频内容生产更具可视性、创造性、探索性，也更具贴近性和参与感的要求。

2. 电视影像的电影化趋势

在2017年的央视"春晚"中，武术节目《中国骄傲》令人印象深刻。这并不是因为节目本身的编排或者内容上有什么创新，而是镜头的调度和设计让人耳目一新。在拍摄一般舞台节目时，电视创作惯有的三机位模式大都局限在舞台下，这样做既是为了不打扰舞台上的表演，也能够兼顾细节、环境和关系的调度。但是《中国骄傲》的拍摄者有着自己的想法。因为这并不是一个简单的直播舞台拍摄的常态样式，而是在直播中加入了录播的镜头。例如，我们能够看到舞棍演员腾空的镜头会有一个360度的旋转拍摄，特别类似于伦敦奥运会跳马比赛的子弹时间拍摄；舞枪演员在做突刺动作时，镜头

---

① 苟凯东. "互联网+"时代电视新闻生产的创新路径分析[J]. 电视研究, 2016 (4): 4-6.

又采取了一个主观的调度，让观众从刺出的枪的角度看到对面演员的及时躲闪。这样的镜头设计更多地出现在电影创作中，我们称之为分镜头脚本，然而在近些年的电视创作中，这样的镜头样式屡见不鲜，我们可以称之为电视影像的电影化趋势。

实际上，电视创作向电影学习是一个长期的过程。随着高清技术的出现，电视影像无论是画质还是成像原理都更接近电影，这不仅是创作过程的改变，也是传播方式和营销方式的改变。以电视纪录片创作为例，传统电视纪录片通常不计成本和时间，而在与被摄对象充分沟通了解的过程中逐渐完成主题提炼和内容叙事，而近年来的电视创作更接近于电影生产的方式，先是脚本写作，进而是分镜绘制，然后才是现场拍摄和后期制作，制作后的营销和传播往往在脚本写作时就已经介入，并且成为创作过程中不可或缺的一部分。无论是季播节目《中国新歌声》《奔跑吧兄弟》《最强大脑》，还是纪录片《舌尖上的中国》《永远在路上》，都坚持这样的工业化生产模式。电影工业的生产格局已经悄无声息地渗透到电视创作的方方面面，即便是央视新闻频道制作的《数说命运共同体》《数说"十三五"》，在项目制的管理下，也采用这样的生产流程。

电影工业模式保证了成本的有效控制，也保证了影像的高品质呈现，同时形成了团队化工作的习惯，让各个环节都由最专业的团队负责，改变了电视生产原有的手工作坊的方式，即一个人贯穿所有工作环节，采编播一体。在技术的推动下，电视产品的产出需要策划文案团队、拍摄团队、编辑团队、导演团队、音响团队、制片团队、制作渲染团队、校色团队、宣发团队，甚至营销团队、艺人团队合力完成。专业化不仅仅是影像创作的专业化，更是生产模式的专业化，分镜头调度的镜头效果只是系列工业标准中的一个而已。

二、影像的图层观和场景观

传统电视创作的画面主要依赖前期拍摄，影像的画面表现只有实拍影像一个图层。如今，数字后期技术的发展带来了整个创作观念的变革，即便是推崇客观真实、复现生活原生态的新闻影像也开始进行适度的镜头设计和视觉渲染。

1. 数据新闻引发影像的图层观

2015年10月，央视《新闻联播》播出现象级新闻作品《数说命运共同体》，节目让沉默的数据说话，呈现"一带一路"国家间前所未见的联系图景。这一作品将主持人欧阳夏丹在演播室绿屏技术下录制的出镜报道与现场实拍的环境镜头相结合，创造出双图层甚至多图层的影像奇观。这种宏观经济报道的大胆尝试让影像的视觉呈现成为内容主体，借助多图层的画面结合，让很多不可能的拍摄效果成为可能，也因此节约了制作成本，而这样的创作恰恰是电影化制作的基本思路。

2016年3月，央视又推出这一创作方式的更新版本《数说"十三五"》，报道采用先进的可视化技术，通过虚拟现实增强技术（AR），将与"十三五"规划密切相关的数据用虚拟数据图形与新闻现场拍摄的实景有机结合，以物体暗喻的方式巧妙传达信息。这样的创作实践给整个新闻业态带来的变化是，镜头的拍摄不只是对现场信息的拾取，更要结合后期制作和视觉渲染的需要，有意识地为后期的内容重构和画面重构服务。新闻影像应该是电视影像中最传统、最不赶时髦的影像类型，然而，当新闻影像在技术的影响下也开始锐意进取、谋求创新时，也就意味着任何故步自封、因循守旧的做法都已经成为电视媒体继续进步的绊脚石，图层意识的增强正是这一变化的实际体现。如果说，将AR的影像效果植入电视创作主要体现在影像图层观的改变上，那么，VR影像技术同样不能够直接与电视媒体融合。若要使这种影像技术的进步与电视媒体融合发展，我们需要的是场景观。

2. VR影像带来影像的场景观

VR技术，也被称为虚拟现实技术，它利用电脑模拟产生一个三度空间的虚拟世界，提供给使用者关于视觉、听觉、触觉等感官的模拟体验，让使用者如同亲临其境一般，可以及时、没有限制地观察三度空间内的事物。如今的VR技术还不能让受众全感参与互动，只是提供了一个可供受众自由选择的"全景"影像，俗称720度视角影像。可见，当下的VR技术并没有将重点放在被摄主体的表达上,而是对于被摄环境的全貌展示。这就用到了"场景"这个概念。"场景"在相关电影艺术词典中是指"展开电影剧情单元场次的特定空间环境,包含角色生活、工作等活动场景和想象的非现实环境"①。VR 技术的初衷,正是让观众产生沉浸式体验。

实际上,在媒介融合环境下,电视媒体越来越意识到场景在影像创作中的重要性。比如,在几个现象级真人秀节目中,场景的融入显然已是题中之义。《我是歌手》《中国新歌声》等开创的是室内舞台分区设计和多场景调度;《爸爸去哪儿》《奔跑吧兄弟》开创的是室外场景的主题化设计,无论北京灵水村、宁夏沙坡头、云南文山普者黑,还是西湖、乌镇、秀山岛,场景都不再只是环境背景,而是已经成为影像内容表达的重要组成部分。

将数字影像渲染技术融入场景设计和内容阐述的首倡者,当属央视的《撒贝宁时间》。出于营造现场实时性与体感真实性的视听效果的目的,该节目大胆引入 3D 立体构图视频技术,对所叙述的案情进行了场景化的再现,主持人则以讲故事的形式简洁复述案情。② 这一栏目的演播室设计,实际上就是在 VR 技术尚未大热之前对于场景互动和场景空间调度的尝试。在演播室中,一部分是实景设置,布置成撒贝宁的工作室;另一部分则采用电脑技术还原节目所涉及的案发现场环境。主持人在这两个场景间穿梭,实现了现实节目与虚拟案发现场间的时空转换。基于数字技术提供的空间灵活性,撒贝宁可以跨越省市,走入案发地点,发现证据,比对现场。技术在这里再一次充当了倒逼内容生产、推动节目创新的因素。在影视发展过程中,从机械时代到电子时代再到数字时代,每一次技术变革都会带来新的制作环境和变革力量,每一次技术革命都极大地拓展了创作人员的思维空间,给观众带来革命性的视觉冲击。③

全媒体时代的典型特征之一,就是媒介技术的迅猛发展所带来的影像传播的日新月异。电视媒体作为较早的影像媒体,在融媒体的大环境中,既有

---

① 许南明,富澜,崔君衍.电影艺术词典[M].北京:中国电影出版社,2005:418.
② 张欣.浅析法制类节目《撒贝宁时间》案件的解读手法[J].当代电视,2016(6):87-88.
③ 牛慧清,王滋.浅析《撒贝宁时间》的核心竞争要素[J].中国电视(纪录),2014(6):18-24.

发展的契机，也面临来自新媒体的巨大挑战，甚至我们现在依然称为新媒体的网络媒体，也被"新新媒体"动摇着根基。比如，VR影像会基于VR头盔等可穿戴设备而不是基于既有的网络平台来实现自己内容平台的搭建。创新是这个时代所有视频内容生产者和媒介平台管理者的共同任务。顺应技术发展的方向，理解技术发展的动因，寻求影像技术发展的未来趋势，并积极跟进、成功驾驭的人，就会成为掌握创新发展路径的先行者。正如法国文学家福楼拜在19世纪预言的那样：艺术愈来愈科学化，而科学愈来愈艺术化；两者在山麓分手，有朝一日将在山顶重逢。面对影像技术的发展，我们既不用产生唯技术论的抗拒，也不能成为技术呈现的奴隶。正如电影导演卡梅隆所说：我希望人们遗忘技术，就像你在电影院里看到的不是银幕而是影像一样，一切技术的目的，都是让它本身消失不见。[①] 同理，电视媒体的创新因影像技术的发展而生，但它必将是超越技术的艺术进步。

---

① 张盖伦.《比利·林恩》：120帧电影的技术冒险［N］.科技日报，2016-11-25（4）.

客厅革命与传统电视节目创作的变革*

2013年以来，苹果公司的Apple TV、谷歌公司的Chromecast和国内众多新媒体企业研发的各种"盒子"，如小米盒子、乐视盒子、阿里云盒子以及百度影棒等高清播放器陆续上市，还有智能电视、超级电视等层出不穷的数码产品，来势汹汹地要占领原本属于传统电视占有统治地位的客厅。互联网服务以打包视频、游戏、音乐、购物的方式，要全面取代原有的"看电视"的客厅文化，这场轰轰烈烈的客厅革命势不可挡。与此同时，全国电视开机率在2012年创下新低，用户的大量流失以及日益老龄化的现实，似乎预示着传统电视台的没落和衰亡正在成为一种趋势。

应该说，面对新的传媒生态，传统的电视内容生产确实需要转变思维，调整传播模式，但若说客厅革命意味着传统电视的消亡，则确实有些危言耸听。无论互联网服务如何精巧完备，智能电视功能如何强大，无非都是整合各种服务功能，而不是呈现出新的服务样式，也没有从根本上改变客厅的格局和人们的生活习惯。在智能电视的诸多功能中，视频功能依然是客厅生活不可取代的内容中心。因此，一方面，传统电视确实要放低身段，认真审视自己在客厅文化中逐渐丧失的视频传播的垄断地位；另一方面，作为视频内容的重要提供商，传统电视不仅没有行将就木，而且依然保有着强大的竞争力，这也预示着传统电视节目创作的变革。

---

* 本文原载于《青年记者》2013年第34期，收入本书时有改动。

一、放弃议程设置，重视内容生产

客厅革命的出现，实际上就是各种传播终端如手机、平板电脑以及智能电视介入客厅生活方式。从根本上说，客厅生活方式并没有改变，人们的客厅布局也并没有随着这些传播终端的出现而发生根本性的改变。电视机确实在逐渐丧失其作为电视节目传播终端的垄断性地位，但是嵌入电视机的各种传播模块，并没有动摇电视机作为一个视频传播终端的地位。因此，对于传统的电视机构而言，真正被影响到的是传统的传播模式和由此产生的传播理念，如线性传播的"串播模式"以及因此产生的与观众间的"约会意识"，也包括建立在这之上的议程设置理念。

电视台不再只把电视作为视频终端的资源，观众也不再把电视机作为收看电视节目的唯一通道。因此，传统电视借助节目编排、时间表、串联单所形成的一系列传播模式都将不复存在，包括当下依然在电视传播中占有主导地位的"黄金时段"观念、"节目带编播"方式，都受到了极大的冲击。电视节目的生产不能再依靠垄断性的线性传播模式来吸引观众，因此吸引观众注意的重要手段就回到了最初的内容生产上来。内容生产精益求精的创新思路，将使电视节目继续占据客厅生活的主导地位。

例如，在新媒体的内容轰炸下，全国各家卫视频道集全台之力打造的精品节目《非诚勿扰》《我是歌手》《中国好声音》以及《爸爸去哪儿》，虽然分属于不同的节目形态，但是都因为其精致的内容生产获得了观众的好评。同时，央视纪录频道自开播以来节节攀升的收视率，也一反纪录片不受观众喜爱的传播常态，印证着重视节目内容生产、提升节目制作品质对于当下电视节目生产的重要性。相反，占据目前电视节目传播的重要地位，能够在较短时间内对收视率产生很强拉动作用的电视剧，因为其制作水准良莠不齐，内容庞杂而潦草，很难持续凝聚观众的收视热情。这种依靠短期效应的传播内容，将会在当下逐渐兴起的依赖观众反复收看及收藏点播的崭新收视模式下成为传播中的短板，最终走向消亡。电视依靠节目质量取胜，依靠节目内容

和准确的受众定位取胜的时代已经到来。

二、放弃内部竞争，重视跨媒体传播

在新媒体内容介入客厅之前，电视是客厅垄断性的内容霸主。与此同时，占据电视节目生产垄断地位的电视节目制作机构，也主要以内部竞争为主。2013年，惨烈的全国卫视频道竞争的最终排名对各家电视台2014年的广告招商产生了决定性的影响。但是，这一系列的运作和比拼，都是建立在客厅文化依然归属于以电视节目为龙头的模式之上的。

智能电视的出现使得这一切受到了新的挑战。首先，新媒体平台上丰富的视频内容使得电视机不再是独属于电视节目的传播终端，网络视频、电影大片、怀旧电视剧等海量的视频内容充斥在电视终端中，音乐、游戏和购物等新的服务内容，也加入到电视终端的传播行列中。观众有了更为自由的选择权，而不再是被电视节目播出表牵着鼻子走，也不再需要在各家电视台间不停地切换，最终不得不停留在某家电视台的电视节目中。因此，各电视台间的内容竞争、差异化编排或者实力对抗，已经不再是客厅文化的主旋律，电视节目制作机构必须考虑如何在众多的视频内容中，进一步确立电视节目内容的领先地位。这就需要各家电视台放弃成见，共同寻找电视内容的竞争优势和新的传播模式，并向其他传播平台拓展，而不是固守电视终端，将其作为自己唯一的传播渠道。

从目前电视节目的竞争格局来看，各家电视台的内容生产主要是针对自己的竞争对手制订节目生产的策略和方向。例如，湖南卫视已经成为电视节目中娱乐节目的大本营，那么安徽卫视就不会在这个节目形态上过多投入，而是重点制订了自身的电视剧播出策略；北京卫视既不擅长生产娱乐节目，也没有电视剧编播的优势，就大力发展了自身的文化品牌和服务类节目；江苏卫视通过婚恋类节目争取了受众，东方卫视则始终没有放弃自身新闻立台的策略。传统电视节目的生产从没有考虑其他视频内容的挑战和竞争，却偶尔会将其他视频内容作为自身内容的有效补充。电视节目除了电视终端的传播外，其它传播平台的开发也非常匮乏，这仅从各家电视机构自身网站建设的落后就能够看出。央视 CNTV（中国网络电视台）的传播效果明显落后于优酷、土豆、爱奇艺等视频网站，即便是后起之秀搜狐视频，也依赖自身在新媒体上的准确定位迅速地超越了 CNTV，成为网民的挚爱。

与此同时，电视节目生产者也要重视跨平台传播的价值。电视节目《爸爸去哪儿》的第一期在 CSM46 城市的收视率达到了 1.423%，虽然这已经是一个了不起的数据，但是随后它在网络传播中大热的局面，让这一节目的第二期在腾讯视频、优酷网、爱奇艺以及搜狐视频的点击播放量总数超过 1500 万次，而随之带来的是其电视收视率也攀升到了 2.588%，第三期的收视率为 3.01%。通过跨平台的合作获得共赢的效果，也是电视节目《中国好声音》的做法。在当下媒介生态发生巨变的今天，任何媒介内容的生产都不能只考虑一个传播平台的诉求，而是要同时对多平台的传播认真思考。

三、放弃娱乐传播，重视新闻时效

客厅革命的现实使得电视机不再是一个电视节目的出口，而是一个屏幕终端。手机屏、电脑屏、电视屏以及电影屏的多屏融合，使得电视机的传播内容极为丰富。电视节目在这种情况下需要迅速找到自己的定位和诉求。新媒体运营商利用网络平台集聚了大量的资金，无论是优酷出品的系列微电影《十一度青春》、娱乐脱口秀《晓说》，还是爱奇艺陆续打造的娱乐节目《恐怖！健康警报》和《爱 GO 了没》，以及腾讯视频原创出品的王牌综艺节目《爱呀，幸福男女》，都有着雄厚资金的支持，腾讯视频的原创自制剧《快乐 ELIFE》更是获得了 2000 万元的资金支持，丝毫不逊于传统电视节目的生产，甚至犹有过之。这些并不具有时效性的娱乐内容充斥着新媒体的传播平台，其和同样拥有巨大用户群的电视剧、电影直接冲击着传统电视节目的生存底线。

因此，拼资金、拼节目数量都不再是传统电视节目的优势，现在动辄投资上亿元的电视娱乐节目并不具有反复收看的优势，也不再是艺人们唯一的宣传出口，甚至都算不上最为重要的炒作阵地，因此其在新的传播秩序中显得举步维艰。相较而言，能够不断推陈出新、从不匮乏节目资源的新闻节目，反而成为传统电视节目在新的客厅革命中立足的重要资源。这一方面是因为新闻节目满足观众的知情权和求知欲的特点，与目前新媒体运营商大打娱乐牌有所差异，同时，传统媒体独享新闻报道权限，占据了政策扶持上的先机。另一方面，传统电视节目的创作人员拥有更为敏感的新闻触觉和更为专业化的新闻理念，因此他们在新闻节目的制作上明显优于网络媒体的制作团队。在新闻传播领域，无论是短消息、新闻专题还是评论节目，传统媒体都驾轻就熟，高品质、大信息量的内容供给，使得传统电视节目的生产在这一领域依然独占鳌头。因此，重视新闻节目的生产和发展，将是客厅革命中传统电视节目的重要出口。

总之，面对客厅革命，传统电视的节目生产大可不必一致唱衰。智能电视不是传统电视的末路，重视跨媒体传播，找到自身内容生产的优势和突破口是传统电视节目崛起的关键。

实现电视节目创新的可持续性发展[*]
——从版权引进到原创的必由之路

中国电视节目的"拿来主义"因 2012 年夏天播出的《中国好声音》取得了绝佳的效果。2013 年,这种"借鸡生蛋"的荧屏大战"更胜一筹",引进模式的季播节目成为国内卫视娱乐节目的主流节目形态。不少电视台不惜重金打造一个真人秀节目作为自己的拳头产品。这一产品的受欢迎程度,有时候直接决定了电视台的社会影响力和广告收益。据统计,2013 年,季播节目至少播出了 27 档。不论是《梦立方》《顶级厨师》《妈妈咪呀》《星跳水立方》《我是歌手》还是《中国好声音》,按照已被市场证明的流水线模式制作节目,再加入本土化的翻新,往往能有不错的收视率。

一、不战而屈人之兵

一些中国电视节目之所以使用国外的模式,就是为了省去自身节目研发的时间,也为了省去检验节目收视效果的风险,然而,很多国外高收视的节目模式进入中国后却遭遇了"水土不服"。

例如,2012 年 5 月东方卫视一档新型益智类游戏闯关节目《梦立方》引自英国节目 *The Cube*,这档节目曾在 2011 年英国电视剧最高奖中获得最佳综艺奖。《梦立方》延续了 *The Cube* 的高科技卖点,同时大量采用电影的表现

---

[*] 本文原载于《新闻与写作》2013 年第 10 期,收入本书时有改动。

手法，挑战者在密闭的立方体内挑战设置的游戏，从而实现自己的梦想。但这档节目开播不久就意外遭遇"水土不服"。The Cube 中的技术是节目的一大亮点，虽然《梦立方》在技术上有所突破，但是中国观众对这种以技术为卖点的、纪录类的真人秀节目还是比较陌生，这类节目的被接受度不高。另外，浙江卫视引进版权的户外闯关节目《心跳阿根廷》播出效果也远没有预期高。

实际上，这些节目的引进和创作缺乏必要的受众调研，缺乏必要的前期设计和数据分析，只是凭着创作者的一腔热忱和感性认知，最终导致的是节目资源和资金的极大浪费。在中国的省级卫视中，拥有数据分析师的电视台屈指可数。很多电视台对央视索福瑞（中国广视索福瑞媒介研究有限责任公司）的收视率数据的分析不是误读就是曲解，对于调研和设计的轻视，使得原创的路还很漫长，不了解用户也不了解对手的生产商是不能知己知彼、百战不殆的。

韩国 SBS 电视台的热播节目《话神：支配心灵者》在中国内地电视台也曾制作过，但没有播出几季就草草收场，主要原因在于节目涉及的许多话题太过冷门，虽然夺人眼球，但观众找不到话题感，而在韩国，《话神：支配心灵者》号称将 10 万读者来信作为市场调查，这虽然加大了前期筹备者的案头工作，但是却保障了节目生产在动手之前就指挥若定，不战而屈人之兵。

同样，上海 SMG（上海文化广播影视集团有限公司）当初之所以引进《妈妈咪呀》的原版模式，主要缘于该模式的收视群体与 SMG 新娱乐的主流收视人群最吻合。有了这样的收视氛围，节目一炮打响，并从地面台一路火到卫视台。

可见，想要保持节目生产的可持续发展，季播节目的关键是打好第一炮，创造开门红，而要实现这样的效果，首先要做到的就是"兵马未动，粮草先行"。没有充分的市场调研和受众分析，仅凭感性认识或者投机心理是不能够占尽先机的。据统计，湖南、江苏、浙江等地方卫视和央视在 2013 年引进海外版权的综艺节目达 30 档，也就是平均每个月都有 2 档左右的引进版权节目在各大卫视播出，但是真正成功的综艺节目凤毛麟角。

表 1 是 2013 年中国电视主要季播节目的播出时间表。从这个表单我们可以看出，6 月到 9 月份是本年度季播节目的集中播出时间，7、8 月份就有 10 档季播节目同时播出，而且 6 档节目都与歌手选秀相关。这样密集的节目编

排显然会造成观众的分流，同时雷同节目容易造成观众的审美疲劳，极大地影响节目的可持续性发展。竞争最为激烈的《快乐男声》和《中国好声音》，若是分在两个不同的时段播出，就都会获得较好的收视回报，但是惨烈竞争导致了两败俱伤的局面。所以，可持续性的发展要从竞争开始之前入手，而这样的思路也是我们从版权引进到自主原创的必由之路。

表1 2013年中国电视部分季播节目播出时间表

	4月	5月	6月	7月	8月	9月	10月	11月
湖南卫视		蒙牛 中国最强音 每周五22：00			炫迈 快乐男声 每周五22：00			
江苏卫视					全能巨星 每周五22：00			
浙江卫视				加多宝 中国好声音 每周五21：30			中国好歌曲	
东方卫视				长安福特 中国梦之声 每周五21：15				
			谁是大播主 每周二22：00					
安徽卫视			高姿 我为歌狂 每周四21：10					
山东卫视				中国星力量				
天津卫视				天下无双				
湖北卫视					我的中国星 每周日21：15			
金鹰卡通			361°童装 中国新声代 每周六19：00					

二、工欲善其事，必先利其器

2013年中国内地电视台引进节目模式进行统计，我们会发现，最为成功的引进模式都是出自几个熟悉的团队。比如，《中国达人秀》《舞林大会》和《中国好声音》都来自灿星的团队。《中国最强音》《百变大咖秀》和《我是歌手》则是由属于一个团队的洪涛、廖珂制作完成的，光线传媒则完成了《梦想合唱团》和《势不可挡》的创作。虽然这些栏目分属于不同的卫视平台，但是制作方却大致相同。于是有人提出"得电视剧者，得天下"是短期效应，毕竟电视剧的引进只是填补了电视台的内容，并没有造血功能，而"得团队者，得天下"才是电视台自我完善和发展的根本。

伴随着日益完善的制播分离格局，电视台日益成为一个节目播出平台。平台的好坏来自节目的好坏，而节目的好坏来自制作团队的好坏。所谓"工欲善其事，必先利其器"，也就是要保障电视台自身的造血功能。

美国三大王牌选秀节目《美国偶像》《X音素》和 The Voice 有两个出自西蒙·考威尔的团队。《美国偶像》的灯光团队、音响团队、导播团队，甚至旁边拎水的工作人员，有 70% 以上跟随了节目组 12 年。团队的相对稳定性带来了创作的默契，也带来了分工合作的精细化。制作《中国好声音》的灿星团队指出，生产《中国好声音》共需 7 个团队通力配合。其中，既有导演、后期制作、技术以及制片团队，也有专门的艺人管理团队和选手管理团队，用来对接导师和学员。由十几个人组成的宣传团队，则是灿星的"加血包"，他们包揽了包括"好声音"在内的，灿星旗下所有节目的宣传任务。正是这样一支不断成熟的团队，使得好节目在他们的手中源源不断地生产出来。

三、不涸泽而渔，不焚林而猎

以下这组数据会让很多引进模式的电视台不寒而栗：

2005 年，《超级女声》年度前 3 强的总决赛收视率达到了 11.65%，但 2006 年只有 3.38%。

2006 年，《加油！好男儿》总决赛上海地区收视率达到 12.8%，但 2007 年下滑至 8%。

2006 年，《我型我秀》总决赛第一场收视率达到 1.7%，2008 年只有 0.7%。

2007 年，《快乐男声》2 进 1 总决赛收视率达 2.75%，2010 年只有 1.96%。

即便是曾经大热的《我是歌手》，其总决赛 2.38% 的收视率也远不及 2012 年《中国好声音》总决赛收视率破 5% 的盛况，更不用提 2005 年《超级女声》总决赛破11%的收视盛况了。

对这些数据进行梳理,我们会发现一个规律,无论一开始多么火爆,所有的引进模式最后都避免不了短期效应的问题。"如何可持续发展"成为中国电视创作者冥思苦想的课题。

相比国内,欧美国家的综艺节目或者真人秀节目的生命力相对要长一些,其中不少节目的播出年限超过了10年。例如,《美国偶像》在美国已经播出了12年,而学习这一模式的《超级女声》早已归于沉寂。导致这一现象的根本原因在于各电视台盲目跟风,一味地攀比模仿,带来的只能是中国式选秀节目被过度消费。再火爆的节目也逃不过收视率过山车般的大起大落,"速生速灭"让很多优秀的娱乐节目成了过度消费的牺牲品。《超级女声》带来了全国歌手海选的节目热潮;《档案》的火爆让全国法制类节目开始使用演播馆神秘的语态和道具;《非诚勿扰》让全国人民都开始热衷于相亲。圈内有句话叫"选3年荒3年",意思就是连续3年的选秀会把适龄的优秀歌手全部挖掘出来,接下来的3年就会演变成要么"熟脸互相客串",要么"找遍田间地头"的青黄不接的局面。很多专家学者和业内人士认为,其主要原因是同类节目太多,对选手的挖掘几近极致,反而让一种节目类型在短时间内被彻底消耗殆尽。

原创需要一个健康积极的媒介环境,而盗版的猖獗影响了整个中国音乐界和电影界的发展,疯狂的克隆、拷贝,甚至类似跳水节目这样雷同版权引进的争吵,都在显示着国内电视界较为恶劣的媒介生态。追求利益最大化,使得细水长流的发展成为空话;恶意竞争的存在,使得原创生产的风险远大于版权引进。因此,只有形成可持续发展的外部环境和生产者的良好心态,才能把急功近利的惰性消除,成就真正的原创天下。

由此可见,从版权引进到自主原创的必由之路是,在研发上注重市场规律和传播规律,避免短视的投机心理;在生产上重视团队的打造,避免创作的简单重复;在管理上打造一个良好的媒介环境,避免恶意竞争的破坏。虽然中国电视节目生产在原创方面还有很长的路要走,但是只要重视研发、生产和管理的融合之道,原创就不再是一个遥不可及的梦想。

视频新闻创作的电影化倾向*

电视新闻是新闻视频化的重要内容，但是由于长期以来受到文本新闻的影响，无论是之前的新闻电影，还是随后普及面更广的电视新闻，乃至新媒体出现之后的视频新闻，新闻创作始终坚持"先审稿，后铺画面"的工作模式。这既是对新闻创作文本属性的高度尊重，也说明了视频在新闻内容的生产中始终是辅助性手段。

伴随着视频技术的高速发展，受众的欣赏习惯发生了根本性的改变，习惯于快节奏内容传播和浅层次阅读的受众，更乐于在视频传播中寻找资讯。这使得以文本为基础的新闻创作必须适应时代需要进行转型，做出更加符合视频创作规律的作品来适应市场的需要。在传统的视频创作内容中，电影最为尊重视频创作的规律，也较早地建立起了视频语法并与时俱进地发展到了今天。电影创作的很多做法给了视频新闻启发，其主要表现为以下几个方面。

一、强调视频的可视性和形式感

传统的新闻视频创作，大都只在乎视频的真实性和客观性，强调"拍到"而不重视"拍好"，甚至有观点认为，刻意追求视频的美感表达有违新闻视频对生活原生态的记录。但是，当下媒介的大环境越来越重视形式美感，没有

---

* 本文原载于《新闻与写作》2017年第2期，收入本书时有改动。

颜值的新闻视频内容日益受到排挤。除了以猎奇为噱头的新闻短视频可以凭借简单的感官刺激而不注重视频品质外，规范化的视频创作都强调了视频的可视性和形式感。

1. 强化视频的空间意识，注重视觉冲击力

新闻视频受创作团队的限制，往往在现场只有一名摄像师。这使得新闻视频的视角狭窄，角度平淡，若非突发事件或者重大新闻，其很难在镜头表现力上给人留下深刻的印象，然而，当下的新闻创作已经进入团队创作的模式，即便是新闻创作，也实现了双机位配合的创作方式。这使得视频的空间调度成为可能，也因此带来了更有视觉冲击力的镜头表现。

例如，2013年2月的时政报道《习近平春节前夕赴甘肃看望各族干部群众向全国各族人民表达美好的新春祝福》获得了中国新闻奖一等奖。这则新闻在习近平总书记走进当地农户家中慰问交流时，运用长焦镜头从交流人群的近景直接转到了整个村落的大远景。这个大俯角的镜头调度充分展现了甘肃地区的地理地貌，显示出了两极镜头调度的空间张力，让观众感受到了前所未有的视觉感染力。两极镜头调度实际上是电影创作中常用的场面调度模式，但是其出现在新闻创作，尤其是时政新闻创作中却是开创性的，一改视察报道缺乏形式美感、枯燥乏味的惯有印象。在2014年8月的鲁甸地震报道中，无人机摄影成为突破地震带来的拍摄障碍的重要手段。在《鲁甸地震抗震救灾进行时》的系列报道中，无人机的低空俯拍角度成为常态，这不仅拓展了观众的视觉经验，也突破了传统机位的限制，成为新闻创作的常态。

2. 融入景深表现和影调调节

高清视频技术如今在新闻创作中已成为主流技术。与此相应，景深控制成为视频表达的常态。早在2009年，获得中国新闻奖一等奖的时政新闻《胡锦涛总书记考察国庆期间北京安保、交通和旅游工作》就利用了景深控制中的移焦方式，在一个画面中将国庆节花团锦簇与游人如织的画面进行了很好的镜头调度。这样的表达方式原本是电影中人物关系调度的常态，但是其在新闻视频中出现，同样实现了对镜头逻辑的有效组织。2015年中国

新闻奖的获奖作品——央视制作的《大国工匠》将这种景深表现手法运用到了极致，从而让新闻视频的视觉张力得到了充分的表达，让工匠精神在镜头表意中充分展现了出来，解决了传统新闻视频一览无余、表达苍白的问题。

影调调节是伴随高清视频技术出现的一种画面表达形式。它通过用光和色彩基调整体控制画面，从而创造出一种"电影般"的画质。这种画质的细腻和光线的考究，原本只出现在胶片创作的电影和广告作品中，即便是传统的电视剧创作，受技术条件的限制也很难有所建树，但是高清数字技术拉平了胶片与摄像机的技术门槛，这样的创作实践在新闻视频中也得到了应用。比如，2016年4月20日，央视推出了深度报道《造假的票房》，探寻了电影《捉妖记》票房造假的问题。记者在办公室验算数据造假的新闻段落中，不仅有小摇臂调度拍摄角度，充分展现了空间张力，而且运用了柔和的影调和色调，让画面呈现电影般的质感表达。这种大胆的尝试因为是在记者的出镜段落，避免了视频画质破坏新闻现场的真实性和客观性的问题，同时让新闻的画质和表现方式有了很大的突破，虽然这种电影化倾向的尝试目前还不成熟，但是不失为新闻视频向视频创作回归的一种努力。

需要特别指出的是，以上的众多案例大都是获得了中国新闻奖的作品，无论是时政报道还是社会新闻，抑或是调查报道，基本上涵盖了新闻报道的各种类型。获奖说明了行业对这种创作实践的认可，类型的多样化也体现了电影化倾向已经成为新闻视频各种类型的普遍现象。

二、重视视频传播的叙事逻辑

新闻报道要讲故事，这样的创作要求并不新颖，而是近20年来新闻实践的普遍共识。但是传统的新闻视频在讲故事中扮演的只是辅助手段，"空镜+解说"的方式，一直都是新闻叙事的主流样态。之所以会出现这样的局面，一方面是因为新闻传播要求创作要短、平、快，另一方面是因为新闻从业者对于视频传播的叙事逻辑并不熟稔。

用镜头讲故事是电影创作的一般规律。但是，放弃解说、出镜记者的同期采访，却让很多新闻从业者手足无措。实际上，视频新闻原本就应该充分发挥视频的表达功能，避免采访和解说一头沉的问题。这样的问题在当下的新闻创作中有了很大的改善。

2016年2月，央视经济新闻部推出系列报道《春运的守望者》，介绍了春运期间坚守岗位的工作人员的感人故事，其中就包含机场的空中交通管制员。新闻报道讲述了阿联酋航空公司的一架飞机因为油量耗尽，不得不紧急降落的故事。这则新闻报道并没有按照以往新闻报道的常态用解说词来讲述这个突发事件，而是用很多细节镜头的快切，以及手持拍摄的轻微晃动，带给观众真切的紧张感和叙事感。即便是关掉声音，只看画面，这个故事的叙事依然非常清晰，情绪也依然非常紧迫。这就是对镜头叙事逻辑的尊重，它通过镜头序列的有序衔接以及镜头剪辑的节奏控制，带来了视觉化的故事陈述。这种创作方式的改变让画面剪辑不再是解说词的附庸，而是成为内容的有效引导和情绪营造的重要手段。这正是对于视频本体的尊重。

2016年3月，《新闻联播》头条报道了数据可视化报道《数说"十三五"》。在讲到"脱贫"这个"十三五"报告中的关键词时，新闻报道一改罗列数字的简单模式，将镜头的叙事性作为数据呈现的重要载体加以利用。故事以扶贫干部带着扶贫资料走进困难家庭开场，通过人物转场切换到贫困户的儿媳妇推动碾盘磨面的部分，继续使用人物运动切换到人群将丰收的农产品装车运出大山外的场景，随后出现的是贫困人群搬入安置房的喜悦景象。应该说，这个故事的叙述只是线索而不是内容的主体，但是镜头在运用时充分考虑了视频的场面调度和转场，并且严格按照镜头的叙事逻辑进行，这使得视频的表述更加行云流水，更加具有视觉化的特征。

新闻视频尊重视觉逻辑的内在关系，这是电视视频向电影学习的结果，也是新闻视频尊重视觉传播的结果。

三、关注可延展的视觉渲染和镜头设计

伴随着数字视频技术的发展，视频的创作不再单一依靠前期的拍摄和后期的编辑，大量的后期特效制作和视觉渲染成为视频内容的重要组成部分。在电影产业中，灾难片、科幻片和动漫片的大行其道是这股力量壮大的缩影。在新闻视频的创作实践中，关注可延展的视觉渲染和镜头设计成为一种潮流。

自2012年以来，数据新闻逐渐成为一种新闻样式。数据可视化的视频实践是将视觉渲染和镜头设计作为内容呈现的主要方式。

1. 电脑CG技术的广泛应用

在传统的新闻创作中，除了具体的事件性、人物性报道可以直接从生活中取素材外，很多宏观问题，如国家的经济战略、政策法规的实施、年终的业绩盘点，大都缺乏含有具体指向的视频信息，因此其在实践创作中大都是依靠一些具有一点相关性的空镜来组织。这样的做法使得新闻视频大而空，并不具有实际的传达内容。目前，新闻视频的制作在这方面有了大数据的支持，也得到了数据可视化的启发，进行了很多有益的探索。

比如，在2013年的春运报道中，央视新闻主要靠走访全国一些主要的春运热点城市来组织新闻视频，呈现最多的是就是人流摩肩擦踵、火车呼啸而过的场景，而在2014年的《据说春运》的报道中，百度地图提供的实时路况让主持人在演播室里依靠一张热力图就能够解读整个春运期间的全国铁路状况，视频更加形象生动，内容也更加鲜活客观。再如，2016年央视的《两会经济观察》，很多涉及政府职能部门的职能转变和政策调整的报道都使用了电脑CG技术的动画视频形式，这些图形制作的加入让很多听起来非常专业而枯燥的概念有了更为生动的视频呈现。当这些图形制作与生动贴近的解说词结合的时候，原本晦涩难懂的内容就变得极具传播影响力。比如，2012年明恩传媒制作的《官员升迁时刻表》《精英移民地图》、2013年复兴路上工作室制作的《领导人是怎样炼成的》都是这方面较为成功的作品。

2. 图层意识成为重要的创作思想

在传统的新闻创作中，画面主要依赖前期拍摄，视频的画面表现只有实拍视频一个图层。如今，数字后期技术的发展带来了整个创作观念上的变革，即便是推崇客观真实、复现生活原生态的新闻视频也开始运用适度的镜头设计和视觉渲染。2015年10月，央视《新闻联播》播出了现象级的新闻作品《数说命运共同体》，它让沉默的数据说话，呈现了"一带一路"国家间前所未见的联系图景。这一作品将主持人欧阳夏丹在演播室绿屏技术下录制的出镜报道，与现场实拍的环境镜头相结合，创造出了双图层甚至多图层的视频奇观。这种宏观经济报道的大胆尝试让视频的视觉呈现成为内容的主体，借助多图层的画面结合，让很多不可能的拍摄效果成为可能，也因此大大节约了节目的制作成本，而这样的创作思路恰是电影化制作的基本思路。

2016年3月，央视推出了这一创作方式的更新版本《数说"十三五"》。其采用先进的可视化技术，通过虚拟现实增强技术，将与"十三五"规划密切相关的数据用虚拟数据图形与新闻现场拍摄的实景有机结合，以物体暗喻的方式巧妙传达信息。

这样的创作实践给整个新闻业态带来的变化是，镜头的拍摄不只是对现场信息的拾取，更要结合后期制作和视觉渲染的需要，有意识地为后期的内容重构和画面重构服务。新闻视频的团队合作意识日益凸显，图层意识日益增强是这一变化的实际体现。

总之，新闻视频创作的电影化趋势是在全媒体传播的大环境下新闻内容生产的一次转型：从文本创作向视频创作的转型，从单一创作向团队创作的转型，从内容生产向形式创新的转型。面对媒介环境竞争态势的升级，新闻生产不能故步自封，也不能因循守旧，只有将创新进行到底，才能可持续发展。

浅论益智类节目的发展现状与问题*

益智类节目作为电视娱乐节目的经典形态之一，熔趣味性和知识性于一炉，因具有寓教于乐的特点而广受观众喜爱，虽历经20余年的发展，益智类节目依然较为广泛地存在于电视业内。

"电视益智类节目是一种在本质上极具博彩元素、在内容上体现益智特征的融竞技性与娱乐性为一体的独特的电视娱乐节目类型。"[1] 益智类节目在中国的发展大致经历了四个阶段。

20世纪90年代初期，当时的上海电视台以各大电视台盛行的各种知识竞赛为雏形，创办了我国益智类节目的先行者——《智力大冲浪》。21世纪初，大量益智类节目被引进中国，益智类节目进入黄金时代，以《幸运52》《开心辞典》和《三星智力快车》等为代表的益智类节目，均实现了收视率与口碑的双赢，带动了一系列电视益智类节目的兴盛，如《财富大考场》《超级英雄》《无敌智多星》等，成为同时期电视节目的重要形态。

从2004年开始，随着真人秀的兴起，《幸运52》和《开心辞典》等益智类节目日渐式微乃至停播，寻找新的突破口便成为电视创作者面临的急迫命题，而此时美国电视节目《你比五年级学生聪明吗》的火爆，使得各大电视台竞相克隆。广东电视台公共频道的《五年级插班生》、陕西卫视的《不考不知道》、天津电视台少儿频道的《你能毕业吗》、湖南电视台经济频道的《五

---

* 本文原载于《中国电视》2015年第12期，与邵琦合作，收入本书时有改动。
[1] 徐舫州，徐帆. 电视节目类型学 [M]. 杭州：浙江大学出版社，2006：137.

年级救助队》、深圳卫视的《谁比谁聪明》等节目相继推出,虽然益智类节目的整体收视率有小幅回升,但某些节目对观众审丑心理的一味迎合招致了广泛的批评。近年来,虽然真人秀成为电视节目市场的主流,但由于国家新闻出版广电总局 2011 年和 2013 年相继出台的《加强电视上星综合节目管理》及《关于做好 2014 年电视上星综合频道节目编排和备案工作的通知》的引导,以及江苏卫视《一站到底》等节目的强势来袭,益智类节目再次迎来了发展机遇。益智类节目也因此不断改版创新,向多个维度拓展,呈现出纷繁复杂的状态。

一、益智类节目现状概述

近年来,真人秀牢牢占据了电视娱乐节目的主导地位,成为各大电视台的宠儿,益智类节目则屈居于弱势或边缘地位,被视为电视节目类型的一个补充。但是,作为曾风靡一时的一种较为成熟的电视节目形态,益智类节目并没有完全隐匿或消失,而是呈现艰难生存、不断探索、分化发展的状态。目前市场上存在的益智类节目主要有三种类型。

首先,部分老牌节目通过重新定位与升级改版,依然在艰难地探求生存与发展的路径。例如,2000 年开播的中央电视台的《智力快车》、北京电视台的《SK 状元榜》等节目是传统益智类节目的代表,坚持以知识性为主、竞争与博彩为辅的节目定位,在稳妥播出的状态下,尚缺乏创新活力。

其次,一些电视台通过借鉴或引进的方式,在吸收域外优秀节目特点的基础上改革创新,诞生了一批品质较高的原创益智类节目。但在当时的电视节目市场上,此类具有代表性的节目还屈指可数,主要以江苏卫视的《一站到底》为主。此外,江苏卫视的《芝麻开门》、中央电视台的《为你而战》《开门大吉》、浙江卫视的《王牌谍中谍》等节目同样具备一定的市场竞争力,但此类节目由于在数量和质量上的双重缺失,难以形成稳固的影响力。

最后,借鉴益智类节目的形态,一些电视从业者对益智元素进行分化演变，制作出一批具有益智节目特征，但又不完全符合该节目类型的衍生类节目。益智类节目的两大支撑元素为益智和博彩，因此，一些节目倚重博彩元素，注重展现节目的参与性、娱乐性、竞争性效果，将传统益智节目中的知识问答转变为游戏、竞技或身体对抗，从而诞生了一系列处于益智节目边缘地带的节目。例如，湖南卫视的《智勇大冲关》，后演变为《爱拼才会赢》《男生女生向前冲》等体力考验大于智力考验的益智博彩节目形态；而《梦想成真》等节目注重技艺的比拼，每期寻找三个家庭，分别给出一个技艺性的题目，要求其在一周之内进行演练，然后在节目现场进行表演，成功者将获得大奖。此外，还有一些节目以益智元素为主要卖点，注重传播文化内涵。自《汉字英雄》《中国汉字听写大会》等节目受到广泛认可后，各大卫视相继推出了一系列文化知识类节目，如江西卫视的《挑战文化名人》、浙江卫视的《中华好故事》、河北卫视的《中华好诗词》、贵州卫视的《最爱是中华》等。上述节目虽然不符合益智博彩元素的以往定义，但均为其衍生类节目，且符合益智节目的特征，因而在广义上属于此类节目范畴。正是因为益智博彩类节目向着两个方向分化发展，其节目形态不断裂变，元素不断分化与杂糅，呈现出蔓延发展的态势。

二、目前益智类节目存在的问题

益智类节目在零星出现、鲜少创新、杂乱发展的现状下存在较多问题，这也使它难以跃升为主流节目，更在一定程度上饱受诟病。

（一）益智题型娱乐化，知识性不足

美国哥伦比亚大学的赫卓格认为，"有三种基本心理需求使得人们喜爱知识竞赛节目：一是竞争心理需求——通过抢先猜测答案使自己与出场嘉宾处于一种竞赛状态，享受由此带来的竞争乐趣；二是新知的需求——从节目中得到新的知识以充实自己；三是自我评价的需求——通过猜测答案来判断自

己的知识程度，确认自己的能力。"[①] 由此看来，益智类节目成型的基本要素之一是要具备一个庞大而完善的题库，让受众既能够增长知识，又可以进行环境监测与自我评判。

纵观屏幕上的一些益智类节目，其题型普遍呈现出综合娱乐性的倾向，知识性略显不足。最受好评的《一站到底》除了传统的诗词、历史、政治、文学常识等题型外，为了引发受众的兴趣，还加入了体育、明星、电影等主题板块，出现了一些较为无聊的题目，如"周星驰的哪部电影里用到了《一个演员的素养》这本书""大鲨鱼奥尼尔在NBA打什么位置""《喜羊羊与灰太狼》里灰太狼的老婆叫什么名字"等，这些题目娱乐成分较高，知识普及价值不足。近年来其他几档人气较高的益智类节目，更是偏离了传统题型的范畴，如央视《为了你》（原名《为你而战》）的出题路径是根据提示猜物品；《开门大吉》要求答题者根据旋律猜歌名；《联合对抗》更是设置了转圈模仿秀、歌词接龙等答题形式。总体来看，主流益智类节目的题型，从设置到内容呈现无聊娱乐化的趋势，在一定程度上失去了其知识普及的价值。

与此同时，另一些节目的题型则呈现向幼龄化与高精尖两极发展的态势，同样失去了大众益智的功能。一方面，一些老牌节目因为题库不足与升级改版等原因逐渐转向青少年市场，题型幼龄化。例如，中央电视台2000年开播的《三星智力快车》在更名为《智力快车》后，主要参与者从中学生转向幼儿园小朋友，题目也随之简易化，失去了其益智的社会功能。同样的情况出现在江苏卫视的《芝麻开门》等节目中。另一方面，江苏卫视的《最强大脑》、湖北卫视的《天才想得到》等节目虽然也打着益智的招牌，但更着力于脑力开发与展示高智商人群的过人之处，逐渐向高精尖方向发展，观赏性大于知识普及性。

综上所述，当前较多的益智类节目逐渐失去了益智节目原有的功能。益

[①] 邵挺，高博.益智类电视节目的传播学解析：以深圳卫视《谁比谁聪明》为例[J].新闻窗，2008（3）：42-43.

智类节目最初的定位是具备一定的知识性且起到文化普及的作用,但当下该类节目对于娱乐性的偏倚使其逐渐偏离初衷,其所承担的知识普及功能十分薄弱。

(二)节目生命周期短,可持续性较弱

综观近年来的益智类节目,其较为显著的特征是可持续性发展均不强,生命周期较短。多数节目都是昙花一现,在播出一至二季后或因版权问题,或因经费问题而遭遇停播。例如,广受关注的湖南卫视的《以一敌百》于2010年8月开播,同年12月即停播;中央电视台的《联合对抗》仅维持了一年多,共计播出27期;更有节目因为和真人秀档期存在冲突而被迫停播,如浙江卫视的《谁敢站出来》开播一个多月,便因为与《中国好声音》的档期冲突而被迫停播,而原定于2014年开播的《三英战吕布》也销声匿迹了。除了《SK状元榜》与《智力快车》两档老牌节目具有十年以上的历史外,屏幕上现存的益智类节目大多为2013年之后的新节目,总体持续时间较短,难以应对市场考验,生命力不强。益智类节目在当前的电视节目市场中的弱势地位显而易见。

益智类节目频繁地更新换代使其在电视节目市场上形成粗制滥造、杂乱发展的态势。很多电视台在已被淘汰节目的基础上进行微小的创新和包装,便匆匆进入市场,或盲目跟风,大量制作同类型节目,从而形成益智类节目同质化倾向严重、缺乏精品力作的状况,因而难成气候。

(三)对抗性与吸引力不足,缺乏看点

益智类节目最初兴起于美国,20世纪50年代,《64000美元问答》《21点》等节目掀起了电视益智类节目的高潮。其在经历了因暗箱操作的丑闻带来的一段沉迷后,1999年,英国独立电视台推出了《谁能成为百万富翁》,再次创造了益智博彩类节目的收视神话,使得这一节目形态重归大众视野,而《谁能成为百万富翁》的巨大成功,很大程度上得益于其对博彩元素的极致运用。根据节目设置,选手在成功回答15道题后可以获得100万英镑的巨额奖

励,这极大地激发了选手与受众的积极性,强化了节目悬念。选手为了争夺大奖而进行的激烈竞争,也为节目增加了许多看点,极大地增强了节目的可视性。

反观国内的益智类节目,"由于博彩性不符合中国国情和民族文化心理,会助长投机心理,让人产生一夜暴富的幻想,国家新闻出版广电总局对有关益智类节目的奖金及奖品进行了一定限制,博彩性有所抑制"①。因此,大多数益智类节目的奖金金额或奖品价值都较低,多数节目更是进行了本土化改造,以"家庭梦想"或"公益捐助"的理念替代博彩元素。在当前的节目中,奖金金额最高的是央视的《为了你》,为40万元,但其冠之以公益头衔,奖金将被捐助给需要帮助的对象,并非由个人获得;而《一站到底》《王牌谍中谍》《芝麻开门》等代表性节目均是以普通的家电、汽车之类的商品为博彩点。在"家庭梦想"与"公益"理念的倡导下,国内节目的参赛选手总体上都秉承了谦虚、礼让的传统价值观,缺乏国外选手剑拔弩张、针尖麦芒的对抗与竞争精神。虽然《一站到底》《以一敌百》等节目通过竞争元素的设置呈现出一定的对抗性,但总体节目气氛仍然较为温和,缺乏看点。

(四)审丑、猎奇倾向明显,节目设置偏离定位

作为电视娱乐节目的一个经典类型,益智类节目在近年来的发展中呈现出一定的猎奇审丑及过度娱乐的倾向。一度兴盛的《谁比谁更聪明》《不考不知道》《你能毕业吗》等节目,安排成人与小学生进行知识对抗,满足观众的审丑心理。衍生类节目《智勇大冲关》《爱拼才会赢》《男生女生向前冲》等,更是以选手落水出丑为卖点,而较为规范的益智类节目也多是通过猎奇的方式强化娱乐性,以期吸引观众。

以最具代表性的江苏卫视的《一站到底》节目为例,纵观其2012—2015

---

① 李洁.电视益智类节目创新研究:以江苏卫视《一战到底》节目为例[D].重庆:西南大学,2013.

年的所有节目主题,"美女""帅哥""屌丝""告白""示爱"等词语出现频率较高,而部分主题的用词不但偏离节目内容,更有猎奇与庸俗之嫌。单从节目主题来分辨,根本无法将其与益智类的文化节目挂钩。

三、益智类节目发展策略初探

经历了 20 多年的发展,益智类节目更加成熟,且其因自身具备知识性、竞争性和对抗性特征,在传播大众文化、完善节目类型、贴近观众视角等方面具有较大的优势,因而在短期内依然是电视节目的一种重要类型。因此,对其进行完善是一项重要且有价值的工作。

(一)注重投入,打造品牌节目

江苏卫视《一站到底》的成功,形成了较大的影响力,使益智类节目重归大众视野,因而此阶段不失为注重益智类节目的创新与发展的良机。各大电视台应跳出真人秀的窠臼,加大对此类节目的重视,在形式和内容上进行创新与扶持,培养品牌节目并在数量上形成规模,真正彰显益智类节目的影响力。同时,节目制作方可注重研发 App、手游、桌游等周边产品,使节目有更好的延展性,在经济效益与节目影响力上实现双赢。

(二)借力其他元素,增强可看性

在益智类节目分化发展的过程中,节目制作方应充分借力当下流行节目的其他元素,实现诸元素的有机聚拢。例如,在益智与博彩两大元素的基础上,适当加入名人、亲子、真人秀等观众喜闻乐见的元素,增强节目的可看性与吸引力,而非单纯通过庸俗猎奇、过度娱乐来取悦观众。

(三)知识创新,为题型注入活力

在观众对于你问我答的方式和传统文学常识、历史知识的题型产生审美疲劳后,节目制作方应在节目形式与内容上进行创新,如设计科技、地理、

历史等主题节目，从演播室走向户外，前往地质公园、科技馆、博物馆、主题公园等富有教育内涵的场所，通过设计游戏娱乐环节实现知识的普及，同时，适当增加有趣的知识、冷知识等富含趣味性的问题，避免题型的老化与呆板。

基于 T2O 模式的电视节目创新研究*

世界上第一份报纸是欧洲渔船出海之前张贴在码头上的出海信息的集合，类似于现在的"分类广告"。因此传媒业从诞生之初就带有强烈的商业色彩。随着商品经济的发展，广告业进一步介入传媒业，无论是报纸还是杂志都保留着广告的版面，也孕育出基于报刊的商品购买平台。1992年，全国第一个电视购物节目《美的精品TV特惠店》在广东珠江电视台播出。"互联网+"推动了各产业的融合，在电子商务迅速发展的今天，电视电商的跨界融合逐渐抛弃了传统的电视购物形式，T2O模式横空出世。T2O（TV To Online）是指将商业营销根植于电视节目内容，通过节目创新将受众吸引力引导至电商平台完成交易，将电视节目内容的影响力进行商业变现，把节目受众转化为商品的消费者。"传媒+电商"改变着电视节目的形态，如何探索电视电商的跨界融合路径和节目创新需要我们进一步思考。

一、追根溯源：T2O 模式的兴起

1. 基于仪式观的消费文化

詹姆斯·凯瑞把传播的定义分为两大类：传播的传递观（a transmission view of communication）和传播的仪式观（a ritual view of communication）。传播的传递观指讯息的传播和传递，而传播的仪式观将传播定义为意义的生产

---

* 本文原载于《现代传播》（中国传媒大学学报）2016年第8期，与成怡忻合作，收入本书时有改动。

和交换。这种意义的生产和交换是基于"场"模式，在共同的物理空间和情感空间下意义的生产与再次生产。仪式的功能不是使所有参加者在现实空间中聚集到一起，而是跨越时间的维系，共同分享经验。①鲍德里亚把物赋予形式礼拜仪式，认为消费者与物的关系发生了变化，他不会再从特别用途上看这个物，而是从它的全部意义上去看全套的物②。T2O模式利用电视屏幕力求制造一个仪式，仪式中蕴含产品的文化、价值、意义及延伸象征。观众在观看过程中体验购买与消费，此时的消费不再是亚当·斯密提出的简单的物与物的等价交换，而是基于仪式观的一种精神聚焦和购物体验。

鲍德里亚认为，人们在资本主义消费中从来没有消费到物品真正的使用价值，只是消费了"一种被消费的意象"，而这正是大众传媒制造出来的符号价值的幻境，即伪性构境③。T2O模式利用电视屏幕给电视机前的消费者营造了一个伪性构境，即节目中的构境是在大众想象的社会层级结构金字塔上部层级人群的生活和消费状态，伪性构境从而成为消费者购买行为的场域和原动力。

2. "传媒+电商"：资本注入催生T2O模式

金融危机后，传统的大额交易受到冲击，而以小额交易为主的电子商务迅速扎根于民生经济土壤，蓬勃发展。艾瑞资讯的统计数据显示，预计到2017年，电子商务交易规模将达到20万亿元④。2015年3月5日，在十二届全国人大三次会议上的政府工作报告中，李克强总理提出制定"互联网+"计划，强调"推动移动互联网、云计算、大数据、物联网等与现代制造业结合，促进电子商务、工业互联网和互联网金融健康发展，引导互联网企业拓展国际市场"⑤。电子商务在政策利好和经济条件利好的情况下迅速发展，并逐

---

① 凯瑞.作为文化的传播："媒介与社会"论文集[M].丁未,译.北京：华夏出版社,2005：62.
② 鲍德里亚.消费社会[M].刘成富,全志钢,译.南京：南京大学出版社,2006：4,71.
③ 张一兵.消费意识形态：符码操控中的真实之死——鲍德里亚的《消费社会》解读[J].江汉论坛,2008(9)：23-29.
④ 2013年中国电子商务市场监测数据,艾瑞咨询(iResearch)2014.
⑤ 2015年3月5日,李克强总理在十二届全国人大三次会议上做政府工作报告时提出。

渐把触角伸向各传统行业。

根据麦肯锡的调查,在美国的17个行业中,传媒业的总数据占第三位,其数据量超过700PB。当下传媒业的发展越来越快,影响力也日渐增长,传媒业无疑是电商行业的重要目标之一。电商向传统的专业领域靠近,以打造融合之态。同时,众多传统行业也把目光投向电子商务行业,我国电商三巨头"BAT"(百度、阿里巴巴、腾讯)之一的阿里巴巴,在传媒业的投资并购上下足了力气。2014年,阿里巴巴以12.2亿美元入股优酷土豆,持股比例为16.5%,成为优酷土豆的第二大股东;并分别以62亿港元、65.36亿元入股文化中国、华数传媒[1]。在数字媒体娱乐板块,阿里巴巴的并购力度和规模不可小觑。资本的注入加快了T2O模式的发展。

除此之外,传媒业还孕育了众多传媒电商。传媒电商以传媒领域为主,在坚持传媒特点的同时将新闻价值观念融入其中,形成一种以传媒为主要内容的网络电商平台。例如,湖南卫视联手阿里巴巴推出电商"嗨淘网",湖南卫视《越淘越开心》栏目成为嗨淘网面向电视的推广渠道之一[2]。湖南广电早在2005年就实行了"快乐购"项目,到2010年"快乐购"的总销售额突破了60亿元,贡献了当时湖南广电整体营业收入的1/3[3]。

电商介入传媒产业不仅在商品物理形态上开拓市场,还有专业的营销经营渠道。"电商+传媒"的形态是"互联网+"的又一次尝试,越来越多的资本介入"电商+传媒"领域是未来传媒业发展的趋势之一,也是T2O模式得以发展的土壤与基础。

二、基于T2O模式的电视电商节目特点

在"互联网+"时代,电子商务利用物流将消费者购物行为本地化,移动端的发展便于受众进行大屏小屏之间的多屏互动,使消费和观看同时进行、

---

[1] 阿里巴巴.阿里巴巴招股说明书,2014.
[2] 张周平.媒体+电商:跨界融合深度对接[J].新闻战线,2014(2):27-29.
[3] 黄洪珍.从经营报纸到经营资源[J].新闻战线,2012(4):67-69.

随时随地触手可及。"内容即产品,受众即用户,广告即销售"是T2O模式的核心,基于T2O模式的电视节目具有以下特点。

1. 用户理念：内容=商品,受众=用户

互联网颠覆了传统媒体对受众的理解,受众不再仅是信息的接收者,而拓展为信息的制造者、传播者、再传播者。更重要的是,受众成为媒介产品的用户。当下,传统媒体深陷困境的根源在于用户链接失败,转型的关键在于重建用户链接,把受众转化为用户。T2O模式有望成为破解困境的路径之一。T2O模式将电视节目的内容转化为商品,把电子商务置入电视节目的环节中,形成线上线下的互动,让受众在观看节目的过程中对节目中的商品进行购买。此时的受众,不仅是电视节目的观看者,也是消费环节的主体兼电商用户。因此T2O模式的节目特点为内容即商品,受众即用户。

"用户理念"是以用户为中心,把受众等同于用户也等同于客户,媒体的内容和形式的研发从用户自身特点出发,所以需在内容上融合产品形态。例如,在传媒领域早期,以内容为产品的特点多集中于时尚杂志领域,时尚刊物 *Lucky* 和 *YOHO!* 衍生出 luck-yshops.com 和 YOHO! 有货网,用购物网站推出刊物上的时尚商品,这样,习惯于阅读时尚刊物的受众逐渐变成在其衍生网站上购物的消费者。

在电视节目中,T2O模式给节目内容加上产品的标签,利用传播效应进行售卖,用用户理念把受众理念进一步细化,目标不再局限于电视节目的收视率,而在于用户的购买欲望与购买力,以实际的销售额和销售量为节目的目标之一。如今具有此类属性的电视节目主要有美妆类、服装类、旅游类等。比如,旅游卫视与淘宝网合作推出的节目《鲁豫的礼物》,节目采用艺人真人秀的形式,为每组艺人嘉宾提供一次专属夫妻两人的旅行,结合艺人夫妻的感情故事、性格特点等设计旅行的主题和线路,记录旅行过程。节目把内容变身为与旅游线路、婚礼蜜月线路、婚纱、目的地等相关的产品,在播出时段甚至播出之前,在电商平台上兜售。这种"用户理念"把传播学的受众理论和商品经济的用户概念结合起来,是T2O模式的价值链接得以实现的关键。

2. 代入式理念：消费情景化

李普曼在《公众舆论》中指出，拟态环境不是对现实环境的真实写照，而是经过传播媒介有选择的加工呈现出来，电视节目从画面的选择、策划、后期剪辑、包装等方面给受众创造出一个情景。场景营销就是利用所营造的情景和氛围进行营销，注重顾客在购买过程中的消费体验。移动互联网具有随时、随地、即兴的特性，而这种特性，就是人们的现实生活在移动网络中的场景化、空间化和生活化。人的消费和传播行为发生在某个特定的场景之中，如果人们的兴趣和爱好被激发出来，消费和传播的行为就会发生。2011年，广东卫视与淘宝平台合作推出《极速秒杀》，节目以"秒杀""限时""限量抢购""团购"为形式和内容，采取电视、网络同步直播、电话同步参与的方式制作播出。电视机前的观众通过观看和参与节目就能以极低的价格抢购到商品。此节目呈现出"抢"的情景，以刺激观众的购买欲望，这种消费情景化增强了受众的参与感和代入感。

目前我国 T2O 模式多集中于时尚类节目。T2O 模式把时尚类电视节目制造的拟态环境与场景营销巧妙地结合起来，把观众置于一个消费"神话"之中。人们在消费物质的同时消费这种时尚价值，并且会以媒介镜像塑造的某种时尚组合形象为参照来确认自己的身份[①]。这种时尚跨界真人秀把普通观众裹挟到一个位于时尚前沿、具有明星光环的幻影中，增强了其购买欲望，无形中给这些服装增加了价值砝码。

跨界时尚艺人真人秀《女神的新衣》，是近年来国内把 T2O 模式推到极致的一档节目，2014 年 8 月，《女神的新衣》在东方卫视开播。节目主要由"24 小时制衣 +T 台秀 + 竞拍"组成。节目时长约为 90 分钟，首先由时尚界的权威人士给六组"艺人 + 设计师"布置衣服的设计主题，设计师与艺人在 24 小时之内完成讨论、设计、画图、选料、剪裁、试衣、调整的制衣过程，并做好节目演播厅的走秀准备。演播厅内设有时尚观察团和携 1000 万元竞买资金的时尚买手，这些买手通常代表一个服装品牌或公司。在每组走秀

---

① 鲍德里亚·消费社会［M］.刘成富，全志钢，译.南京：南京大学出版社，2008：4，71.

结束后,是拍卖服装环节,主持人邀请时尚买手出价,采用盲拍的形式,各自行使三次出价权,出价最高者获得该系列全部成衣,并在其品牌下进行售卖,售卖的形式主要是天猫商城的线上销售。出场艺人的终极得分由三部分构成:现场最终竞拍成绩(40%)+现场观众喜爱度(40%)+艺人与设计师互评分数(20%)。每两场结束,累计得分最低者将被淘汰。在节目播出时,产品同步在网络上进行销售,观众可以边看电视边登录到相应的商铺进行购买。

节目《女神的新衣》的代入式理念主要体现为以下两点:一是节目立意为你也可以穿女神的新衣。"艺人""女神同款""限量版""原创设计"等标签试图创造出电视机前观众原本遥不可及而现在触手可及的消费品,激发消费者购买产品的欲望。因此节目一开播,其中一服装品牌 ASOBIO 的 PC 端流量增长了 5~6 倍,手机端增长了 10 倍,"女神"款收藏量暴增,同时使了非"女神"款的销量增加了。二是节目以服装制作的流程为叙事框架,加入明星、拍卖、评分、淘汰等环节,结合了艺术审美和商业消费。观众在节目中可以充当艺人粉丝的角色,满足对于艺人的好奇心;也可以充当时尚买手的角色,结合自我审美对衣服设计和艺人表现进行评分,代入节目的游戏环节。现场观众需使用电商平台"明星衣橱"手机 App 进行现场投票,节目组将其计入总分,这加强了节目组与观众互动。淘汰环节吸引受众关注节目的游戏规则,吊足了观众的胃口;同时观众可以成为衣服的购买者,在观看过程中完成消费。消费者在享受节目的同时获得了比平时更多的产品信息和附加价值,相比之前单一的"图片+文字""边看边买"的形式增加了更多的消费乐趣,这种代入感促进了情景化的消费。

3. 渠道理念:平台推广延伸节目价值

目前,在我国互联网三巨头"BAT"之争中,最常被提及的是入口之争。是否能做好线上线下的引流与互动是其成败的关键。在互联网环境下,入口成为胜利的先机。百度利用百度搜索引擎逐渐推出百度钱包、糯米网、百度音乐等;腾讯从 QQ 时代进入微信时代,从而布局了微信支付、打车等入口;阿里巴巴利用淘宝推出支付宝、阿里旅行、阿里游戏。一键式的综合服务成为未来电子商务的发展模式。

电视节目是电子商务寻找入口的又一渠道，利用媒体渠道资源对电商平台进行宣传，可以降低推广成本。T2O模式的电视节目多以娱乐和生活节目为主，电商冠名节目已经是稀松平常的事，而其仅为形式上的冠名，并不能与节目形成有机的内容结合，实际的付出和收入比无法直观体现。因此，打通渠道成为T2O模式的重点。

上文中提到的节目《女神的新衣》第二季改名为《女神新装》，其在原有的节目模式上加入了微信"摇一摇"，通过微信"摇一摇"观众可以直接购买到节目中的衣服，而不再采用传统的打开天猫、搜索关键字的烦琐方式，极大地提高了销量。其通过摇微信把电视的流量导流到各个电商平台，进行变现。截至2015年8月，手机"摇一摇"观众达数十万，互动量峰值达到10万人/秒。微信数据显示，《女神新装》节目"摇电视"互动量位列所有卫视节目第一。网络爱奇艺平台与湖北卫视共同播出的《爱上超模》，每一期都设置团队比拼和比赛拍大片的环节。其作为素人真人秀，加入了时尚的元素，节目中各位选手的服饰搭配均可在京东衣橱进行选购，无缝链接爱奇艺和京东在线销售平台，降低了用户跨平台购买的成本。

在打通平台和渠道上，目前处于T2O模式巅峰的当属2015年的天猫"双11"晚会。湖南卫视联合阿里巴巴打通电视与电商，把消费狂欢做到了极致，近四小时的狂欢夜晚会彻底打通了观看和消费的通道，在红黑两队竞技游戏环节推出多重优惠活动和"1元"抢购活动，同时在淘宝和天猫App利用"摇一摇"等与晚会同步互动，而互动的结果不仅使消费者通过观看晚会赢得了实际利益，也使天猫流量和销售额攀升。根据酷云数据，2015年11月10日在北京水立方直播的"天猫双11狂欢夜"市场占有率高达28.3866%。

三、挑战：对未来T2O模式发展的建议

基于T2O模式的电视电商节目能有效地把电视艺术和商业价值结合起

来，把收视率转化为销售额是电视电商跨界融合的优势，然而该模式与其预期的经济收益和社会收益还有较远的距离。因此，在电视节目的创作中，要立足于用户定位，在节目内容的构建上把电商纳入节目的有机环节，把电视内容产业价值链和电商产业价值链有机整合为一条产业价值链。

1. 定位同一，平衡双向满意度

只有内容与商品贴合度高、适宜植入互动元素、目标用户群特征明晰且有购买力的电视节目才适合 T2O 模式。在 T2O 模式下，"用户第一"是电商时代的至高宗旨，而在电视界受众细分状态下，对于交叉领域的互动做到定位同一，不仅有助于电视节目的风格化和品牌化，也有助于提高电商平台实际的销售量和点击量，这也是提升用户黏度的方式之一。因此要紧紧围绕用户，了解用户的消费习惯和消费水平，然后为其提供相关的服务，实现跨界的、拓展的、多方面的产品服务类型。另外，定位同一也是抵制山寨产品的方式之一。东方卫视在播出电视剧《何以笙箫默》期间与天猫达成合作，观众可通过手机淘宝 App 扫描东方卫视台标，进入电商页面，在观剧的同时可购买剧中的同款服饰、灯具、化妆品等。此举过后，在淘宝上走红的是价格仅售一百元左右的《何以笙箫默》唐嫣同款山寨服装。节目中出现的奢侈品在中国市场并不畅销，反而滋生了一系列山寨产品。但在 T2O 模式下，节目定位与受众审美同一，商品属性与消费者需求同一。

2. 加强卷入式互动，形成 T2O 闭环

互动是 T2O 模式的核心，目前绝大部分电视电商的结合还停留在冠名赞助等借助电视节目打广告的初级阶段，未真正触碰 T2O 模式的内核。T2O 模式的重点在于把电商纳入节目的环节，成为节目的有机部分。形式上的互动和真正内容上的互动对于最终的节目预期有较大的影响。比如，湖南卫视推出的亲子类真人秀电视节目《爸爸去哪儿》一经开播收视率便走高，并成为国内的现象级节目，同时湖南卫视推出"重走爸爸路"活动，电视机前的观众能够带着自己的子女到《爸爸去哪儿》的拍摄基地旅游、参观，但是重走的线下活动与节目并没有产生有机联系，其本质依旧是广告效应和传播效应，线上推广与线下活动是知识延伸关系而非互动关系，未实现真正的 T2O 闭

环。卷入式互动要求电视节目策划方在节目的有机环节中多下功夫，T2O闭环的形成需要节目在策划阶段梳理各环节的逻辑关系和顺序，让电商平台真正成为节目不可或缺的一部分，真正做到"内容即生产""内容即利益"。

喻国明认为，在未来，传媒将是以传播为介质配置社会资源、商业资源以及一切社会生活资源的一种整合架构。因而将媒体打造成一个整合营销的平台，报业运营就有可能在采编、广告、发行、活动四个"轮子"的基础上，再添上一个电子商务"轮子"。电子商务"轮子"将成为未来为传媒尤其是电视业助跑的动力之一。T2O模式是电视节目与电商平台结合的有效桥梁，而电视电商节目的创新还有很长的路要走。

"一带一路"电视新闻报道的话语建构分析[*]

2013年，我国国家主席习近平先后提出共建"丝绸之路经济带"和"21世纪海上丝绸之路"的倡议。此后，"一带一路"被连年写入政府工作报告，成为中国政府的核心议题。"一带一路"倡议的推进和实现，对内需要获得人民的理解和支持；对外需要让世界了解并准确理解"一带一路"倡议的理念，避免将其误读为"马歇尔计划"。所以，如何通过"一带一路"报道来"讲好中国故事、传播好中国声音"应该成为国内媒体的责任和使命。倡议提出后，以《新闻联播》为代表的央视新闻矩阵对此进行了大量报道，各地方电视台也齐发力，推出系列报道。本文以《新闻联播》2013—2017年涉及"一带一路"的报道为主，以地方电视媒体的新闻报道为辅，用内容分析和话语分析研究"一带一路"电视新闻报道的特点和存在的问题，为"一带一路"的对内、对外传播提供借鉴和参考。

一、研究设计

（一）样本选择

本文结合央视和地方媒体的新闻报道进行分析。2013—2017年，《新闻联播》共播出关于"一带一路"的报道173条，包括《一带一路共建繁荣》（26条）、《数说命运共同体》（7条）、《一带一路·合作共赢》（27条）和《复兴

---

[*] 本文原载于《中国新闻传播研究》2018年第1期，与付明丽合作，收入本书时有改动。

丝路》（5 条）4 个系列共 65 条报道和 108 条常规报道。历年报道数量分布如图 1 所示。

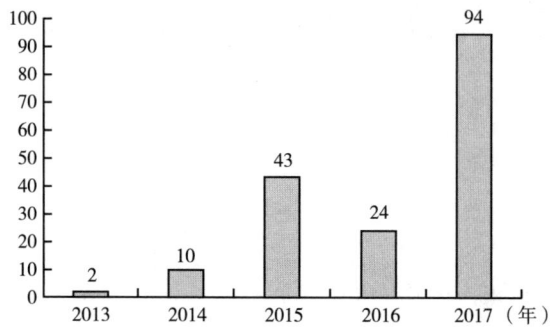

图 1 2013—2017 年《新闻联播》"一带一路"议题报道数量分布情况

此外，2014 年以来，先后有 20 家地方卫视推出"一带一路"大型系列报道，并且集中在 2015 年和 2017 年。其中，北京卫视于 2016 年推出《天涯共此时》第一季，播出 108 集；陕西卫视于 2017 年推出新闻杂志栏目《丝路新视野》，全年播出 41 集；广东卫视于 2017 年推出系列报道《粤企在海外》，截至 2018 年 2 月 28 日已播出 24 集。

本文以央视报道为主、地方报道为辅，对上述地方媒体的报道用系统抽样的方法选取样本进行细致分析。因为广东卫视《粤企在海外》截至研究日期只播出了 24 集，所以这 24 集全部被纳入研究样本。为了保证样本的数量分布合理，本文依据《粤企在海外》样本数量确定北京卫视和陕西卫视报道的抽样间距，最后选定北京卫视 21 个、陕西卫视 5 个（27 条新闻报道）、广东卫视 24 个共 50 个样本（72 报道）进行细致分析。

（二）研究方法

本文运用定量内容分析法和话语分析法，探讨"一带一路"报道的话语建构。本文采用定量的内容分析法，对样本内容进行类目建构分类和词频分析，在数据基础上进行多层次研究，在"量"的层面上呈现出 5 年时间里电视媒体对"一带一路"的报道图景。话语分析法是指对我们称为话语的这种语言运用单位进行清晰、系统的描写。①话语分析法能够推断文本提供者的意图和目的，补充量化研究的不足。梵·迪克（Van Dijk）首次将话语分析引进新闻研究，并将新闻话语从宏观到微观拆解为主题结构、新闻图式、微观结构、风格和修辞五方面，本文重点分析"一带一路"电视新闻的主题和修辞。

二、"一带一路"电视新闻报道主题特点分析

（一）成就报道为主

目前的"一带一路"电视新闻报道以建设成果为主要议题，属于典型的成就报道，并且这种成就报道以"一带一路"倡议给共建国家带来的福利为主。比如，北京卫视将《天涯共此时》系列报道的主旨定位为"分享丝路故事，见证造福时刻"，整个系列报道的基调是"造福"。这样的报道主题使中国政府的巨大资金投入、中国建设者的劳动付出以及"一带一路"给共建各国带来的福利被前景化，而中国所能获取的利益被背景化。（表1）

表1 "一带一路"电视新闻报道主题

序号	主　题	数量
1	"一带一路"建设发展成果	176
2	国家领导人出席"一带一路"活动	29
3	"一带一路"媒体报道活动	20
4	"一带一路"的评价报道	16
5	对"一带一路"倡议本身的解读	4

成就报道是新闻报道中的"大主题""老品种"，是各级主流媒体服务大

---

① 梵·迪克.作为话语的新闻［M］.曾庆香，译.北京：华夏出版社，2003：26.

局、引导舆论的重要形式。这种报道方式虽然将中国塑造成一个有担当的大国形象，但是，"一带一路"倡议不是对外援助计划，而是共商、共建、共享的联动发展倡议。《瞭望智库》的一篇文章就指出，一些国人认为"一带一路"是中国对非洲的援助，并且存有"冒着大风险在非洲这样贫穷的地方搞投资，我们就不会亏本吗"的疑惑。[①] 目前的"一带一路"报道不仅不会消除，还有可能加重这种疑惑，不利于营造"一带一路"发展的国内舆论环境。

（二）议题单一、画面单调

本文对涉及"一带一路"建设发展成果主题的具体议题展开分析，结果见表2。

表2 "一带一路"建设发展成果报道中心议题

中心议题	数量	示例
经贸往来	96	中巴经济走廊、中国制造、中法共建马赛国际商贸城
基础设施建设	55	泛亚铁路、中欧班列、亚吉高铁
人文交流	16	中国驻孟加拉国文化外交官、中蒙友好交流年、光明行消翳障
能源合作	5	中亚天然气、中缅油气
资金融通	4	亚洲基础设施投资银行、丝路基金

从上面的统计可以发现，目前"一带一路"电视新闻报道以经贸往来、基础设施建设为主要议题。其中，经贸往来议题最多，为96条。在经贸往来方面，媒体更为关注中国与东南亚、中亚国家的贸易合作，对南亚及中东欧关注较少。基础设施建设议题也较多，有55条。在基础设施建设中，媒体更为关注"一带一路"共建国家铁路、公路、海运等交通设施的互联互通，尤其是中欧班列、亚吉铁路、匈塞铁路等铁路建设。人文交流、能源合作和资金融通议题较少。

---

① 薛力.中国在非洲的"一带一路"建设并不是无偿援助［EB/OL］.（2017-05-15）［2018-03-02］.http://www.lwinst.com/guoji/4376.htm.

报道议题的集中造成画面元素单一。目前的"一带一路"报道以基础设施建设和经贸往来为主,所以报道中反复出现的图像主题元素是铁路、公路、港口、桥梁、高楼建筑、车辆、工厂等。拍摄视角大多是全景、远景和中景,近景和特写较少。

以《新闻联播》的《打造海陆大通道为跨境贸易提速》报道为例,这则2分14秒的新闻一共由16个镜头组成(除去演播室、动画和采访)。在景别分布上,全景最多(8个),远景次之(5个),没有特写,并且在新闻中多次出现远景、全景接连出现的情况。在画面元素上,港口最多(7次),铁路次之(4次),单调的画面容易使受众产生审美疲劳。(表3)

表3 《打造海陆大通道为跨境贸易提速》画面及景别统计

景别	集装箱	港口	铁路	办公环境	总数
远景		5			5
全景	2	2	3	1	8
中景			1	1	2
近景				1	1
特写					
总数	2	7	4	3	16

三、"一带一路"电视新闻报道词频分析

(一)"一带一路"报道热词分析:词频与权重

本文使用谷尼舆情图悦热词分析工具(picdata.cn)[①]对《新闻联播》的173

[①] 由谷尼国际软件提供技术支持的在线词频分析工具,导出的Excel默认为按热词词频指标和热词权重指标排名前150位的词,两个指标的使用规则由清华大学新闻传播学院沈阳教授提供理论指导。

条新闻报道（119 159个字，349分钟）进行分析，得到热词词频指标（TF）[①]和热词权重指标（Score）[②]各30个。将两类指标对应的60个热词进行合并整理（重复关键词只保留一个），得到35个关键词。将其按方位热词、人物热词、情感热词、行为热词、事件热词进行分类，得到以下统计。（表4）

表4　热词属性分析

人物热词	行为热词	情感热词	方位热词	事件热词
我们 习近平	合作 建设 投资 贸易 共建	共同 开放 共赢 互通 共同体	中国 国际 世界 中亚 哈萨克斯坦 沿线 经济带 海上 领域	"一带一路" 经济 丝绸之路 高峰论坛 倡议 项目 设施 战略 会议 美元 丝路 成果 金融 铁路

描述行为的5个热词均为正向词，即词语代表的行为属于积极行为。这种积极的行为直接指向"共同""开放""共赢""互通""共同体"所表示的情感状态。描述行为和情感状态的10个热词代表了中方对"一带一路"倡议的定位和期待。

在方位热词中，"中国""中亚""哈萨克斯坦"全部属于亚洲，即《新闻联播》在对"一带一路"议题进行报道时，对象国多是亚洲国家和地区（在统计的前150名热词中，《新闻联播》的报道提到哈萨克斯坦55次，巴基斯

---

① 热词词频指标是指一个词在文章中出现的次数，目前的分词方法是大词优先。比如，在进行词频统计时，"改革开放"中的"改革"不会被计入"改革"的词频，而是算两个不同的词。

② 热词权重指标是指一个词在文章中的重要性，主要由热词词频、IDF倒转文档频率（表示词的区分能力，区分能力越差的词其主题代表性越弱。比如，各种常用词，如"如果"、词在文章中的位置因素等）、other（词在文章中与其他词的语义聚合程度等）三个指标决定。

坦 53 次，柬埔寨 38 次，东南亚 37 次，泰国 29 次，老挝 25 次，缅甸 20 次，塔吉克斯坦 15 次）。这说明，《新闻联播》更关注"一带一路"倡议在亚洲国家的实践。

在描述事件的 14 个关键词中，"一带一路""丝绸之路""高峰论坛""丝路"都是报道主题本身。尤其是"高峰论坛"一词，最早出现在 2016 年 5 月 18 日的报道中，出现较晚，但是在文中被提及 139 次，可见对其报道力度之大。"倡议"和"战略"在文中一般都用来修饰"一带一路"，前期的报道中存在"一带一路"倡议、"一带一路"战略两种说法；2017 年 4 月 13 日以后，节目中的提法全部统一为"一带一路"倡议。此外"金融""美元""铁路"等关键词说明报道的主要议题与"一带一路"五通原则中的"设施联通、贸易畅通、货币流通、资金融通"相符合，但是对"民心相通"以及文化议题的报道较少。本文第二节通过主题分析也得出了同样的结论。

（二）"一带一路"报道词汇分类研究：过分词化

图悦热词分析工具剔除了区分能力较差的副词、连词等，并且无法按照词性进行分词。为了让研究更加完善，笔者使用纽扣词云在线词频分析工具[①]进行补充研究，探究"一带一路"电视新闻报道的分类情况。

在费尔克拉夫的批评性话语分析中，过分词化（over lexicalization）通常表现为相同、相近词汇密集出现，以此来描述同一事物，其目的在于强调和凸显被修饰客体的某些特征，进而引发广泛的关注。经过统计分析，笔者发现，在目前的报道中，一个典型的通过词汇选择策略进行分类的方法就是过分词化。

通过纽扣词云分析可知，在《新闻联播》关于"一带一路"报道中，出现次数最多的形容词是重要、繁荣、重大、积极、最大（图 2）。比如，"重要的保障""重要推动作用"等用来形容"一带一路"倡议的重要地位和作用；

---

① 纽扣词云是一个在线中文词汇统计和分析工具，可以帮助用户分析一段话中的词性分类、词频统计并生成词云图。http://cloud.niucodata.com。

"积极推进""积极响应"用来形容"一带一路"共建国家和地区对"一带一路"的支持;"最大出口市场""最大贸易伙伴"多用来形容"一带一路"共建国家的重要地位;"繁荣之路""共同繁荣"则是对"一带一路"建设成果的期待。

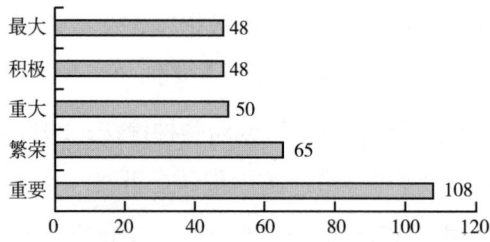

图2 《新闻联播》"一带一路"报道使用最多的形容词词汇

出现次数最多的副词是已经、共同、就是、越来越、不断(图3)。其中"已经"使用频率最高;"越来越"与"不断"表示"一带一路"建设越来越好的趋势。比如,"越来越多的'一带一路'国家搭上中国发展的快车""人民币在共建国家的使用正越来越广泛""'一带一路'朋友圈越来越广"等。

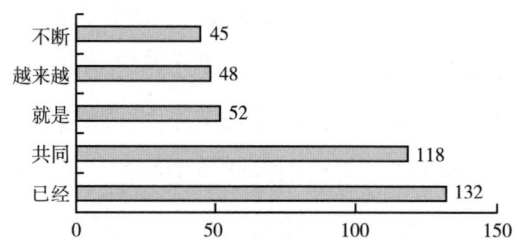

图3 《新闻联播》"一带一路"报道使用最多的副词词汇

出现最多的时间词是正在、目前、现在、今年、今天,这些词都有表达"当下""进行时"的意思,报道中常见的搭配有"全方位开放格局正在逐渐形成""合作共赢壮丽画卷正在徐徐展开""正在创造越来越多的新成果""中国经济和世界经济正在发生深刻变化""目前'一带一路'建设得到各方面热烈响应"。(图4)

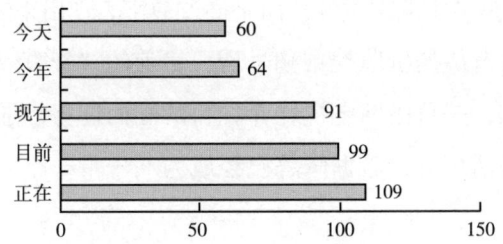

图 4 《新闻联播》"一带一路"报道使用最多的时间词汇

从上面的统计可以发现，作为被修饰的客体，"一带一路"被带有积极意义的形容词、副词和时间词层层包围。其中，"重大""重要""繁荣"等说明"一带一路"倡议的重要程度和积极作用；"已经""越来越""不断"等代表发展趋势的副词说明"一带一路"的未来发展将更加美好；而"正在""目前""现在"这些表示现在时和进行时的时间词的高密度使用，将"一带一路"倡议塑造成正在进行着的、有生命力的、被各方关注的形象。

四、劝服的艺术："一带一路"报道修辞策略分析

"新闻修辞不仅限于使用常见的修辞手法，相反，它还包括为增加新闻报道的真实性、合理性、正确性、精确性和可信度而使用的策略性手段。"[①] 梵·迪克从传播效果层面定义新闻修辞，认为修辞是一种劝服的艺术。在我国，新闻媒体是党和国家的喉舌，新闻报道体现着国家意志，所以对新闻话语而言，劝服有着很具体的目的和功能。本节对修辞的探讨并不是探讨其实现的审美价值和艺术价值，而是关注其劝服效果。在目前的"一带一路"电视新闻报道中，媒体普遍使用隐喻、数据和可靠消息来源等修辞策略。

（一）数据修辞

"新闻话语的修辞通过确切数字所蕴含的精确性来强烈地暗示其真实性。

---

① 梵·迪克.作为话语的新闻[M].曾庆香，译.北京：华夏出版社，2003：96.

而且真正重要的不是数字的精确性，而是通过数字表现出来的事实。"[1] 新闻中数据的价值在于其背后的价值挖掘和呈现。目前的"一带一路"电视新闻报道使用了大量数据，并且借助电视媒介独特的画面优势，通过数据可视化让枯燥的数据变得鲜活可感，数据修辞已经成为"一带一路"报道中最主要的修辞手法。

首先，数据的使用能够证明事实，为新闻提供具有说服力的劝服素材。权威性、科学性和可信性构成了数据的基本属性，所以新闻报道中数据的使用可以相应提升新闻内容的可信度。"一带一路"报道习惯强调数据来源是国家发展改革委、商务部等官方机构和亿赞普大数据等权威机构，这种权威性能给受众带来强烈暗示：数据是可信的，这是数据能够证明事实的基础。

其次，数据的使用能够将抽象的概念具体化，促进受众对新闻主题的间接理解。"莱考夫（George Lakoff）提出了'间接理解'的概念，认为人类并不能对所有方面的情况进行直接理解，我们需要对自身经验之外的事物进行间接理解。"[2] "一带一路"报道议题集中于基础设施建设、经贸往来等，这些议题涉及的概念对于普通受众来说是宏大和陌生的，而数据的运用则可以化陌生为熟悉。比如，"深圳每天用气量最高的1小时，要比这之前足足多出1万立方米，这些多出来的气足够3万个家庭做好一顿饭"，这三组数据的使用将"能源配置"这样宏大的命题转化为生活化的概念，使受众可以间接理解高效的能源配置对各国经济发展和百姓生活的促进和改善。

最后，数据的使用能体现新闻导向。新闻制作者依据新闻价值标准和新闻政策标准对新闻事实进行选择。同样，呈现在新闻报道中的数据都是经过新闻制作者选择的，即选择那些能体现出传播者的传播意图和报道倾向的数据。五年来，"一带一路"的建设成果有目共睹，但是任何事物都有两面性，应该辩证地看待。目前的"一带一路"报道大多围绕其建设成果展开，所以

---

[1] 梵·迪克.作为话语的新闻[M].曾庆香,译.北京：华夏出版社,2003：90.
[2] 赵梦歆.新闻语体中的数据修辞[D].黄石：湖北师范学院,2014：17.

数据的选择也倾向于建设成就,如"已经有60多个国家和国际组织积极响应'一带一路'倡议,这些国家的总人口约44亿""我国已经与'一带一路'沿线60多个国家签订双边政府间航空运输协定,航线总里程超过150万公里"等,大量正面数据的使用有利于强化报道目的,树立正确的舆论导向,让"一带一路"倡议的积极作用深入人心,但也容易忽略其中的风险和挑战。

(二)隐喻

"隐喻的实质是用一种事物来理解和表达另一种事物。我们对世界的经验方式植根于语言的隐喻性质。"[①]莱考夫(George Lakoff)和约翰逊(Mark Johnson)在《我们赖以生存的隐喻》中系统阐述了隐喻和认知的关系,构建起了"概念隐喻"的理论框架。

"概念隐喻"涉及源域和目标域两个认知域,源域一般是我们熟悉的、比较具体的认知域,而目标域是我们不熟悉的、有待了解的认知域。用源域来理解和感知目标域就是两个认知域之间的映射。在关于"一带一路"的报道中,媒体常用的隐喻为人体隐喻、道路隐喻、建筑隐喻和战争隐喻。

表5 《新闻联播》"一带一路"报道隐喻使用情况

序号	隐喻类型	示例	次数
1	人体隐喻	哈中两国是好邻居、好朋友、好伙伴	47
2	道路隐喻	是传承友好关系之旅、规划合作之旅	35
3	建筑隐喻	开启了中国同中亚各国友好交往的大门	15
4	书的隐喻	各国人民共同谱写出千古传颂的友好篇章	9
5	音乐隐喻	不是中国一家的独奏,而是沿线国家的合唱	7
6	植物隐喻	疆内公路建设更是全面开花	6

[①] LAKOFF G, JOHNSON. M Metaphor we live by [M] .Chicago:University of Chicago Press,1980.

续表

序号	隐喻类型	示例	次数
7	队伍隐喻	企业将是"一带一路"建设的主力军和受益者	4
8	温度隐喻	亚投行的热度就开始升温	2
9	战争隐喻	早在2006年签署的《泛亚铁路网政府间协定》一直是纸上谈兵	2
10	化学隐喻	这一走廊被认为是促进整个地区发展的催化剂	2
11	鸟的隐喻	国际空中通道助力"一带一路"腾飞；一起飞向辽阔的蓝天	2
12	旗帜隐喻	丝绸之路经济带这一战略构想将成为引领欧亚合作发展的一面旗帜	1
13	水的隐喻	要做到润物细无声	1
14	药的隐喻	中国直面发展难题，为世界经济开出一剂标本兼治的"药方"	1

表6 地方媒体"一带一路"报道隐喻使用情况

隐喻类型	《粤企在海外》	《天涯共此时》	《丝路新视野》
人体隐喻	伙伴、企业联手、你有情我有意、朋友圈、新进场的"小鲜肉"、站稳脚跟、合作伙伴、携手	携手圆梦、战略协作伙伴关系、立足亚洲	中塞友谊、朋友圈越来越大
道路隐喻	升级之路、合作驶上快车道、广州之路、自己的汽车之路、领航指路、引路	友谊之路	—
建筑隐喻	市场大门、空中桥梁、"一带一路"桥梁、友谊之桥、桥梁作用、宏伟蓝图、	为蒙古人民的生活添砖加瓦、友谊之窗、友谊之桥、交流桥梁、贸易之桥、友谊之窗	文化交流的桥梁
书的隐喻	难念的经、载入史册	新篇章	—
植物隐喻	友谊之花、扎根成长	—	扎根南美市场
战争隐喻	强敌林立的汽车市场、走出去的攻坚战、西班牙的通信市场是一块香饽饽、持久战、总戈成林、进军国际市场、重要棋子、征战海外、价格战	先遣队和探险者、占领东南亚市场	进军国际市场
水的隐喻	—	一石激起千层浪	—

1. 人体隐喻

"人体"的概念隐喻是指把人体的相关特征或某个部位作为源域映射到目标域中。在"一带一路"报道中，人体隐喻是媒体使用频率最高的隐喻。比如，"哈中两国是好邻居、好朋友、好伙伴""让我们携起手来，弘扬传统友谊，共创美好未来""中国展示给世界更加开放的胸襟"等。报道运用大量人体隐喻将国家拟人化，将"一带一路"的发展问题简化为朋友之间的交际问题，这样就凸显了"一带一路"建设的整体性而掩盖了其内部的复杂性，呈现出一片和谐友好的景象。

2. 道路隐喻

"道路隐喻"的使用频率也很高，目前媒体在报道中常用的道路隐喻有"××之路""发展快车"等，如"'一带一路'是一条互尊互信之路，一条合作共赢之路，一条文明互鉴之路""让更多国家搭上我国发展快车"。

"道路"含有通向目的所选择的路径的语义，道路隐喻是极具中国特色的政治隐喻，它牵涉国家建设或社会发展的制度和方向。

"道路隐喻"的工作机制是把对于道路的探索、选择、坚守和到达目的地等特征映射到"一带一路"建设的方方面面：道路的选择——合作共赢的"一带一路"的选择，道路的探索——"一带一路"合作模式的探索，道路通向的最终目的地——构建人类命运共同体。比如，《复兴丝路·一带一路：中国与世界共赢》用"友谊的风帆出航"来比喻"一带一路"共建国家领导人之间的往来活动，画面是在海上扬帆航行的船只，并配以"同舟共济中国方案"的字幕，象征着"一带一路"共建国家共同探索、共谋发展。

3. 建筑隐喻

建筑隐喻是央视和地方媒体频繁使用的隐喻类型，这与"一带一路"实现互联互通、构建人类命运共同体的目标密不可分。比如，"'一带一路'倡议为国际社会携手努力合作解决全球化问题添砖加瓦""让世纪工程造福各国人民"。

表7 建筑隐喻中源域到目标域的映射

源域	目标域
世纪工程	"一带一路"建设
蓝图	发展计划
工程建设者	"一带一路"沿线各国
添砖加瓦	"一带一路"倡议为世界发展贡献力量
打开的大门	开放的中国和"一带一路"倡议

"一带一路"是一个相对较新的政治理念和举措,对于大部分"一带一路"共建国家的领导人及民众来说,初步感知与了解"人类命运共同体""互联互通"等概念非常重要。通过建筑隐喻将建筑的各种实体概念投射到目标的互联互通建设、构建人类命运共同体,受众能很轻松地将其细节要素进行一一对应,迅速对"一带一路"的政治理念形成自己的认知和理解,进而产生认同。

4.战争隐喻

广东卫视《粤企在海外》使用了大量战争隐喻,将广东企业"走出去"比作"进军""征战海外""攻坚战",将海外市场形容为"强敌林立""香饽饽"。比如,"在进军国际市场的棋盘上落下了十多颗重要棋子""粤企征战海外""这场'走出去'的攻坚战,一旦打响,就决不退缩""强敌林立"。

表8 战争隐喻中源域到目标域的映射

源域	目标域
世纪工程	"一带一路"建设
蓝图	发展计划
工程建设者	"一带一路"沿线各国
添砖加瓦	"一带一路"倡议为世界发展贡献力量
打开的大门	开放的中国和"一带一路"倡议

"战争"意味着对立、战略、谋划、胜负,它经常与一个国家达到政治、

经济发展目的，实施规划等相关。就如毛泽东同志所说的"枪杆子里面出政权"，我国许多大政方针也常常与战争隐喻联系在一起，如"人才强国战略""科教兴国战略"。

《粤企在海外》报道中大量战争隐喻的使用虽然突出了企业"走出去"所面临的严峻挑战，但面对西方媒体将"一带一路"歪曲为"马歇尔计划"的情况，大量使用战争隐喻的报道手法还值得商榷。

（三）消息来源的选择

"消息来源有广义和狭义之分，广义的消息来源既指新闻事实的提供者，又泛指构成新闻根据的全部新闻事实。狭义的消息来源是指最新发生的新闻事实的提供者，也就是新闻的出处，可以是政府、政党、团体、企业人士等，可以是有资格、有权威的人士，也可以是普通老百姓或当事者本人以及现场目击者等。"[①] 目前，学界对消息来源的界定普遍偏重于"观点和材料的出处"，并将其分为人物和文字两类。

在新闻学的传统定义中，消息来源不仅仅是受访者。但是对于"一带一路"这样的策划类电视新闻报道来讲，受访者是最主要的"观点和新闻事实的出处"，所以本文的消息来源指"受访者"。

对《新闻联播》2013-2017年173条"一带一路"新闻报道中的消息来源进行归纳整理（一条新闻中如果在不同位置出现了同一消息来源，视为一处），得到如下结果。

表9 《新闻联播》"一带一路"报道消息来源分布情况统计

消息来源	数量		总计	占比（%）
	中国	外国		
企事业单位	86	16	102	34.58
政府官员	35	54	89	30.17

---

① 童兵. 比较新闻传播学 [M]. 北京：中国人民大学出版社，2002：293.

续表

消息来源	数量		总计	占比（%）
	中国	外国		
普通民众	18	41	59	20.00
专家学者	16	11	27	9.15
国际组织	0	8	8	2.71
社会团体	4	3	7	2.37
其他媒体	0	3	3	1.02
总计	159	136	295	100.00

表 10 《粤企在海外》消息来源分布情况统计

消息来源	数量		总计	占比（%）
	中国	外国		
企事业单位	55	45	100	84.75
政府官员	2	5	7	5.93
普通民众	0	6	6	5.08
社会团体	3	0	3	2.54
专家学者	1	1	2	1.69
总计	61	57	118	100.00

表 11 《天涯共此时》消息来源分布情况统计

消息来源	数量		总计	占比（%）
	中国	外国		
企事业单位	23	18	41	64.06
政府官员	2	1	3	4.69
普通民众	6	10	16	25.00
社会团体	3	1	4	6.25
总计	34	30	64	100.00

表 12 《丝路新视野》消息来源分布情况统计

消息来源种类	数量		总计	占比（%）
	中国	外国		
企事业单位	10	3	13	26.00
政府官员	7	5	12	24.00
普通民众	7	8	15	30.00
专家学者	9	1	10	20.00
总计	33	17	50	100.00

从上面的统计来看，消息来源呈现出以下特点。

一是消息来源的国别分布基本持平。《新闻联播》关于"一带一路"的报道一共有295个消息来源，其中中国159个、外国136个；《粤企在海外》中国61个、外国57个；《天涯共此时》中国34个、外国40个。除了《丝路新视野》中国33个、外国17个外，总体来看中外消息来源基本持平。

二是社会精英阶层成为主要的消息来源。总体来看，由企事业单位负责人、政府官员、专家学者、国际组织所代表的社会精英阶层是主要的消息来源，他们代表社会的主流话语。（图5）社会精英作为新闻当事人，其消息来源被认为更具有新闻价值，而作为旁观者或观点的阐述者，其消息来源也被认为更可靠。社会等级在新闻可信度和可靠性的修辞等级中，再次体现出来。①

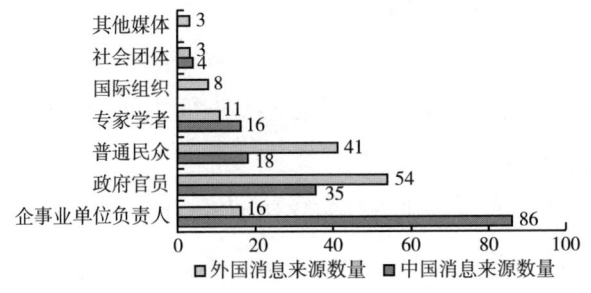

图 5 消息来源分布情况统计

三是在消息来源中，外国普通民众多于中国民众。外国的普通民众作为

① 梵·迪克. 作为话语的新闻［M］. 曾庆香，译. 北京：华夏出版社，2003：90.

重要的消息来源在新闻报道中现身说法，讲述了"一带一路"倡议给自己的生活带来的变化。这种报道方式在北京卫视的《天涯共此时》系列报道中表现得尤其突出。比如，在《孟加拉国的中国水厂》报道的最后，几十个孟加拉国人站在水厂前面大声欢呼"谢谢你中国"；在《中国师傅和他的洋徒弟》中，各国工人将记者团团围住，并齐声喊"中国，你好"。这些画面体现出"一带一路"共建国家人民对中国的欢迎与感谢，记者借此完成了"一带一路"倡议造福沿线百姓的叙事。值得注意的是，类似的画面是记者的策划行为，具有某种仪式性，容易激发受众感情，但也容易引起争议。比如，用俯拍镜头拍摄大声欢呼"谢谢你中国"的孟加拉国人民是否带有某种优越性？所以在用他国形象完成叙事时，应避免这种情况的出现。

结　语

当前，中央和地方电视媒体通过将"一带一路"纳入日常报道进行议程设置，通过成就报道架构起"骨骼"，通过数据修辞、隐喻以及选择社会精英阶层作为消息来源增强劝服效果，让"一带一路"变得"有血有肉"。

不足的是，目前的"一带一路"电视新闻报道多集中于中亚、东南亚等较为落后的国家，过于强调"一带一路"给他国带来的利益，而忽视了中国在合作中的利益，容易加深国内民众对"一带一路"是否是一种对外援助的疑虑。此外，报道主题不够多元，人文交流议题报道较少，由此带来画面元素的单一。相对固化的新闻报道形式虽然短时间内便于受众理解、认知，但长此以往，会使受众产生审美疲劳。

在推动"一带一路"形成合作新格局的进程中，媒体作用不可或缺。电视媒体在日后的"一带一路"新闻报道中应探索更加多元的报道主题，加强人文交流领域的报道。当然，电视媒体应做好平衡报道，一方面，注意信息源的多元化，注重民间的声音；另一方面，赋予"一带一路"共建国家较为均衡的媒介话语权。此外，电视媒体还应选择更加新颖的修辞方式，追求更加丰富的视听元素，为"一带一路"倡议营造良好的舆论氛围。

移动优先对新闻媒体占领舆论阵地的技术支持[*]

手机的出现拓展了人们获取资讯的渠道,这对全球的媒体市场来说是一场革命性的变革。面对媒介环境和传播格局的变化,我国新闻媒体必须树立移动优先的内容生产原则,其中,技术先行的特点使得我们首先要关注移动优先的一系列技术革新和技术改变,进而准确地调整内容生产思路,牢牢把握舆论阵地的主导权。

一、大数据背景下的定制新闻和舆论引导

基于大数据分析,受众群体不再是一个模糊的概念,而是准确和全面的用户画像,这使得受众本位的传播思想直接成为一种技术支持,进而改变了我们对受众的理解。大数据可以精准地定位受众的喜好和态度,这一后台技术的发展带来的是定制新闻的新局面,以及舆论引导的新思路。

2017年初,艾媒咨询利用大数据分析清楚明了地勾勒了中国移动资讯用户群体画像,并发布了《2016—2017中国移动资讯市场研究报告》。数据显示,仅2016年第四季度中国移动资讯用户已达到6亿,其中"80后"群体为移动资讯市场主力军,"90后"群体,特别是尚未形成下载新闻资讯App习惯的"95后"一代,成为移动资讯未来发展的新动力。《中国移动互联网发展状况及其安全报告(2017)》显示,2016年中国境内活跃的手机上网号

---

[*] 本文原载于《电视研究》2017年第10期,与刘艾京合作,收入本书时有改动。

码数量达12.47亿，较2015年增长59.9%，可见移动互联增长速度之快、用户数量之大。习近平总书记指出，阵地是意识形态工作的基本依托。人在哪里，新闻舆论阵地就应该在哪里。① 当下移动端的使用人数、消费时间、黏着度和活跃度都已经远超其他终端，成为主要的新闻信息媒介，媒体传播的重地也应由传统渠道向移动端集结，这使得主流媒体通过移动端占领新闻舆论阵地变得非常重要。移动优先，即建立在强大的大数据分析技术基础上得出的精准化判断。在主流受众越来越年轻化的时代，年轻人普遍拒绝"严肃、无个性"的统一，他们所期望的是将新闻以一个更具贴合性的方式呈现，这样的喜好正在重塑媒体的表达方式，决定着媒体的未来。艾媒数据显示，目前移动资讯用户获取资讯的习惯已从被动逐渐转向主动，有38.3%的移动资讯用户在获取信息时更加偏向选择个性化、精准化的推荐。利用大数据进行数据分析进而精准投放和反馈监看以达到舆论监督的作用，是近年来各大主流媒体争相涉足的领域，如《人民日报》中央厨房数据与可视化实验室将模糊的难以进行因果关系确认的"大数据"和精确的有明确解读意义的"小数据"融合到新闻报道当中，力求通过对数据的深度分析与报道组合，来展现看得见的全貌和看不见的关系②。任何一篇投放在移动端和PC端的新闻报道，在《人民日报》中央厨房的融媒体监看中心都可以看到实时的总转载数、转载媒体数、评论数以及评论来源区域，此外还可以看到主要的转载媒体、转载的热度峰值图、转载的渠道分布图，这些都是通过大数据实时分析得到的。正是由于大数据的支持，主流媒体才能通过数据量化探查受众的舆论走向，再通过收到的及时反馈确定最新的舆论热点，而主流媒体并没有止于这一步，《人民日报》在确立了舆论热点之后会随着舆论热点的推进更新数据报道。例如，2016年《政府工作报告》发布当天，《人民日报》中央厨房和大数据公司合作收集了全网的舆情数据，并基于微信及微博指数，从《政府工作

---

① 杨继红.移动时代电视媒体的转型突围：央视新闻移动网的创新思考［EB/OL］.（2017-03-29）［2017-05-15］.http：//media.people.com.cn/n1/2017/0329/c411869-29177599.html.
② 叶蓁蓁，关玉霞，戴玉，等.人民日报中央厨房："大数据+"模式推动媒体供给侧改革［J］.新闻战线，2016（13）：10-13.

报告》中提取了80个关键词进行热度指数分析。由于数据分析与传播的快捷性，《人民日报》中央厨房的舆情分析与《政府工作报告》几乎达到了同步的传播效果，抢占了舆论阵地。

正是有了技术的支持，主流媒体在内容生产上才能够做到更加精准和完善。"今日头条""澎湃"等纸媒转型的移动推送端利用这一点，在内容生产及推送上完美贴合了受众需求。例如，"今日头条"用户在使用微博、微信等社交账号登录该新闻移动端口时，后台能在5秒内通过算法解读出使用者的网络DNA，捕捉到使用者千差万别的社交行为、阅读行为、兴趣爱好等，并在10秒内更新用户模型，以满足不同用户的长尾阅读喜好。长尾效应的根本就是强调"个性化""客户力量"和"小利润大市场"，"今日头条"运用强大的大数据分析客户喜好DNA，成就了自身优势。相较内容生产，大数据分析在舆论引导方面更加高效。有了大数据的精准效果追踪，主流媒体对于每一则新闻的全国实时反馈都会全面了解，并在宏观上实现掌控；同时可以非常微观地研究某一地区某一群体的反馈，从大到小、由表及里的效果追踪使媒体第一时间观察到舆论走向，并针对具体群体做出及时反馈，通过技术手段实现对于舆论的把控。

除了精准的个性化推荐外，占领舆论阵地的重要方式就是推送"要闻"，"央视新闻"App内设《直播》《科技》《体育》《财经》《军事》等栏目，受众可以根据喜好删减或者更换栏目顺序，但最前面的一个选项永远都是《要闻》。例如，2017年8月2日的央视新闻《要闻》推送了习近平总书记题为《人民军队的历史辉煌，是鲜血生命铸就的》的讲话，并且提供了中国人民解放军建军90周年阅兵视回放，这种要闻置顶推送的做法在满足受众精准个性化定制选择的同时，规避了信息茧房的出现。"信息茧房"是芝加哥大学法学教授凯斯·桑斯坦在其著作《信息乌托邦》中提出的一个概念，桑斯坦指出：由于公众的信息需求并非全方位的，人们往往依据兴趣，只接触自己偏好的信息内容，久而久之，难免会将自身桎梏于像蚕茧般的茧房中，导致信息接受范围日益窄化。央视新闻利用《要闻》板块实现了主流价值观的推送，有效引导了新闻舆论。

二、融媒体技术带来的融合新闻和舆情变化

在过去的几十年里，传统媒体依靠独享的内容优势，各自占领着舆论阵地的"山头"。电视专长于视频，纸媒擅长精确的文字表达，广播则是发挥声音的魅力。移动媒体的出现对原有媒介格局进行了颠覆式的调整，融合新闻应运而生。融合新闻是将图片、文字、视频、音频、图表等各种信息呈现方式整合在一起，形成多媒体的新闻集成。在近年来美国普利策新闻奖的评奖中，采用融合形式进行报道已经成为参评作品的标配[①]。

根据艾媒的大数据分析，在2016年中国移动资讯用户主要偏好的阅览内容形式中，图文并茂排在第一位，占比63.4%，短视频占比45%，在期望的阅览形式中，这两项也分别以50.3%、48.9%位居前二[②]，H5正是顺应这一需求产生的技术支持。H5是指第五代HTML，也指用H5语言制作的一切数字产品。HTML，即"超文本标记语言"，"超文本"是指页面内可以包含图片、链接，甚至音乐、程序等非文字元素；H5页面就是利用HTML5制作出来的页面[③]。H5基于微信平台发展和传播，集合了音乐、图片、动画、视频和游戏等，引领了新闻可视化变革，使得大众对新闻的认可度和接受度提高，打破了单一传播方式给受众带来的感官上的单调感，引发了移动端传播和阅读新热潮。国内的众多主流新媒体平台，如人民网、新华网、网易、腾讯等都先后加入H5的开发大军，想要通过触碰、滑动等简单快捷的方式，结合数据和动新闻等手段向用户推荐、传播新闻信息。其中，"滑动"已经成为用户的一个核心动作。

著名网站流量分析公司Chartbeat曾用时一个月对20亿次浏览量现象做了用户行为深度研究，发现绝大多数用户在一幅页面上停留的时间不超过15

---

① 周婷婷.媒介融合与融合新闻：2015年普利策新闻奖观察[J].新闻记者，2015（6）：39-46.
② 艾媒资讯.艾媒报告：2016—2017中国移动资讯市场研究报告[EB/OL].（2017-02-16）[2017-05-15].http://www.iimedia.cn/48828.html.
③ 张璇.解读微信H5传播模式新特征[J].今传媒，2016，24（8）：58-60.

秒，更多时候是在使用手中的鼠标不断自上而下滚动屏幕①。这一行为习惯在移动端显然会得到更大的应用。实际上，在网页设计领域，"滑动优于点击"的理念已经得到认可，各种"滚动"（scrolling）技术也得到广泛运用。融媒体技术的发展确实在很大程度上改变了新闻传播的方式，也改变着新闻传播的语态。"互动"这一概念在移动端已经不再被简单理解为内容上的文本交互，而是包括了用户行为上的参与，以及由此带来的传播效果的差异化。因此，舆论的传播或发酵可能并非来自文本表达的差异，而是来自多媒体交互的差异，抑或用户行为参与的差异，这为未来的舆论研究提供了新的话题和方向。

三、VR 直播技术带来的沉浸新闻和理念创新

2016 年被业界认为是"移动直播元年"，这一年各家媒体纷纷开设移动直播频道。一年后，移动直播还在高歌猛进的题材无疑已离不开新闻性的内容，且全面进入"直播 +"模式，单纯的秀场模式淡出人们的视野。2016 年也被称为"VR 元年"。VR 新闻被视为未来新闻业极具专业价值和商业价值的新闻形态，VR 创造的"拟态环境"打破了叙事者与用户的"第四堵墙"，其沉浸感可以让受众实现"在现场"的需求②。"直播 +VR"模式让观众"进入"新闻现场，避免了拍摄、剪辑以及文字描述带来的信息改变和谣言传播，为舆论引领提供了可靠的技术支持。

近年来，VR 技术被运用到重大舆情传播中，沉浸式的表达让观众犹如身处第一现场，更真切、清楚地感知和理解新闻。2015 年，在深圳滑坡事件中，新华社总社联合酷景网，新华社新媒体中心联合兰亭数字等全景视频制作公司、财新传媒的 VR 团队，第一时间奔赴救援现场，录制了救援工作的全景

---

① Martin N. Readers read webPage：statisticsand trends［EB/OL］.（2014-10-09）［2017-03-15］. https：//chartbeat.com/press/readersread-webpagestatisticstrends/23098/.

② 张超，丁园园. 新闻业的沉浸偏向：VR 新闻生产的变革、问题与思路［J］. 中国出版，2016（17）：38-41.

视频,并在各个平台陆续上线,无死角的现场让受众不仅能够在第一时间直观地了解情况,而且能够感受到救援人员冒着生命危险奋战在第一线的全貌,开创了非文字传播的舆论引导模式。2015年,在纪念中国人民抗日战争暨世界反法西斯战争胜利70周年大阅兵中,《人民日报》全媒体平台使用全景VR视频设备全程记录激动人心的盛大阅兵现场,意犹未尽的观众通过手机、电脑等设备,滑动屏幕或者轻移鼠标,就可以"来到"阅兵的天安门广场,身临其境般地全方位感受阅兵,振奋民族之魂。可见,沉浸式的VR技术带来的直观感受,对于新闻呈现和舆论掌控是一种理念创新的大胆尝试。

2017年6月22日,再次改版的"央视新闻"客户端重点改进了VR直播模式,利用移动端的VR辅助设备实现360度观看,给观众带来了沉浸感。一些以往不容易展示、需要出镜记者用语言描述的画面,在VR的帮助下,往往通过一个镜头就能够展现。VR技术的应用使受众不再只是"客观地接受",而是成为新闻的"参与者"和"目击者",拥有了主动选择权和自主叙事权,对新闻的接受度更高,进而实现了占领舆论阵地的目的。

移动优先带来了诸多技术改变,也从根本上改变着舆论引导的思路和方式,基于移动优先的技术特征发展而来的定制式新闻、融合新闻、沉浸新闻,多管齐下地开创着崭新的新闻体验。技术支持固然使传统媒体能够更好地实现与新媒体融合的愿望,同时将舆论的大旗牢牢握在主流媒体手中,但技术改变也需要主流媒体不断调整新闻舆论的引导策略和内容生产方式,移动优先不是简单地将传统媒体的内容移植到移动端的动作,而是适应新的媒介环境和传播语态的理念创新。

融媒体环境下时政报道创新路径探析*
——以 2017 年两会报道为例

2014 年 8 月,经中央深化改革领导小组审议通过的《关于推动传统媒体和新兴媒体融合发展的指导意见》的出台,标志着媒体融合上升为国家战略。①

时至今日,新闻传播模式已从单向性、封闭性、传媒主导性、内容同一性的广播模式,变革为双向性、开放性、用户主导性、内容个性化的定制模式。传统的媒体渠道也发生了变化,发展为多终端、多平台、多入口、多应用等各种渠道,受众拥有了丰富的选择。②在融媒体时代,跨媒体与跨平台传播是主流传播模式,新闻传播必须适应这样的发展需求,做出自己的调整。

每年一度的两会报道是年度时政报道创新发展的晴雨表和试金石。每年的这个时候,各类媒体都会在这场命题作文的竞争中使出浑身解数,彰显时政报道的时代特点。2017 年的两会报道也不例外,而融媒体报道的创新发展成为今年最具特色的内容。

一、互动性成为融媒体报道的突破口

1979 年,著名媒介理论家保罗·莱文森(Paul Levinson)在自己的博士

---

* 本文原载于《现代传播》2017 年第 8 期,与刘明君合作,收入本书时有改动。
① 陆先高.融媒体:光明日报媒体融合发展七路径[N].光明日报,2014-11-01(10).
② 黄妙妙.融媒体时代的新闻生产[J].新闻研究导刊,2015(5):76-77.

论文《人类历程回放：媒介进化理论》中提出了"人性化趋势"的媒介演化理论。莱文森认为，人类媒介的演化必然是越来越人性化；后继的媒介必然是对以前媒介的补足和补救①。相较于时政报道的特点，这种人性化的媒介演进恰是从单向灌输向互动交流的过渡。在跨平台传播的需求下，HTML5网页提供的人机交互功能成为融媒体报道的重要技术手段。

自从HTML5（以下简称H5）在2014年被正式制定完成以来，利用H5制作网页已成为一种新的风尚。在H5标准的支持下，H5网页的易用性和跨平台优势不断展露，并被广泛应用于移动端的网页制作中。在2017年的两会报道里，H5突出的互动性成为两会报道中媒体提升融媒体传播效果的重要突破口。

2017年3月4日，全国人民代表大会开幕前夕，微信朋友圈里就出现了许多有趣的状态。他们有的收到了来自总理的红包，有的在微信群里与人大代表甚至部委领导们共商国是。这些状态都来自人民日报客户端推出的名为"两会喊你加入群聊"的H5作品。据统计，截至3月5日19时，在该H5作品发布不到24小时的时间里，作品点击量就已经超过600万，仅在人民日报客户端上的用户评论就超过了9万条。②

这款H5产品之所以能在短时间内在微信朋友圈得到快速传播，最重要的一点就是它顺应了媒介的人性化演化趋势，在传播中加强了互动性。用户在观看这个H5作品时，不再是一个单向的信息接受者，而是可以实时进行内容讨论，仿佛自己置身于H5作品设置的具体场景中，变身成了两会的与会者。在几乎可以以假乱真的群聊界面下，任何言论的发表都可以得到相关领导或者代表的反馈。除了"两会喊你加入群聊"，人民日报还制作了"2017我来北京开两会""我预约了一辆共享单车，想和你一起走过四季""习近平发出'将军令'，快来接令"等具有一定互动性的H5产品。这些产品普遍包含用户点击或输入文字，页面才会产生效果的参与性动作设计。

---

① 莱文森.新新媒介[M].2版.何道宽,译.上海：复旦大学出版社,2014：2.
② 魏晓."喊你加入群聊"H5点击超600万,人民日报为何总是两会爆款产品专业户？[EB/OL].[2017-03-07].lanmeih.com.

这一互动模式的核心是聊天机器人（Chatbot）技术的推广。聊天机器人是一种通过自然语言同人进行交流的人机交流对话智能系统（conversational agent）。在2016年美国大选的新闻大战中，聊天机器人就已经成为新闻传播的亮点。它以大数据的知识库建设和对话控制模块引导人机交流。这种互动模式一方面改变了以往的新闻内容的分发模式，新闻传播不再是单向性、一次性的完整文本传输，而是通过多轮互动，定制出更为个性化的信息传播模式，让P2P的模式真正嵌入新闻传播领域；另一方面改变了新闻采写的模式，在聊天机器人将用户的反馈进行大数据分析并转交给新闻记者后，就会引发新一轮的互动内容更新，新闻采写也将会像电视剧编剧那样，根据用户的需要实时调整内容的方向，甚至引导舆论的方向。这恰是互动模式给新闻报道带来的实质性改变。

虽然，两会时政报道的H5互动是在程序控制下的规定动作，并非实时内容更新和有效数据库跟进的真互动，但是在时政报道中融入互动性探索，是这一报道样态放下身板、融入融媒体传播特性的有益尝试。

二、改文风成为融媒体语态变革的风向标

2011年8月，中共中央宣传部等五部委联合下发《关于在新闻战线广泛深入开展"走基层、转作风、改文风"活动的意见》，"走转改"一词成为新闻业改革的指导性词语。改文风的具体要求被表述为"各新闻单位要在密切联系群众中学习群众语言、熟悉群众语言、善用群众语言，拉近新闻报道与人民群众的距离，使群众能听得明白、听得进去，着力提高宣传群众、组织群众的本领。"[1] 实际上，改文风在时政报道改革中一直是一个难题，所以"走转改"的工作大都落实在那些与民生关系密切的内容中。时政报道涉及很多国家战略和路线，表述要求准确，措辞要求严谨，似乎很难用群众语言进行概括，然而，融媒体报道要求新闻报道的内容首先考虑受众需求，建立用户

---

[1] 中宣部.关于在新闻战线广泛深入开展"走基层、转作风、改文风"活动的意见[C].中宣发〔2011〕35号文件.

意识，因此 2017 年的两会报道，改文风成为融媒体语态变革的风向标。

（一）融媒体产品的文风要具有跨平台传播的差异性

融媒体产品是在移动互联网、互联网和传统媒体间进行的内容分发作业，考虑到各平台的传播机制差异和用户差异，其要求新闻报道应当适应跨平台传播的语态特征。在过去的时政新闻报道中，无论是传统媒介中的稿件还是网络稿件，都保持着严肃谨慎的用词风格。在传统媒体上保持语言严肃尚且符合媒介需要，但在互联网融媒体中仍旧板着脸孔，就会让大多数互联网用户无法接受。因此在 2017 年的两会融媒体报道中，出现了众多用互联网语态展现的融媒体产品。

与人民日报客户端相类似，2017 年 3 月 4 日中央人民广播电台也推出了一款流传迅速且传播度广泛的 H5 作品，名字叫"王小艺的朋友圈"。在这个作品里，受众可以看央广女主播王小艺介绍自己的微信朋友圈。王小艺通过介绍自己朋友圈中同事发布的信息，向观众介绍在两会期间中央人民广播电台将会制作什么样的特别节目。

让这个 H5 视频在短时间内获得如此多转发量的重要原因是"朋友圈"的语态环境具有互联网特色。在这一语态环境下，主播王小艺选择了更为生活化的语态表达："晒娃""晒吃""颜值担当"，这些词汇在时政报道中很难见到，然而在融媒体平台中，生活化、网络化的用词才是这个平台的常态表达。倘若融媒体作品依旧恪守传统媒体的报道语态，使用一板一眼的表达方式，就会失去跨平台传播的媒体语态优势和特色。同时，我们应该看到，融媒体时政报道的文风改变，不只是对受众或者用户阅读观看习惯的尊重和对跨平台内容传播差异的适应，也吻合了我国政治传播的总体要求。"十八大后，中央提出'八项规定'，其中有三项规定都跟文风问题有关，即讲话要简短，力戒空话、套话；文件简报要精简，有实质内容，富有实际作用和意义；新闻报道要根据工作需要、新闻价值、社会效果决定是否报道，且报道要简短精悍凝练。"① 改文风不只是新闻传播领域的一项工作，更是国家新闻宣传战略的重要内容，"文风的好坏体现的是党的思想作风和工作作风，关系到方针、决策的贯彻落实，同时也体现出对群众的态度与感情"②。

（二）融媒体新闻标题文风已成形

标题常被称作文章的眼睛，新闻标题在吸引读者方面着重要作用。经历了近六年的"改文风"实践，媒体在拟制标题上已有较成熟的经验。在 2017 年两会的融媒体报道中，新闻标题的文风已有固定形态。

在两会报道中，通过对比主流媒体如何设计介绍政府工作报告的文章标题，我们能较轻松地感受到融媒体新闻标题的文风。经过对比分析 3 月 5 日人民日报、央视新闻、新华社、央广新闻和光明日报五家主流媒体的官方微信对政府工作报告的推送发现，在两会文章的标题拟定上，融媒体报道更倾向于使用语气较强烈、带有一点悬念，并具有一定互联网用词特点的表达。这种风格的标题几乎流行于大部分主流媒体的微信公众号里。

《人民日报》在 3 月 5 日发出的 5 篇与政府工作报告有关的文章中，有 2 篇文章的标题使用了强语气表达，分别是《2017 年政府工作报告极简版！只有 600 字》《总理报告，这 8 句话真给力（附 12 个新词）》。在传统媒体的语境下，政府工作报告的文章标题极少使用感叹号和程度副词，然而这两篇推送的标题中编辑分别使用了感叹号和"真"来强化语气。与《人民日报》类似，《央视新闻》《光明日报》《央广新闻》和新华社的相关文章标题基本都是这样的文风。多家媒体在同一内容上采用相似的标题拟制风格证明了融媒体新闻标题的文风已经完成语态调整，实现了模式化生产。

美国社会学家戈夫曼认为，"人们是将日常生活的现实图景纳入框架，以便对社会情景进行理解与反映。人们借助于框架来识别和理解事件，对生活

---

① 黄卫星，李彬. 文风背后的"中国梦"：中国媒体"改文风"的历史与价值理想 [J]. 中国记者，2013（2）：43-44.

② 刘东建. 当下中国"改文风"的政治修辞解读 [J]. 新闻爱好者，2013（4）：22-24.

中出现的行为赋予一定的意义，否则这些行为和事件就没有任何意义"。① 所以，在更加具有生活化话语形态的融媒体语境中，改文风实际上就是将政治话语框架与民众话语框架合一，而这正是融媒体文风转变的根源。

三、场景传播成为融媒体影像创新的发力点

"场景"原本是在影视领域经常出现的概念，是指在某个特定的时间和空间里发生的一种行为，或者说是人物活动的一种场合与环境。场景的英文"Context"本身便有情景、语境的含义，场景传播的本质就是在特定情境下个性化、精准信息和服务的适配。学者胡正荣教授将这一概念概括为，"每个人的角色都是在特定时间、空间、情景、场合和需要中实现的，而围绕个体存在的这一切就是场景。这就需要以用户为中心（UC），位置为基准（LBS），服务为价值（VA）的思路和做法"②。彭兰教授进一步提出，"移动传播的本质是基于场景的服务，即对场景（情境）的感知及信息（服务）适配。换句话说，移动互联网时代争夺的是场景。……从信息推送的角度看，适配不仅意味着内容与场景的匹配，也意味着形式与特定场景下的阅读需求相适应"。③由此可见，场景传播就是关注信息传播与场景的关系。场景分析就是寻找这两者之间的匹配程度，并将其与用户有效链接起来，实现信息或服务的聚合效应。

在时政报道中，人们对类似两会这样的会议报道始终保持红毯圆桌的刻板印象，没有更为生动活泼的场景化体验，这也极大地限制了受众对时政内容的关注度和喜爱度。融媒体的发展试图实现政治传播的场景化转变，改变时政报道的刻板印象。在2017年的两会报道中，场景化体验视频成为一种新的潮流。

两会期间涌现了一批具有场景化体验的融媒体作品。例如，"中国日报网

---

① 刘东建.当下中国"改文风"的政治修辞解读[J].新闻爱好者，2013（4）：22-24.
② 胡正荣.传统媒体与新兴媒体融合的关键与路径[J].新闻与写作，2015（5）：22-26.
③ 彭兰.场景：移动时代媒体的新要素[J].新闻记者，2015（3）：20-27.

双语新闻"微信公众号的"英国小伙讲两会"、人民网的《厉害了,我的两会》微视频栏目和前文提到的"王小艺的朋友圈"就是典型案例。

"英国小伙讲两会"是由一个来自英国约克郡的小伙子制作的。他用微视频的形式向人们介绍中国的两会和发展,介绍的内容是两会中不断出现的各类热词。在视频中,这个英国小伙置身于一张巨大的课桌前,在不断变化的背景中穿梭。通过一个个代表着中国发展历程的场景,英国小伙介绍了中国几十年来的发展与不断出现的两会热词,图层关系的变化让场景体验生动活泼。与"英国小伙讲两会"相似,人民网的两会视频专题《厉害了,我的两会》之《厉害了,我的笔记》同样是用特效技术将主播置于一张巨大的书桌前,主播的背后是一个巨大的笔记本电脑屏幕,右手边提供数据可视化的则是手机屏幕,配合主播的话语,这两块屏幕进行更为生活化的键盘操作或者手机浏览,充分展现了时政报道的生活场景体验。"王小艺的朋友圈"作为H5的视频内容,央广主播王小艺置身于微信朋友圈中,带着观众一条一条地解读朋友圈中同事的状态。观看视频的状态与受众自行浏览朋友圈的生活场景如出一辙,影像的带入感取消了时政报道的枯燥感。

通过上述描述可以发现,这几个融媒体微视频的最大共性就是"场景化"。所有的被摄对象都被特效技术置于某个虚拟场景中,并且这个虚拟场景根据内容的需要不断变化,及时给主讲者提供辅助性信息。利用场景化理论分析,这样的表现手法扩展了视频的叙事能力,在拍摄地不变的情况下赋予了更多的信息量,不仅节省了制作成本,也符合融媒体平台的传播方式,简单而有效。

四、传统新闻媒体融入移动直播和 VR 平台,引领舆论方向

2016 年是移动直播爆发式发展的一年,有人甚至称 2016 年为移动直播元年。艾瑞咨询的报告指出,移动视频直播服务自 2016 年以来发展迅猛,2 月、5 月、9 月均达到超过 10% 的增长速度。截至 2016 年 9 月,网络直播月度使

用设备数已达 1.54 亿台,并在短期内迅速超过 2 亿台。① 在这样一个堪比传统收视观众的庞大的活跃用户数下,新闻与移动直播相结合的必要性和重要性不言而喻。直播在经过 2016 年一整年的爆发式增长后,技术水平和管理办法都日臻成熟。原本仅大量存在于泛娱乐化用途的移动直播,在 2017 年的两会中被运用于新闻报道,使移动直播几乎成为所有主流媒体广泛采用的报道形式,且各家的直播功能都被设置于各自客户端的显要位置。

人民网在 2017 年的两会报道中投入了研发于 2016 年的自开发移动直播系统,这套系统能实现多场景、跨区域拍摄和处理。为了提供更好的后台支持和优质的新闻产品,人民网和腾讯网还联合推出了 2017 年全国两会全景直播节目《两会进行时》,在人民网网页和《人民日报》客户端同时投放了两会的直播节目,每天 9 小时不间断地对外直播两会议程,在会议现场和演播厅之间自然切换,实现新闻事实与新闻评论的双管齐下。

2017 年 2 月 19 日,央视网的央视新闻移动网正式上线,当年的两会报道就充分利用了这一新平台,通过央视新闻移动网的"云镜头",央视网对两会会场内外进行了超过 50 场的全程移动直播。央视数据显示,其触及受众超 1.6 亿人次。光明网和新华网也在各自的网站上开启了 2017 年全国两会现场直播。

在中央级媒体融入移动直播平台的同时,地方媒体也在时政报道中纷纷涉足这一领域。浙江广播电视集团旗下的新蓝网将自家的新闻栏目命名为"中国蓝新闻",只在手机上操作,就能实现新闻采访和报道的同步运作,一部手机就能实现曾经必须配备专业摄像师才能实现的直播工作。另外,利用该系统配套的新闻推流 APP,后台的编导能通过云导播平台实现对多位前线记者的移动直播画面在同一个播放地址中进行切换、混编,曾经不得不在现场利用大型导播台才能完成的工作现在即使不在现场也能完成。

2016 年是 VR 和全景拍摄井喷式发展的一年。在 2016 年的两会中,VR 和全景拍摄成为两会报道中最抢眼的新技术,而"沉浸式"视听体验成为当

---

① 艾瑞咨询(iResearch). 2016 年中国移动视频直播市场研究报告[R].(2016-11-25)
[2017-01-15].

年新闻体验的热词。时隔一年,在2017年的两会报道中,简单的技术噱头已逐渐式微,而跨平台的技术整合成为看点。

2016年,光明网推出了"全景看两会"专题报道,引起了业界和学界的一片热议。2017年,光明网将这一技术进一步推进,带来了被戏称为"钢铁侠"的全景拍摄工具——多信道直播云台①。虽然光明网本次设计的全媒体报道设备只是单兵报道装备,但是由于多镜头、多角度的组合式搭建,单个记者同样能集新闻采访、写作、照片拍摄、内容编辑和发布于一身。即使遇到需要同时进行视频、全景和虚拟现实等内容的直播和拍摄的情况,有了多信道直播云台的帮助,也仅需一人就能胜任上述所有工作。直播云台后台提供的云存储、云控制台和流媒体服务系统,让即使身在会场争分夺秒的记者也能一键适配并将内容分发到个人电脑客户端、手机App以及HTML5网页等各个不同平台,在大大提高新闻时效性的同时,保证了产品的质量,降低了新闻产品的制作成本,可谓一举多得。

麦克卢汉曾说过:"真正有意义、有价值的'讯息',不是各个时代的传播内容,而是这个时代所使用的传播工具的性质及其所开创的可能性以及带来的社会变革。"②敢于融入主流融媒体技术的潮流,并且引领技术发展的方向,才能够有效地引领舆论的方向,指引社会变革的方向。时政报道介入融媒体技术的主流,本身就释放了一个重要的信号,也就是舆论和新闻传播的航向仍然需要紧紧把握在主流媒体手中,这才是媒介融合需要释放的引导性策略。

掌握技术就是掌握融媒体发展的未来,也就是掌握着舆论的方向。从未来发展的方向看,时政新闻的报道必须顺应传媒领域的整体发展趋势并做出必要的调整和完善,其中技术倒逼内容生产的态势尤为明显。在当下,融媒体若不能将新兴的媒介技术运用到实践中,就会错失发展的契机,甚至被时代抛弃,动摇传统媒体作为时政报道主体的地位,从而影响国家对于新闻舆

---

① 高赛,刘炼.光明网"钢铁侠"多信道直播云台亮相[N].光明日报,2017-03-03(4).
② 麦克卢汉.理解媒介:论人的延伸[M].何道宽,译.北京:商务印书馆.2000:46.

论的把握和引领。无论是两微一端,还是无人机、移动直播,或者是VR、AR的技术进步,实际上都既给整个新闻传播的未来发展提供了契机,也带来了挑战。顺应媒介生态的变化,调整新闻语态,改变传播模式,形成新的传播格局是我们必须迅速做出的响应和调整。以两会报道为代表的时政新闻传播模式,将继续作为中国新闻传播和舆论引导的风向标和晴雨表,引领整个中国新闻报道的未来走向。

央视 G20 峰会的"走心"路线[*]

近年来,电视媒体的传播环境发生了翻天覆地的变化。面对新型传播技术的冲击,媒介融合的深度发展,习惯于碎片化、多屏化和互动化的受众群体的形成,以及党的十八大以来"改进文风""遵循新闻传播规律和新兴媒体发展规律"的宣传要求,电视时政新闻要想凝聚社会关注,实现新闻事件的公共议程设置,必须改革创新。2016 年 G20 杭州峰会期间,央视去会议化、多样化的报道以及对新型传播技术的使用对今后电视时政新闻的创新报道具有很强的借鉴意义。

一、文风创新:将叙事模式引入时政报道

时政报道被誉为"中国新闻报道中的最后一个堡垒",一直以来,电视媒体对时政新闻的创新探索从未停止,也取得了一定的成效,但是说教多、官腔重等问题依然存在。党的十八大以来,从中央到地方的各级媒体发扬"走转改"精神,改进文风,着力提高针对性、实效性、亲和力、感染力,提倡短、实、新,反对假、长、空。央视作为重大时政新闻的风向标,在此次 G20 报道中进一步突破报道风格,清新文风扑面而来。

G20 召开前,央视抓住"首发效应",发布了《喜欢你,在一起》和《G20,杭州再出发》两部宣传片,为峰会预热。这两部宣传片一改往日宏大、

---

[*] 本文原载于《新闻与写作》2016 年第 10 期,与付明丽合作,收入本书时有改动。

理性的报道风格，充满了时代气息和融媒体传播格局的印记，一经推出便在各大网站和微信朋友圈中广泛传播，且反响强烈。《喜欢你，在一起》用一首原创歌曲贯穿始终，短片以时下流行的碎片化传播模式勾勒出了我国政治、经济、文化、生活发展的方方面面，以符号化的影像传播，将杭州的地缘特色和历史文化以及时代特点聚合在一起，以一种四两拨千斤的方式，将时政报道的宏大叙事转变为更为感性的"走心"路线。这种风格转变看似轻松，实际上是从传播效果入手的大胆尝试，受到网友的一致好评。此外，央视网出品的G20动漫宣传片《G20，杭州再出发》发布了中文和英文两个版本，这段1分42秒的动漫短片，简洁直观地呈现出G20杭州峰会的参会嘉宾、主要议题、功能和运行机制等，二次元的风格和浓郁的漫威画风满足了当下受众的个性化需求，充满亲和力。同时其以一种叙事化的方式串联原本枯燥的会议宗旨和成就，让更多的受众放下了对经济专业话题的偏见，使得G20杭州峰会的议程设置有了更为广泛的群众基础和受众广度。将叙事模式引入时政报道的刚性结构、以更加接近年轻人接受习惯的漫画形象来进行传播等改文风的做法都收到了很好的传播效果。

在之后的报道中，为了让普通受众更好地了解和支持G20，央视特别注重采用深入浅出的方式，对社会关注的热点进行解读分析。央视网推出的G20杭州峰会专题页面开辟了"习式妙语之G20篇""拥抱G20""G20知多少""G20杭州峰会网友互动答题"等板块，使时政报道更接地气，更具趣味性。

二、语态创新：技术创新改善时政报道样态

技术变革使新闻传播模式和理念范式产生重大变革，科技产业与新闻业的结合是传统媒体实现跨越式融合发展的重要途径。2015年以来，虚拟现实（VR）和增强现实（AR）这两项全新的技术因其强大的复现功能、丰富的交互方式、独特的传播体验，被国内外媒体竞相使用。我国媒体在2016年两会期间首次尝试"VR+新闻"，虽然还处在摸索阶段，但是，影像技术使传统的电视新闻报道语态受到了挑战。沉浸式的VR影像大大拓展了新闻报道的

真实感和现场感,也将原本"镜头背后"的东西展现在了观众面前,而AR技术的多图层意识让原本的画面构图模式被彻底颠覆,让那些原本难于表现的时政报道题材有了新的样态和创新,G20杭州峰会的报道恰是这样的一次大胆尝试。

(一)VR+新闻

VR技术,又被称为"灵境或幻真"技术,即用户借助于计算机生成虚拟环境,从自己的视角出发,浸入其中并与其进行实时互动,创造出一种"身临其境"的"第一人称代入感"。[①]1993年,美国科学家伯迪(G.Burdea)和法国科学家考菲特(P.Coffet)在"Virtual Reality Systemand Application"一文中提出了"虚拟现实的三角形"理论,说明了VR技术的"3I"特征并沿用至今,即沉浸感(Immersion)、交互性(Interaction)和想象性(Imagination)。[②]

VR最主要的特征是"沉浸感"和"交互性",VR新闻所构建的虚拟现场能让受众成为新闻事件的目击者和参与者,有效降低了传播中"噪声"的干扰,从而拓展了新闻信息的内容和维度。在G20杭州峰会报道中,央视网推出的特别策划"用VR看——世界难题的中国答案",将五个代表性贫困地区的发展现状立体呈现给受众,让受众可以"身临其境"。此外,央视新媒体平台还推出《G20 360°》《立体G20》《G20观察》等产品,通过虚拟现实的全景视频拍摄,最大限度地还原峰会现场。

此外,视娱结合让VR新闻更有趣味性。VR技术本身就带有娱乐基因,在时政报道中,VR技术的应用可以一改时政新闻的严肃属性,增添活力和趣味。在G20杭州峰会期间,央视使用的具有一站式视频处理能力的VR摄像机一亮相就成为新闻中心的"小网红",并被投入一线采访和实时直播,为峰会报道和受众体验增添了乐趣。

[①] 史安斌,张耀钟.虚拟/增强现实技术的兴起与传统新闻业的转向[J].新闻记者,2016(1):34–41.

[②] 彭雪霏,王梅.虚拟现实技术对新闻发展的影响[J].新闻研究导刊,2016,7(11):322.

（二）AR＋新闻

AR 技术是将音视频等多维信息"叠加"至文本之上，通过再语境化的信息拓展，实现人与环境的动态交互。该技术摆脱了空间上的限制，与 VR 技术营造的虚拟环境不同，AR 技术注重对真实事物进行丰富与完善，实现虚拟与现实之间的无缝结合。在 AR 新闻的框架下，一条报道不再是孤立的事件，而是被置于更广阔的宏观语境中考量，在 AR 技术的影响下，新闻媒体逐渐由"叙事者"转变为"聚合者"，由"记事簿"转变为"数据库"。[1]

在 G20 杭州峰会特别报道中，央视利用 AR 技术完成了新闻、中文国际、英语新闻、俄语国际频道等 30 期 G20 特别节目的策划、拍摄和制作。其中，中文国际频道的系列报道《G20 看中国》充分利用 AR 技术，将图片、文字、数据等信息直接展示在演播室空间里，既拓展了新闻信息的广度和深度，又达到了很好的视觉表达效果。时政报道经常会涉及大量数据和各种关系图表，AR 技术可以把无限的数字化信息进行叠加，实现媒体的空间延伸，其表现方式也更为立体生动。

麦克卢汉"媒介理论"的经典论断指出："任何媒介不外乎是人感觉能力的拓展或延伸。"[2] VR 新闻和 AR 新闻带来的"在场式报道"减少了报道过程中的信息衰减，提升了新闻报道的广度和深度，延伸了受众的感知阈，从而最大限度上满足了受众多样化的需求。在大型时政报道中，传统媒体虽然拥有品牌优势和新闻公信力，但是仍面临新媒体新传播方式的极大挑战。央视把 AR 和 VR 技术创新应用在 G20 杭州峰会报道中，通过权威内容与高科技的强强联手抓取了大量受众，掌握了舆论引导的主动权。同时，这样的创新也让时政报道在镜头语言表达上有了创新的可能性。

---

[1] 史安斌，张耀钟.虚拟/增强现实技术的兴起与传统新闻业的转向［J］.新闻记者，2016（1）：34-41.

[2] 麦克卢汉.理解媒介：论人的延伸［M］.何道宽，译.北京：商务印书馆，2000：20-21.

三、直播升级：时政报道进入融媒体时代

现场直播是最具电视媒体特性和魅力的报道方式，也是电视媒体应对新媒体崛起的最大优势。自 2008 年以来，随着技术的进步和新闻传播理念的转变，从中央到地方的各级媒体逐步实现了新闻直播的常态化，尤其在重大时政新闻报道中，新闻直播不再是新鲜事物，其只有不断创新才能满足受众个性化需求。G20 杭州峰会期间，央视在直播内容、形式和技术等方面实现的突破，对之后的电视直播报道创新具有一定的借鉴意义。

G20 杭州峰会期间，中央电视台成立了近千人的报道团队，在 G20 杭州峰会活动的 8 个场地搭建了 11 套直播系统，综合频道和新闻频道围绕峰会议程，推出 6 场直播特别节目，央视新闻新媒体以《G20 全天候》为主题，同步开启 48 小时直播，并在央视新闻客户端、央视新闻微博、今日头条等平台推出，把会议现场第一时间展现给广大受众，抢占了新闻传播的第一话语权，巩固了电视新闻第一时间、第一现场、第一渠道、第一权威的媒体形象。这种融媒体的内容分发一改传统媒体故步自封的古板样式，将融媒体的开放格局带入了 G20 杭州峰会的报道。

G20 杭州峰会期间，央视直播总时长创新闻直播报道的历史纪录，并实现了 4 个首次：首次大时段长时间启用央视总部全高清演播室，首次实现电视新闻全程高清播出，首次双机播出《新闻联播》，首次全权负责国际公共信号播出。[1] 此外，央视网推出"中国方案：G 动全球"的 G20 特别策划节目，节目中持续近 20 分钟的"5 地连麦互动"创视频直播节目先例。全天候、全方位的现场直播在引导社会舆论、文化输出、国家形象的塑造等软实力的构建上独树一帜。

电视直播把信息的线性传递转变成一种媒介仪式性的参与和共享，能最

---

[1] CCTV 官网.全方位高质量完成 G20 峰会直播报道任务［EB/OL］.［2016-09-07］.http://www.cctv.com/2016/09/07/ARTI8FLqKCxFXWKcivAbQyO1160907.shtml.

大限度地实现"聚众"效果，使受众共享和体验符号表征系统所传达的共同的情感、规范和价值观念。在"习近平主席会见中外记者"的直播报道中，央视以现场直播、特别报道、移动直播和微视频等形式进行报道，总收视率达 1.58%，观众规模为 4700 万。此外，超过 128 万海外受众通过 Facebook、YouTube 平台观看直播，163 个国家和地区的 336 家海外媒体转播或部分使用央视直播信号。① 央视的直播报道聚合了众多国内外受众，并及时解读峰会共识和成果，在一定程度上发挥了对中国方案、中国智慧、中国贡献认同的仪式性功能，也塑造了我国媒体的国际形象。

四、国际视野：增强对外传播针对性

作为世界第二大经济体和会议主席国，中国是 G20 杭州峰会期间国际舆论的关注焦点，这也是继 2008 年北京奥运会、2010 年上海世博会、2014 年北京 APEC 峰会之后，展现中国良好的国家形象、提升中国国际话语权的又一次重要契机。中国媒体的对外传播运用海外受众所能接受和理解的语言及表达方式，针对他们感兴趣和关心的中国话题，进行有理有据的报道和解读，体现了中国的视角及立场，拉近了中国同外界的距离。②

习近平总书记曾指出，对外传播要用海外受众"乐于接受的方式、易于理解的语言"。对外传播具有跨国界、跨文化、跨语言的特征，要拓展新领域、闯出新天地，必须尊重传播规律、讲究传播艺术、注重传播技巧。央视在 G20 峰会对外传播中注意把握海外受众的喜好，推出宣传片《G20，杭州再出发！》英文版，片中美国漫威动漫人物的设定以及二次元的画风拉近了 G20 与海外受众的距离。

国际舆论对中国举办 G20 峰会寄予厚望，中国方案能否发挥关键作用成

---

① CCTV 官网. 全方位高质量完成 G20 峰会直播报道任务 [EB/OL].［2016-09-07］.http：//www.cctv.com/2016/09/07/ARTI8FLqKCxFXWKcivAbQyO1160907.shtml.

② 袁晓园. 对外传播如何通过多元视角报道中国新闻：兼谈央视英语新闻频道《APEC 特别节目》[J]. 电视研究，2016（7）：61-63.

为最大看点。对此,央视精心设置议题,增强对外传播的针对性和精准性。中文国际频道以国际视角,聚焦峰会的热点议题,推出《全球智库看中国》(图1)等系列节目,广泛采访美、英、德等国各界人士,汇编外国媒体对G20杭州峰会的积极反响。西、法、阿、俄语频道面向传播对象国开通G20特别节目板块,在对象国黄金时段推出《聚焦G20》等节目,并在境外电视台植入播出。

图1 央视中文国际频道推出《全球智库看中国》节目

"传播中华优秀文化,宣介中国发展变化"是对外传播的核心内容。央视在G20报道中巧妙地将时政经济话题和中华传统文化有机结合,把中华文化推向世界。比如,英语新闻频道《旅游指南》策划制作了3集特别节目,以二十国集团中生活工作在杭州的国际友人视角,展示了一个传统兼容现代的文化底蕴深厚的美丽杭州,充满文化磁性和人文关怀。

长期以来,由于西方媒体的不当宣传和我国对外传播的落后,海外受众对中国缺乏全面了解,而G20杭州峰会作为展现中国智慧、中国方案的窗口,对传播中国文化、树立中国形象、改变海外受众对中国的刻板印象有重大意义。在G20峰会报道中,央视尊重海外受众视听习惯,以国际视角有针对性地设置议题,避免主观性和"自说自话",提升了对外传播效度。

一向以严肃为特点的时政新闻报道,在媒介融合背景下,在新传播技术的带动下,其生产流程、报道范式和传播模式正在发生变化。央视集资源优

势、播出优势于一身,在重大时政报道中具有较强的影响力和较高的关注度,也面临更大的创新压力。在 G20 杭州峰会期间,央视进行了改进文风、应用新传播技术等一系列创新探索,产生了良好的视听传播效应,为电视时政报道提供了借鉴。但时政新闻的创新不能盲目,在改进文风的同时不能哗众取宠,新技术要为内容服务而不能喧宾夺主。总之,时政新闻报道创新要以"新闻本位"和"受众本位"为基本前提,在新形势下全面激发传播活力。

"陌生化"理论视域下的电视真人秀创作*
——以北京卫视"跨界"品牌为例

自 2016 年以来,北京卫视相继推出《跨界歌王》《跨界喜剧王》和《跨界冰雪王》三档"跨界"类综艺节目。普通观众和网络民众的强势围观,业界人士的激烈讨论和主流媒体的聚焦报道,成功地让"跨界"成为一个热词和一种综艺现象。本文从"陌生化"理论视角,分析北京卫视"跨界"品牌的成功因素和运用"陌生化"理论进行综艺创作应该注意的问题,为增强我国电视综艺节目的原创性和原创综艺的生命力提供借鉴。

在当今中国,电视真人秀节目呈"井喷"式发展趋势,其包含歌唱类、益智类、职场类、表演类、达人类等多元类型。但是,这些综艺节目大部分是引进国外版权进行本土化制作的,如《中国好声音》《我是歌手》《中国达人秀》等,而优质的原创真人秀综艺节目较为匮乏。

节目中,嘉宾褪去明星光环,颠覆昔日的荧屏形象,纷纷跨界到自己不熟悉的领域,打破了电视真人秀的现有模式,是运用"陌生化"理论指导电视综艺创作的一次成功实践。普通观众和网络用户的强势围观、业界人士的激烈讨论以及《人民日报》《光明日报》等主流媒体的聚焦报道,让"跨界"成为一个热词和一种综艺现象,让人们对于中国电视真人秀节目产生新的认识和期待。

---

* 本文原载于《中国电视》2017 年第 7 期,与付明丽合作,收入本书时有改动。

一、"陌生化"理论及其对综艺创作的价值分析

（一）"陌生化"理论框架及其心理学基础

"陌生化"（Defamiliarization）是俄国形式主义文论的一个核心概念，最早由什克洛夫斯基在《作为手法的艺术》一文中提出，"艺术的手法是事物的'陌生化'手法，是复杂化形成的手法，它增加了感受的难度和时延"。[①] 这一概念强调的是为帮助读者感受事物的艺术性，文学作品应在内容和形式上超越常境，使事物变得"陌生"，从而使人们已经习惯化、自动化的感知力恢复到新奇状态。作为诗歌、小说、戏剧、电影等文艺创作的一种常用手法，"陌生化"理论有着广泛而深刻的心理学和美学基础。

瑞士心理学家布洛提出了"心理距离"的概念，认为每一个审美主体与每一个审美对象之间都存在着一段"距离"，这种距离是必须将事物与审美对象分离才能获得的，即人们常说的"距离产生美"。

英国文论家和美学家艾迪生从审美趣味的角度提出："凡是新的不平常的东西都能在想象中引起一种乐趣，因为这种东西使心灵感受到一种愉快的惊奇，满足了好奇心，使其得到其原来不曾有过的一种观念……就是这个因素使一个怪物也显得有迷人的魔力，使自然的缺陷也能引起我们的快感。"

（二）"陌生化"理论为电视综艺注入新活力

将"陌生化"理论运用到真人秀综艺领域，是指在综艺节目的创意过程中，将人们熟知的人和事物以一种不同以往的、令人耳目一新的方式，或重新表现，或巧妙组合，或彻底打破，给予观众新的视觉或感觉传达，为电视综艺注入新的活力。

"陌生化"手法能够提高电视综艺节目的识别度并增强传播力。在粉丝

[①] 什克洛夫斯基，等. 俄国形式主义文论选 [M]. 方珊，译. 北京：生活·读书·新知三联书店，1989：6.

经济时代，真人秀综艺发展迅猛，各大卫视都在倾力打造自己的真人秀品牌。与此同时，原创综艺严重匮乏，同质化现象较为严重。"陌生化"手法的运用，可以使节目在内容和形式上令人耳目一新，激活人们已经钝化的感官，让人们找到新的认知点和欣赏点，由此实现差异化竞争。

"陌生化"手法能够丰富受众的审美体验。面对同质化倾向严重的综艺生态环境，受众很难产生新鲜的审美感受，故而需要"陌生"来打破思维定式，唤醒麻痹的神经。创作主体通过"陌生化"手法的运用，使审美对象以一种非常态化的方式出现在观众面前，瓦解人们预期的接受期待，让审美主体对审美对象产生审美距离，从而产生新的审美体验。

二、"跨界"新理念将综艺形态"陌生化"

北京卫视2016年推出的《跨界歌王》《跨界喜剧王》和《跨界冰雪王》三档真人秀节目，便是运用"陌生化"理论指导综艺创作的一次成功实践。"跨界"理念通过对艺术形式、人物和环节的陌生化处理，实现了综艺形态的"陌生化"，带给受众新的视觉感受和体验。

（一）艺术呈现形态的陌生化

电视综艺的"陌生化"包含两层含义：一是内容本身对受众而言是陌生的、不熟悉的、闻所未闻的；二是内容本身并不陌生甚至可能是众所周知的，但经过电视艺术手段的处理与呈现，变得新鲜、新奇和陌生起来。[①] 北京卫视推出的三档跨界类综艺节目均属于后者，它们用新颖的形式，将大众熟悉的内容进行了一种"陌生化"处理，赋予了寻常艺术以新的生命力。

《跨界歌王》是一档歌唱类节目，每期嘉宾的表演曲目，如《女人花》《北京一夜》《那些花儿》《当你老了》等，都是受众耳熟能详的经典歌曲。该节目将类似于音乐剧的表演形式搬上电视舞台，让"演唱"重新回到"表演＋

---

① 张超.出镜记者的"陌生化"叙事策略［J］.电视研究，2016（9）：15-17.

歌唱"的综合艺术形态，把老歌唱出新意。《跨界冰雪王》则将专业的滑冰运动、比赛元素搬上了综艺娱乐的舞台，将嘉宾们的冰舞秀表演，与滑冰、舞蹈和游戏有机结合，打破了专业滑冰与赛场的组合形式。

"跨界"概念通过各种艺术形式的变形与重组，创建了"陌生化"的娱乐体验，极大地丰富了节目内容的层次感，树立了综艺节目新的审美标准。

（二）人物形象的陌生化

在文学中，"暴力突破"是实现语言"陌生化"的一个重要方式，这种方式是将日常语言中不同语义、不同系列、不同范畴的语词，强行统辖在一个整体的语义场中，使其发生质的"飞跃"，形成"新奇""陌生"的感觉。[①] 北京卫视原创的"跨界"模式，运用"暴力突破"的手段，将来自各领域非专业身份的嘉宾聚集到一个专业领域中，塑造出与大众审美经验完全不同的陌生形象，带来了新鲜感。

从北京卫视开播的三档跨界综艺节目来看，节目邀请到的嘉宾包括演艺界、音乐界、体育界、文化界、商界等各个领域的代表人物。比如，《跨界歌王》第一季的冠军刘涛是知名的影视演员，她凭借《琅琊榜》《芈月传》和《欢乐颂》等热播剧，较好地塑造了自己或温婉，或知性，或强势的荧屏形象。在《跨界歌王》的舞台上，刘涛挑战自我，以歌手的身份出现，从邓丽君的《一个小心愿》到辛晓琪的《领悟》，再到郑绪岚的《牧羊曲》，用多变的曲风塑造出多面的形象。尤其是在第十一期，刘涛以一身黑色重金属质感着装帅气亮相，挑战了黑豹乐队的摇滚名曲 *Don't Break My Heart*，完全颠覆了之前的荧屏形象。

《跨界喜剧王》中的嘉宾，既有世界冠军邓亚萍、杨威等运动员，也有知名歌手费玉清，演员秦岚、周杰等，这些身份标签代表了大众对他们形象的固有认知。因主演《梅花烙》而被琼瑶称赞过"一滴泪，一颗星"的秦岚在首期《跨界喜剧王》中成功上演了喜剧大反转。此外，秦岚还演绎了《西部

[①] 李胜利."陌生化"理论及其文艺学意义[D]．西安：西北大学，2004.

复仇记》里为兄报仇的牛仔女郎、《闯关东》中身穿破棉袄的逃荒女等形象，让观众对秦岚的表演功底有了新的认识。

《跨界冰雪王》的导演兼营长张艺谋从电影和大型晚会的总导演成功跨界，实现了真人秀节目的荧屏首秀。一向给人严肃印象的张艺谋，经常在节目中自我调侃，展现出其幽默风趣的一面。

这些在应工本行都有着突出成绩的嘉宾，在"跨界"的舞台上完全颠覆了以往的荧屏形象，参与到陌生的专业领域活动中，突破了受众的习惯性认知，由此实现了人物元素的陌生化。

（三）环节元素的陌生化

在电视真人秀节目中，环节元素标志着人物命运戏剧性转折，如淘汰与选拔规则等。环节元素构成了节目的主要流程和形态，但是，盲目跟风模仿会导致节目的同质化程度过高。比如，随着《中国好声音》的走红，导师、盲选以及转椅等元素相继出现在同类歌唱节目之中。节目赛制和内容的扎堆重复，导致受众产生审美疲劳。"跨界"综艺系列将环节元素进行了"陌生化"和新鲜化处理，为传统综艺节目注入了新活力。

《跨界歌王》独创了"三度空间"的概念。节目用动听空间、音乐表演秀空间和真我绽放空间全面凸显节目魅力。在节目中，嘉宾只有在地下一层的试唱空间得到宋柯、高晓松、巫启贤三位专业音乐评审人的认可，才能获得开启上升通道的权限到达第二层的大舞台，无缝衔接完成自己的表演。"三度空间的展现形态，表达的是无形的界在我们心里，而有形的界在地板上。"①

《跨界喜剧王》在赛制方面也有创新。节目中有三种角色设定——喜剧召集人、喜剧经纪人和跨界艺人。喜剧经纪人和跨界艺人两两组合、展开比赛。喜剧经纪人与跨界艺人的"一带一"组合方式，既是一种专业与非专业的碰撞，也为跨界成功提供了保障。比如，乐嘉与专业演员黄小蕾一组，黄小蕾

---

① 网易娱乐.二十秒"音乐过山车"《跨界歌王》玩的就是心跳［EB/OL］.［2016-05-27］. http://ent.news.cn/2016-05/27/c_129020933.htm.

指导乐嘉在演绎时通过扮演动物来释放自己的天性，继而达到大胆进行表演的目的；而乐嘉因自己的导师形象，拒绝"扮演动物"，两人因此产生矛盾，这种由环节设置产生的冲突与冲突本身的解决，也成为节目的一个看点。

三、真人秀节目"陌生化"创作应注意的问题

（一）"陌生化"形式下应坚持内容为王的原则

"陌生化"手法可以增强观众的新鲜感，激发人们的"亢奋"心理，促使受众驻足观看，延长其审美时间。但如果作品只是单纯地吸引受众眼球，却没有独特的新发现的内容和深刻的内涵，是难以给受众留下深刻持久的印象的。形式"陌生"的最终目的是给人以新的感受和新的领悟。北京卫视的"跨界"节目系列既注重"陌生"的形式，又注重内容的贴近性，堪称既有可看性又有艺术性。

《跨界喜剧王》的脚本是根据跨界嘉宾的人生经历和行业特点量身定制的，贴近生活，符合跨界嘉宾的个人特点，让观众不仅能够看到跨界嘉宾们充满意外的另一面，而且能够看到最为鲜活的生活，从而产生共情。比如，世界冠军邓亚萍与先生林志刚以"乒乓球"为主题的喜剧，来源于她自己的经历；周杰和孙楠关于"网络直播"的相声，则聚焦当下的社会热点；乐嘉的《手机综合症》紧跟手机族、低头族这一时代症候。

《跨界冰雪王》在"陌生"的形式下实现了内容上的"真、善、美"。零基础的嘉宾们在奥运冠军的全程指导下进行冰上训练，节目用全景记录的方式，将训练过程完全呈现出来，此为真；节目以真人秀的方式推广冰雪运动，通过嘉宾们的精彩演绎，激发国人对于冰雪运动的了解和喜爱，为北京冬奥会助力，此为善；部分嘉宾经过反复训练，掌握了燕式提刀、双足旋转、华尔兹跳等冰上专业动作，每期节目都会带来一场美轮美奂的冰舞秀，此为美。

北京卫视的"跨界"系列节目自开播以来就备受主流媒体的关注，《人民日报》《光明日报》两大媒体，对"跨界"系列节目存在的价值和意义进行了深度解析并给予了中肯评价。"节目不仅是创新电视综艺节目形态的一次成功

尝试，其制作过程中蕴含的匠人精神也值得电视界思考和琢磨"①；"明星颠覆了他们此前在荧屏上展现的标签化形象，其意义在于激励其突破事业的'边界'，在挑战自我的同时，展现出性格的本真"②；"节目中的'专业性''精准性''娱乐性'在给冬季运动真人秀树立典范的同时，也为全民冰雪运动磨砺着一本'电视教科书'"③。

运用"陌生化"理论进行综艺节目创作，不能只为博眼球而单纯追求形式上的"陌生"，只有富有人文关怀、能与社会生活"共振"的优质内容，才能引发人们长久的关注与兴趣。

（二）"陌生化"宜适度

心理学研究表明，过于熟识或完全陌生化都很难引起人们对于事物的关注和喜爱，这是由于过于熟识的事物可能会让人们视而不见，完全陌生则可能让人们产生抗拒的心理。"陌生化"让综艺节目焕发了生机，但是，"陌生化"在真人秀节目中的运用应遵循适度原则。

一是把握尺度，实现形式"陌生化"、内容"大众化"和表演"专业化"三者的平衡。综艺节目创作在运用"陌生化"理论的过程中，应该考虑受众心理和生理的承受能力，思维应在一定的平衡中不断转化。因为陌生化手法可以在观众的惯性思维中引起惊奇感，但惊奇不等同于陌生，惊奇过后观众通常只会陷入无限的厌恶，只有符合审美要求的陌生化手法才能在惊奇之后引发共鸣。倘若单纯为追求华丽、暧昧、含糊的风格而制作超出受众理解范围或丧失美感的作品，就会失去受众基础。

"跨界"系列节目虽然在内容上较为贴近生活，但是，与《我是歌手》《欢乐喜剧人》和《中国好声音》这类将专业性打造到极致的节目相对照，嘉宾的跨领域表演显得专业性不足。比如，在《跨界冰雪王》中，零滑冰基础

---

① 芦笛.用"匠心"打造"走心"的节目[N].光明日报，2016-08-27（9）.
② 成长.明星跨界，别只想着"圈钱圈粉"[N].光明日报，2017-02-06（12）.
③ 人民网.《跨界冰雪王》为冰雪运动磨砺"电视教科书"[EB/OL].[2017-03-01].http://media.people.com.cn/n1/2017/0301/c14677-29116241.html.

的嘉宾基本上整期节目都在摔跤，只有少数嘉宾可以较为顺畅地完成规定动作，在这种情况下，感受不到专业性和美感的受众可能就会对节目失去兴趣，因此只有不断增强跨界嘉宾的专业性，才能满足审美要求不断提高的受众的接受心理。

二是注意可持续性创新，避免受众审美疲劳。所有的节目都有生命周期，而观众对于节目也可能会经历从新鲜关注到疲劳放弃的过程，因此，可持续性和创新性是任何节目都必须面对的课题。本雅明在其名著《机械复制时代的艺术作品》一书中论述了艺术的膜拜价值和展示价值。他认为，摄影意味着解放——展示价值对膜拜价值的抑制，影像不再是象征着图腾意义的独一无二的艺术作品，它被大量复制、消费而后消失。[①] 对于电视节目而言，当一种新的类型产生时，它所带来的震撼犹如艺术作品一样，具有很高的审美价值；而"机械复制"就意味着对这种独特之处的消解和解构。在同一时期，模式相似的节目以不断出现，观众面对这样的"重复轰炸"，根本无法产生审美欲望，反而会在"审美疲劳"中丧失对电视节目的兴趣。

从2016年5月28日《跨界歌王》首播，到9月3日《跨界喜剧王》接档，再到2017年1月7日《跨界冰雪王》开播，"跨界"综艺占据了北京卫视的周六晚间黄金档，但同时期出现的同类节目太多，反而稀释了观众的注意力。贯穿每个季度的"跨界"综艺模式让"陌生化"的综艺形态变得不再新鲜，受众因此产生了审美疲劳。《跨界歌王》只有在第一季的基础上将"跨界"概念做出新意，才能实现节目的可持续发展。

结　语

从《跨界歌王》到《跨界喜剧王》再到《跨界冰雪王》，北京卫视把"跨界"打造成为独树一帜的品牌，实现与其他卫视频道真人秀节目的差异化竞

[①] 马彩红.浅析中国电视的"审美疲劳"[C]//中国传媒大学全国新闻学与传播学博士生学术研讨会文集.北京：中国传媒大学国际传播研究中心.

争。"跨界"概念的运用将大众艺术形态陌生化，提高了综艺节目的辨识度，增强了传播力，丰富了受众的审美体验。但运用"陌生化"理论进行综艺节目创作时应把握好"度"，以实现形式"陌生化"、内容"大众化"和表演"专业化"三者的关系统一。此外，还应注意节目的持续创新性发展，"跨界"不宜滥用。北京卫视每个季度单一的"跨界+"模式会让受众产生审美疲劳，因此只有不断创新，才能保持节目的生机与活力。

三、新媒体视听

数字影像时代的新媒体革命*
——以手机的影像传播为例

21世纪，我们正在快步进入数字化影像的新时代。从数字电视到数码相机，从网络上方兴未艾的"播客"潮流，到个人化的DV影像制作，数字化影像不仅完善和创新着传统影像媒介（如电视）的发展，而且从自身的特性出发，构建出全新的信息传播媒介。手机的媒体化发展正是这一发展方向的典型代表。

手机在全球的广泛应用和迅速普及，显然并不是因为它是一种个人化的通信手段。在数字技术的广泛应用中，手机的功能迅速地拓展。从最初只是一种新型的电话，到现在可以兼顾通信录、备忘录、打游戏、拍照片、发短信、发邮件、编写Word和PowerPoint文档、即时文字聊天、上网浏览等多种功能的"万能工具"，手机迅速地完成了从通信工具向信息媒体的过渡，成为人类传播必不可少的工具。因此，曾有学者大胆地预测，手机将成为与报纸、广播、电视、网络并行的"第五媒体"。从某种意义上来说，受众的广泛性和信息传递的便携性，使手机也确实拥有优秀媒体所具有的渗透力，而数字化影像的介入正在加速手机媒体化的进程。

移动影像的出现实际上是数字影像技术打破以往信息、通信、大众传播三大领域泾渭分明的界限，实现业务的交叉运营和多种媒介相互融合的必然产物，而手机不过是其具体的载体而已。摄像头在手机机身上的集成，是手

---

* 本文原载于《中国电视》2007年第6期，收入本书时有改动。

机继 SMS（短信）、PDA（个人数字助理）、FM（立体声收音机）、mp3 播放功能之后的又一个令人兴奋的功能扩展。数字技术在手机上融合了文本编辑、电子邮件收发、广播收听、音乐播放、数码影像拍摄等多媒体功能之后，已经将信息传播发展的主向指向了活动影像，"手机电视"的新概念得以出现。

移动影像自产生到现在不过几年的时间，但是却开启了影像传播发展的一条全新的思路。根据 IMS Research 的一项报告，到 2010 年，全世界将有 1.2 亿用户收看手机实况电视节目。这个数字从一定程度上显示，移动影像的发展趋势是数字化影像，以至于其成为数字影像文化的重要内容。对于移动影像的认识，我们应该从以下几个方面进行更深入的了解。

一、随时随地传信息的传播革命

手机之所以能够成为数字影像多媒体融合的重要载体，是因为其自身独特的传播优势。首先，手机改变了人们惯常的接收信息的方式。无论是电视、电影还是网络媒体，传统的影像传播受到自身传播工具的限制而保持一种静止的状态。手机的便携性使得影像传播能够随时随地自由地展开。手机为人们提供了一个随身携带的信息传送平台。有了小小的摄像镜头的帮助，原本单一的文字短信被插上了影像传播的翅膀，对于各种难以用语言进行简短描述的情形和各种突发的新闻事件，每个在现场的普通人都可以拿起手机进行影像记录。在对图像质量没有苛刻要求的情况下，移动影像是目前成本最为低廉的数码影像获取方式。在彩信业务或者 3G 业务的支持下，手机能够即拍即发，以最快的速度将信息传达给目标受众。

随时随地传信息的便携性，虽然有侵犯隐私的弊端，但是其对于重大新闻事件的即时报道，却有着不可比拟的优越性。早在 2001 年 4 月报道中美军机相撞时，移动影像就已经体现出自身的优势。在 4 月 12 日清晨，在美国 24 名机组人员登上飞机舷梯离开海南岛的重要时刻，即便是在中国方面的严密监控下，美国有线电视新闻网（CNN）记者还是使用最新的视像电话（videophone）偷偷捕捉到了这个珍贵的独家画面并即时地传回了总部，美国两大报《纽约时报》及《华盛顿邮报》的网络版首页也不得不引用这一画面。至于其他没有抢得独家新闻的美国电视台，都是使用美联社电视台（APTV）所录制的画面，这是唯一被中方允许传送的录像带，只不过要在飞机起飞后才可以播放，在时间上已经晚了CNN一步。

不仅在信息的发送上移动影像能够领先一步，在信息的接收上移动影像也改变了传统的新闻传播的时效。它不受时空限制，新闻的时效性大大超过了它的"前辈"，因为它直接面对每一个受众，突发事件在发生的几秒钟后就能传播给受众；同时它改变了新闻传播的信息接收方式：由静态接收变为动态接收，不管你在干什么，也不管你在什么位置，随时随地都可以了解天下大事。"看新闻"再也不仅仅是坐在电视机前，或手捧一份报纸，或目不转睛地盯住电脑了。"短信新闻"的兴起迎合了现代人对新闻资讯的消费需求：即时同步、方便快捷、不求甚解。当然面对着视觉传播的挑战，文字短信终将会被移动影像所取代。例如，上海文广集团在全面接收了原本属于央视的中超足球联赛的直播权后，面对自身传播覆盖不够广的局限，于2004年提出了"在手机上看中超"的计划，并进入了实际实施阶段；2005年首部手机短剧《新年星事》在上海手机用户端播出，这部每集3分钟、共十集的短剧以每天一集的速度面向2000名试点手机用户免费播放，反响强烈。但是，因为传输速率、功耗和资费的问题，移动影像往往只能提供简短的信息大纲，所以移动影像最能施展手脚的领域还是动态信息，而不是需要长时间收看的文艺类型。因此，最具时效性和动态性的新闻，显然会成为移动影像最主要的内容。

移动影像借助的手机平台是一种个人化工具，也是最为普及的通信工具，这使得移动影像随时随地传信息的发展趋势必然会使影像从垄断走向市民化。以新闻传播为例，移动影像的出现在一定程度上改变了报道的传统样式。

一方面，每个人都可以通过手机这样的个人通信工具向社会发布自己在特殊时空中得到和掌握的新近发生的、特殊的、重要的信息，过去一直站在局外的普通人正以一种更加积极、主动传播的姿态出现在数字时代和媒介社

会,"每个人都是记者"正在成为现实。大众的无处不在,使随时随地的"目击"成为可能,这也极大地发挥了影像的力量。例如,2005年7月7日,英国首都伦敦发生地铁连环爆炸案。爆炸几分钟后,伦敦的媒体编辑部就得到了群众发来的大量的有关现场的图片和影像,这些影像大多来自手机影像,为缉拿恐怖分子提供了大量宝贵的证据。由于可以移动,影像在全世界变得随处可见,这也使得新闻现场无处不在。我们不再单纯依靠传统媒体的快速反应能力,移动影像使信息的传播变得更加迅速和便捷。专家预测,以后媒体上将有更多的突发的重大事故性新闻来自市民,而不是新闻记者。信息的影像化过程随着移动影像的发展而加快了进程。这正如资深新闻记者和创意总监及网络出版人杰夫·贾维斯(Jeff Jarvis)所说:在某些场合下当重大新闻发生时,越来越多身处其中的目击者可以用工具来捕捉和分享这些影像和新闻。①

另一方面,移动影像所倡导的信息个人化的发展使受众主动参与新闻传播的需求和欲望空前高涨。影像在信息交流中的大众化不但动摇了各种官方文化的原则和美学标准,而且具有全民性和广泛参与性。传统媒体日益表现出来的新闻同质化、信息表象化,迫使受众从被动地选择性接收信息,变为主动地去寻求信息,追逐信息,积极地参与新闻交流。移动影像技术的发展提供给普通人成为新闻的创造者和传播者的条件,鼓励公众积极、主动地向媒体提供新闻或自主发布新闻。任何人在生活中遇到极具新闻价值的画面,都可以用手机随即采集并进行传播,借用目前常见的网络用语,这种方式也可以算是一种个人开办的"图文直播",集成于手机之上的移动影像大大扩展了我们获取和交流视觉信息的能力。当代信息传播技术不仅给了民众获得和查明事实真相的能力,还给了他们一试身手的机会和工具,这使得公众经由自己的渠道来发布新闻成为一种日益增长的现实需求,移动影像的迅速发展正是顺应公众这一需求的产物。

---

① LASICA J D.An interview on citizen journalism[EB/OL].(2004-07-05)[2007-01-15].http://www.jdlasica.com/blog/archives/2003_08_12.html.

二、影像化的信息传递将成为一种生活方式

在这个媒介大融合的时代，影像与人们生活和信息沟通需求的相互渗透与相互影响的交互性发展，使它不再是被动地适应人们的信息需求，而是反过来成为引领人们生活方式和思维方式的先锋。它不仅再造生活本身，还让生活模仿它。

首先，以移动影像为例，人们已经习惯于将来自彩信的"表情符号"作为自我情感表达的重要方式，甚至像"滴汗""狂倒""5555~~"（代表大哭）这样的词汇都是移动影像文化的产物。原本作为文字信息传递装饰物的影像符号，反过来成为主导文字传播的重要力量，视觉文化的力量可见一斑。

其次，影像传播的浅层化和简洁化造就了现在"三秒钟读报"的时尚。报纸头版大量的大标题、大图片，正好适应了人们对信息"浅尝辄止"的心态。文字新闻传播标题化、提纲化的发展，不能不说受到短信传播和移动影像传播的影响。原本是文字传播"插图"和"标题"的符号，成为现在信息传播的主流意识，影像传播的作用与反作用可见一斑。

最后，现在在人们生活习惯的诸多方面都能看到影像传播的影子。比如，我们习惯了在发送贺卡时用网络版的 Flash 动画替代原本更为抽象的文字问候语言；我们已经习惯了随时将生活中的点点滴滴用更为影像化的方式记录下来，无论是手机影像还是数码影像，都正在替代原本厚厚的日记本；我们也习惯了看新闻先看图片或者影像的方式，长篇的社论或者深度分析总是不能唤起我们的兴趣。影像正在变成我们的一种生活习惯，我们也正在学着"影像化生存"。

三、手机媒体化：你身边的信息中枢

手机作为伴随人们的重要信息工具，正日益体现出媒体化发展的趋势。短信业务的迅猛发展能够展现出手机作为人际交流工具的强势力量。据统计，

目前中国移动每天的短信发送量已高达 2.6 亿条。2002 年，中国移动通信统计的发送短信数量超过 750 亿条，这意味着短信市场的规模是 75 亿元，并且这一数目还每年成倍激增。2003 年，零点调查公司在中国 10 个城市，9 个小城镇调查发现，在 18~60 岁的手机用户中近 40% 的用户收发过短信息，其中 17.9% 的人还使用过其他短信服务。在男性、大专以上学历以及 35 岁以下的年轻群体中，短信的普及率更高，他们的短信月支出达到 28.15 元。2004 年移动影像迅速地占领了这一领域。据央视国际消息，2004 年春节期间各大网站的彩信发送量都有强势增长：搜狐春节期间彩信发送量达到平日的 5 倍以上，而新浪的彩信日平均发送量也比平时增长了 10 倍。影像化传播介入短信领域已经成为一种趋势，在不久的将来，视频拜年必将取代文字短信成为新的潮流。

应该说，短信的收发使手机扩大了人际传播功能，真正具有了大众传播的功能。彩信（MMS）的发展使传播具有了多媒体特征。人们可以通过彩信轻松地与他人沟通，并且这种沟通具有即时性和互动性的特点。例如，手机电视的出现是移动影像融合电视媒体的体现；而手机上网是移动影像融合网络媒体的体现；手机上立体声收音机模块的集成，则是手机与广播媒体的结合。多种传统媒体捆绑在手机上的做法，使手机这个能够玩转于手掌之上的物品好像变成了具有无限可能的信息枢纽，人们所能想象的各种功能开始一一地被实现。现在可加载移动存储卡的手机也出现了，添加 USB 接口把手机变成类似移动硬盘之类的数据存储工具，成为多种数字影像传递的中枢，也就仅仅是制造工艺的问题了。

虽然现在称手机为"第五媒体"还为时尚早，但是手机的媒体化趋势让我们能够看到作为媒体的手机独特的媒体定位。

首先，便携性是手机媒体化发展的基础，过分复杂的设计必将脱离手机媒体发展的根本。手机是一种能够随身携带的信息中枢，一旦丧失了便携性的优势，移动影像也就丧失了无处不在的基础，手机在性能上便不能与其他媒体相抗衡。

其次，手机是个性化、人性化的传播工具。很多手机使用者将手机内化成自己的一部分,所以人们追求时尚的手机款式、个性的铃声、个性的开机画面、个性的编辑格式等。精明的商家总会利用手机的这一特点让消费者觉得自己的手机已经"过时"了。因此,手机媒体化必然会沿着这样的路线继续发展,体现个性化、小众传播的魅力是其必然趋势。手机的订阅功能是其小众化传播的典型表现,手机电视的点播功能则体现出其个性化和交互性的特点。手机短信所催生的"拇指一族"以及由短信文化产生的"亚语言"都是与手机媒体的小众传播分不开的。

最后,人性化传播依然是移动影像发展的大趋势。作为与人们生活朝夕相处的信息中枢,手机媒体必将体现出更为人性化的发展方向。数字时代改变了人们的生活方式、心态,使大众越发崇尚娱乐化,这样的发展趋势在手机的科技发展中也有所体现。正如美国著名未来学家奈斯比特抨击消费科技时所说:"我们把科技当玩具玩。"现在所有的手机都无一例外地具备游戏功能就是一个明证,但这确实体现了大众消费的一种心理。北京勺海市场研究公司调查显示,在手机短信和彩信沟通中,幽默笑话的选择比例高达51.2%,这充分体现了手机媒体的娱乐消费功能。作为文化消费的重要窗口,手机不可避免地成为大众思想情感的宣泄渠道。当人们逐渐被工作、学习淹没,并演变成社会大机器的一个附属物时,人的个性得不到发挥,人的欲望受到了抑制,于是手机媒体提供了一个平台:通过幽默的短信娱乐人,通过真诚的影像感动人,通过细腻的文字表达情感。

总之,移动影像的发展能够从一个侧面反映出人们对于信息需求的多样化和影像传播发展的期盼。无处不在的移动影像其实就是无处不在的信息传播的一个缩影。如何将这种普遍的信息交流转变为强大的舆论力量并改善我们的媒体状况,是我们需要认真思考的问题。

新媒体语境下解说词的创作要点*

当下,《人生一串》《风味人间》等制作优良、备受好评的网络纪录片不断涌现,受到观众热捧,这些视频作品的火爆离不开创作理念与表现手法的不断革新,也离不开其中的关键要素——解说词创作。关于解说词的讨论,已经从屏幕内延伸到了屏幕外,《大国崛起》的解说词进入中学历史教学,《舌尖上的中国》使"舌尖体"风靡一时,当"文案"可以出圈时,解说词的重要性便可见一斑。

在视频作品中,解说词能够起到完善叙事、建构逻辑、解释说明、塑造人物,渲染情感、传递思考以及转场过渡等作用。在新媒体时代,影像表达的手段更加丰富,解说词也跟随着创作观念和创作手法的改变而发生变化,本文试图探究在新媒体语境下解说词创作如何与影像巧妙融合,并在影像表达中发力。

一、解说词的语言特点

(一)具有非独立性,不能独立成章

"电视解说不去独立地完成对事件的全面报道,也不去独立地塑造电视艺术形象,它必须和电视的其他手段配合起来,才能最终完成对事件的全面报

---

* 本文原载于《新闻与写作》2021年第1期,与卞亚茜合作,收入本书时有改动。

道和对人物形象的整体塑造。"① 解说词具有非独立性的特点,不能独立成章。《如果国宝会说话》系列微纪录片在对文物的讲解中插入了大量文学性较强的语言,如"我们凝望着最初的凝望,感到另一颗心跨越时空,望见生命的力量之和。六千年,仿佛刹那间,村落成了国,符号成了诗,呼唤成了歌"。如果脱离画面来看,这些语言表达精美但无具体所指,只有在结合画面时,观众才能在或憨态可掬,或巧夺天工的文物中感觉到时间的力量。解说词不能独立存在,它需要和画面互相配合、相互依存,二者缺一不可。

(二)口语化表达,为"听"而写作

解说词是画面的补充,具有一定的文学性,但在创作中也不能忽视其口语化的特点。解说词在影像中主要以字幕和配音的形式出现,相较于视觉,听觉能够更直观地传达情绪和感受,因此需要注重解说词的"视听性"。《人生一串》的解说词被评价具有"烟火气",正是充分运用了口语化表达的结果。"当扯下最后的顽筋,嗦掉手指上的油腥,你啃光的是生活的压力,获得的是一整夜的痛快。"这样的描述配合着食客大口吃肉的画面,观众的内心也跟着蠢蠢欲动起来。央视网在国际残疾人日推出的导盲犬短视频中,以小狗的视角,以口语化、极具童趣的语言打动观众,引发情感共鸣:"一年前的今天,我出生了,是不是好可爱,又温顺,还那么萌,于是,我有幸成为一只候选导盲犬。"

(三)具有黏着性,衔接叙事段落

解说词与画面是一个有机联系的整体,解说词与解说词之间也是一个有机联系的整体。尽管解说词并不能单独成文,但句与句、段与段之间具有一定的逻辑性,而逻辑的存在使得解说词与画面叙事有机统一,也使创作者能够更加流畅地表达意图,传递思考。例如,《航拍中国》云南篇这样开篇,

---

① 楝九. 电视解说词写作[EB/OL]. (2010-08-20)[2020-08-15]. http://blog.sina.com.cn/s/blog_6667302d0100l0iw.ht.

"我们的旅程,从揭开冰雪禁地的神秘面纱开始,顺着融化的冰雪俯冲,触摸一条凝固的河,跟随勇敢者和愤怒的江水来一场搏斗,最后一路爬升至山顶,和牦牛一起守候春天的到来"。这句话架构了整集的叙事逻辑和段落衔接,起到了总领作用,使得片段与片段之间具有不可分离性。

(四)有显有隐,有藏有露

对于影像创作而言,解说词就像皇冠上的明珠,它是一种"镶嵌"。"所谓'镶嵌'就是有显有隐,有藏有露。"[1]解说词在不同的情境下能够发挥不同的作用,如同明珠一般嵌入画面,或光彩明亮,使人收获美妙的视听体验,或深藏不露,引发观众的情感共鸣,"显"与"隐"的巧妙配合,是解说词发挥作用的内在逻辑。

在纪录片《人生第一次》中,解说词多以外显的方式出现,主要起到补充画面缺失信息的作用,以画面为中心,针对视觉进行信息传达,让人能够通过解说词"看到更多"。例如,"穿刺针穿过产妇腰部的脊椎孔,将一根细小的导管导入硬膜外腔,那是脊髓腔外的一个充满神经根的潜在腔隙"直观地说明了产妇临产前需要做的准备,这种对画面的补充就是"显"的体现,而"隐"主要负责传达画面之外的信息,观众只能结合画面通过"听"来获得其他隐藏信息、感知创作意图。例如,在纪录片《甜蜜中国》中,"也许是因为,蜂蜜或者糖在舌头上产生了一种震惊、陶醉的感觉,它被称作甜,从此,人类追逐、创造这种美好"的解说词引出了该片所呈现的主题,但所述内容并不以画面为中心,解说词本身传递了更多有价值的信息。解说词作为视觉感官的补充,与画面糅合发酵,使观众得到关于美的综合体验,产生"身临其境"之感。

---

[1] 棚九.电视解说词写作[EB/OL].(2010-08-20)[2020-08-15]. http://blog.sina.com.cn/s/blog_6667302d0100l0iw.ht.

二、新媒体时代解说词的创作技巧

（一）形成对话语境，增强沉浸感

以 B 站为主要宣发平台播放的网络纪录片《人生一串》的解说词，频繁使用"你"作为主语，将屏幕前的观众置于对话模式，充分调动观众的主观能动性，设置参与感。[①]也正因如此，作品才能为屏幕前的观众营造出"身临其境"之感。在这种对话语境下，观众对于画面的叙事有着期待感和亲切感，相较于传统的宏观叙事方式，这种方式将观众置于"对面"进行阐述，使屏幕前的"你"成为独一无二的传播对象，大大增强了作品的沉浸感。

另外，在解说词中合理运用拟人化表达手法，能够使观众更加形象地感受到画面传达的内容。例如，《如果国宝会说话》多处运用了拟人手法，使国宝活灵活现地展现在人们眼前，如"四平八稳一脸铁青的曾侯乙编钟忍不住要发言：ّ'Duang～～～'"。这样不拘一格的创作手法，既符合当下年轻人轻松活泼的表达习惯，也让国宝这一"高大上"的解说对象走下"神坛"，拉近了传受双方的距离，这是创作者对观众内心仔细揣摩的体现。

（二）迎合年轻受众，用词多元化

在新媒体时代，解说词创作应当更加多元、更接地气。在传统电视平台的制播模式下，解说词创作往往受到诸多限制，但在新媒体平台上，用户更加开放包容，使得以新媒体平台为依托的创作具有更多可能性。

对于以网络为主要渠道进行宣发的视频作品，解说词应更加符合网络语言的表达习惯，用通俗易懂、接地气的语言展开叙述，不能一味追求"严肃"与"规范"。例如，在《我是××生》中，人物是伴随着这样的解说词出场的："喻大双，小龙虾学院第一俊美铁憨憨。"网感十足的用词背后，是创作

---

① 张绮薇，邹蔚苓.从《人生一串》看新媒体纪录片解说词的撰写[J].声屏世界，2020（12）：50–51.

者对受众群体的深刻了解。类似"铁憨憨"这样的网络用语如今已屡见不鲜，网络潮流变化飞快，创作者应当紧跟时代步伐，将时新的表达合理地运用到视频作品的创作中。除了词汇库的扩充更新，解说词的表达手法也应当更加多元。例如，在《嗨，大学》第一集"与子同寝"的开篇，解说词以半文言半白话的形式出现："时维九月，序属三秋，开学季，面基季。网聊了半个暑假的室友集体奔现，从此，点名答到、复习占座、门口取件、上分吃鸡都将以宿舍为单位，集体进行。"表达简单易懂，生动有趣，既巧妙化用了耳熟能详的古文诗句，也不乏符合年轻一代表达习惯的网络词汇，看似不相容的两者形成了巧妙的平衡，共同形塑着影像表达的风格。

（三）采用开放式情境与话题

通过设置媒介文本与观众交互的开放式情境，解说词能够产生更好的传播效果。对于网络视频作品来说，弹幕文化的兴起为解说词与观众的交互提供了载体。《人生一串》的解说词中就隐含着多个创作者设置的开放情境，如"最好吃的就是你家楼下的那家烧烤"，引得观众纷纷在弹幕中刷起烧烤店的名字。这就在弹幕中形成了一个传播场域，让观众成为主角，弹幕成为沟通手段。在这个情境中，观众与视频作品之间、观众与观众之间能产生奇妙的化学反应。

通过解说词"发问"设置情境是创作者的主观意图，创作者期望的结果是能够与观众产生多种形式的交互，弹幕是其中最主要的形式，而弹幕作为观众对于议题的回应，也和解说词一起作为非影像表达共同影响着作品的整体呈现。因此，解说词创作可以通过合理设置开放式情境为观众提供讨论场，使观众可以通过评论、弹幕等多种方式进行讨论，提升作品的传播效果。例如，《人生第一次》这样描述生孩子的疼痛："生孩子，疼，这种疼痛，就像有人要从你的鼻孔里挤出一个西瓜，或者是有人用尖头皮鞋不停地踢你的肚子。"在这个形象的比喻下，观众在弹幕中纷纷回应"真的是这样！""光看我已经感觉到疼了"等，弹幕和解说词一起使得生产的疼痛更加具象化，也使画面的呈现更有感染力。这就打开了视频作品的传播渠道，提升了作品的认知度,有利于其实现裂变式传播。

(四)改变叙事节奏

随着传播环境的变化,解说词应加快叙事节奏,加强段落感,提高信息的密集度。这使得影像可以被段落化截取并传播,适应了网络时代碎片化阅读的需求。在微纪录片及短视频作品中,专注于说清楚一件事,并不意味着表达是浅薄的,即使在精悍的时长里创作者也能通过拍摄策划和文案写作给观众带来思考和感动。例如,在《爸爸的木匠小屋》第一集中,解说词这样描述大暑船:"在离开陆地八公里的地方,它第一次见到大海,就化为灰烬,像一颗流星",语言诗意却平实,体现了中国人的文化坚持和向往。新华社推出的《国家相册》系列微纪录片依托中国照片档案馆馆藏照片,聚焦中国近代历史的各种重大事件和精彩瞬间,在短短五分钟的时长内,解说词不仅起到了补充画面叙事的功能,还串联了主题,使得每一集都具有整体性和集中性。《国家相册》第一集结尾的解说词"历史,永远宣示着这样的铁律,正义必胜,和平必胜",既呼应了该集主题"胜利的日子",也为前文叙述的所有故事定调总结,尽管文字表达已经结束,但画面外的深意继续影响着每一位观众。

(五)选择平视视角

不同于传统纪录片通常采用俯视的全知视角进行内容创作,新媒体环境下的解说词大胆选择平视视角,消解俯视视角带来的严肃感,拉近与观众的距离。例如,在《我住在这里的理由》中,观众被第一视角化,在限知视角下,故事的发展具有更多可能性,观众的兴趣被充分调动了起来。"为了看到刘老师生活的真实状态,我们在没有编导和主持人的情况下,记录了刘老师的一天。"解说词起到了承上启下的作用,更重要的是,观众被放置在了拍摄者的视角中,和制作组一起去观察住在伊豆的有趣大叔,了解被拍摄者最真实的生活状态。在采用平视视角的解说词中,观众被纳为主要交流对象,视频作品的表达也变得更为丰满和有趣。同时,创作者从平视视角出发的解说

词写作更易落到实处，也更加有力。

三、结语

解说词是影像创作的最后一块拼图，在它的加成下，影像表达得以完整。优秀的解说词对影像内涵的传递起着不可忽视的作用，使观众在感受画面之美的同时，感受到文字符号背后的意蕴，二者相互依存，共同传递着影像的力量。解说词创作只有随着时代的发展不断调整和改变，才能更加适配当下的话语体系，在不断变化的潮流和风向中历久弥新。

参与式文化视角下的弹幕视频分析[*]

与传统媒体时代的受众不同,以移动互联网技术为依托的新媒体时代的受众更具主动性,在解读文化产品的过程中表现出更加多样化的参与行为。近年来,逐渐兴起的弹幕视频作为一种开放性文本,给新媒体时代渴望主动参与视频传播的网民提供了很好的平台。

一、弹幕视频与参与式文化理论

(一)弹幕及弹幕视频

"弹幕"一词,从字面上来说是指"密集的子弹,由于过于细密集中以至于像一张幕布一样"[1]。随着游戏行业的发展,"弹幕"一词被射击类游戏广泛使用,卷轴射击游戏和清版游戏大多都具有这种特点,因此被称为弹幕游戏。20世纪末,以《东方Project》为首的同人游戏广泛使用弹幕射击这一游戏制作类型,"弹幕"一词从此进入了ACGN社区。[2]

弹幕视频,即带有弹幕文本的视频类型,以观看者评论的形式滚动或停留在视频画面中。弹幕视频最早兴起于日本,视频网站Niconico在2006年12月提供实验性质的服务,给存储在YouTube上的电影加上了即时留言的功

---

* 本文原载于《当代传播》2018年第6期,与赵甜合作,收入本书时有改动。
① 李海峰,王炜.弹幕视频:在线视频互动学习新取向[J].现代教育技术,2015,25(6):12-17.
② Animation(动画)、Comic(漫画)、Game(游戏)、Novel(小说)的缩写。

能；2007年3月，Niconico打造了自己的动画分享服务网站Smilevedio，其月间浏览页数达到1亿次，成为弹幕视频网站的先驱。

Niconico的迅速崛起给我国的视频网站带来了启示。在游戏动漫领域，ACFun、BiliBili分别于2008年、2010年推出弹幕服务系统，观看者可随时将其评论发布在视频画面上；2012年8月，主流视频网站土豆网的"豆泡"弹幕系统启动，弹幕视频从游戏动漫的小众领域转向主流。以爱奇艺、优酷、腾讯视频等为代表的主流视频网站在2014年推出弹幕服务系统，新浪视频、搜狐视频、网易视频等也紧随其后；与此同时，《秦时明月——龙腾万里》和《小时代3》的院线弹幕电影上线；2014年湖南卫视在金鹰节互联盛典直播中引入了弹幕，在国内电视台节目直播中属首例；2015年随着直播视频行业的兴起，弹幕伴随直播画面而生成，并成为视频传受双方交流信息的主要渠道。现如今，弹幕视频在各大媒介平台上发展得如火如荼，已成为信息得以双向交流不可或缺的形式。

（二）参与式文化理论

参与式文化由美国传播学家亨利·詹金斯于1992年在其著作《文本盗猎者：电视粉丝与参与式文化》中提出，指以Web2.0网络为平台，以全体网民为主体，通过某种身份认同，以积极主动创作媒介文本、传播媒介内容、加强网络交往为主要形式所创造出来的一种自由、平等、公开、包容、共享的新型媒介文化样式。[①]

参与式文化包含四大要素，即对Web2.0网络技术的依赖、注重关系建立与身份认同、推崇个性化的媒介文本、强调集体智慧。弹幕视频作为网络平台上的开放性文本，与参与式文化的要素相契合，强调众多网民通过自发参与制造弹幕文本实现身份认同，并进一步对影像创作进行反馈。由此可见，弹幕视频本身就是参与式文化的典型代表。

---

① 詹金斯.文本盗猎者：电视粉丝与参与式文化［M］.郑熙青，译.北京：北京大学出版社，2006：288.

二、参与动力

人的媒介行为的产生并非无本之木、无源之水，而是被多个要素逐步形塑的结果。以下从心理特征层面探析弹幕视频中的影像语言触发弹幕文本的原因，以明确网民的参与动力。

（一）精神分析学的快乐原则

作为精神分析学派的创始人，西格蒙德·弗洛伊德提出了人格的"地形观"，即人格是由意识、前意识、潜意识构成的。[①]他认为，潜意识是人的精神主体，包含原始的冲动、本能和后天形成的与本能相关的欲望。在此基础上，弗洛伊德再一次提出了人格的"结构观"，即本我、自我与超我。本我指的是人类潜意识中最本能的欲望；自我是后天发展的结果；超我是人格的最高层次，可达到理想人格。弗洛伊德指出，实现本我的唯一目标是满足欲望、追求快乐，即遵循精神分析学的快乐原则。

弹幕视频观众以"80后""90后""00后"为主，作为网络原住民或网络移民的他们在人格完善的成长期内，面对现实生活中的压力和约束，需要寻找一个发泄的窗口，而虚拟世界中的恶搞成为寻找快乐的一种有效方式。弹幕视频中的故事情节、演员造型以及台词等都可以引发观看者的吐槽，最终以娱乐消遣性质的弹幕文本展现于屏幕之上。从弹幕文本内容来看，观众的焦点大都是视频内容是否能满足其娱乐需求，一定程度上体现了弹幕用户的游戏心理，而这种游戏心理被满足的过程，就是他们主动参与、追求快乐以实现潜意识中的本我的过程。

（二）仪式化的狂欢

苏联思想家巴赫金认为，狂欢节上民众对国王脱冕及加冕仪式的模仿以

[①] 刘慧佳. 弹幕视频的传播模式构建与用户心理分析［J］. 新媒体研究，2018，4（6）：20-22.

及其他庆贺活动，反映的是大众狂欢化心理。每种文化形式都具备仪式化的特征，而作为仪式存在的文化往往会表现为集体参与的狂欢。

弹幕文本的生成就是脱冕与加冕的过程，这是仪式化狂欢的基础。一方面，弹幕视频的去中心化传播模式让视频创作者的以往权威得以脱冕，如"小编该领盒饭了""这导演是怎么想的""编剧你过来，我保证不打死你"的弹幕文本，是用户参与弹幕创造并消解创作者权威的体现；另一方面，用户通过弹幕对视频进行的二次创作是加冕的过程。弹幕视频赋予用户以话语权和创作权，改变了传统的单向传播模式，视频观看者不再是"魔弹论"中毫无反应的"沙发土豆"，而是被加冕的用户。

在脱冕与加冕实现后，全屏的弹幕便演化成狂欢的广场，看似重复冗余的弹幕文本产生了多重戏剧的复调式效果，达到了狂欢化的审美境界。在弹幕视频网站 BiliBili "弹幕最多的视频排行榜"盘点中，前 14 名均为重复性弹幕文本最多的视频，如"哔哩哔哩哔哩哔哩""\Hey\Hey\Hey\Hey/""神威神威神威"，其重复性文本自身并无太多实际含义，但当其屡次叠加铺满屏幕时，便形成了一个狂欢的广场，用户参与其中不断增加弹幕文本的过程成为一种仪式。参与这种仪式并进行狂欢便成为弹幕用户的一种渴望与动力。

（三）身份认同的实现

身份认同是西方文化研究中的一个重要概念，指的是对主体自身的认知和描述，从文化认同角度来说，其包含自我身份认同和集体身份认同两个方面。自我身份认同以自我为中心，强调自我层面的身心体验；集体身份认同意味着文化主体将某种文化视为集体文化自我，而将文化的其余部分视为他者。自我身份认同是集体身份认同的基础，两者构成了主体本身的认知过程。

弹幕视频中自我身份认同的实现体现在两个方面：首先，视频的重新可视性允许已浏览过内容的用户以"前方高能预警""非战斗人员请迅速撤离"的预警弹幕参与其中，甚至在《还珠格格》中老佛爷探看小燕子的剧情开始之前，也会出现满屏的"你的好友老佛爷邀请你加入视频通话"的预警弹幕，这体现了此类用户渴望参与弹幕文本制造过程，并维护自己"预言家"身份的心理诉求；其次，弹幕文本的被认可程度决定了自我身份认同的实现程度。被反复刷屏的经典弹幕文本对首发者来说是一种来自他人的肯定。

弹幕视频的社群属性为集体身份认同的实现奠定了基础。观看同一视频的用户在审美和认知上具有相似性，很容易形成一个天然的社群，社群内部容易产生情感共鸣，这种共鸣即对集体身份的认同。例如，在热播节目《创造101》播出时，弹幕内容是随着画面中不同的表演者轮番上场而变化的，随着后一位练习生镜头的出现，针对前一位练习生的弹幕也随之被后来者替代，以体现粉丝群的某种集体身份；在"共青团中央"B站账号发布的《厉害了，我的国》宣传视频中，满屏"此生无悔入华夏，来世还生种花家"的弹幕，是弹幕文本凝聚影像文本情感、实现对"中华儿女"这一集体身份认同的具体体现。

三、参与方式及结果

不同媒介形式隐喻着不同时代的文化形态。弹幕视频是新媒体时代的媒介消费方式，弹幕文本的生成离不开网民作为用户身份的主动创作与分享，体现着网络平台的参与特性，这就是参与式文化所强调的协作和共同生产。但用户是通过哪些方式参与弹幕文本的共同生产过程进而对影像创作产生影响的？本文将从噪音式参与、游牧式参与、社交式参与三个方面对此进行探析。

（一）噪音式参与创造文本间性

弹幕视频传播作为互联网传播活动的一种，其互动过程符合美国社会学家 M.L. 德弗勒于20世纪50年代提出的"大众传播双循环模式"（又称"德弗勒互动过程模式"）（见图1），是指在闭路循环传播系统中，受传者兼备信息的接收者和传送者两种身份，噪音贯穿传播过程的多个环节。该模式明确补充了反馈的要素、环节和渠道，突出了双向性质，被认为是一个能相对完整地描绘大众传播过程的模型。弹幕视频中的弹幕文本则恰好具有此互动模式中的噪音属性。

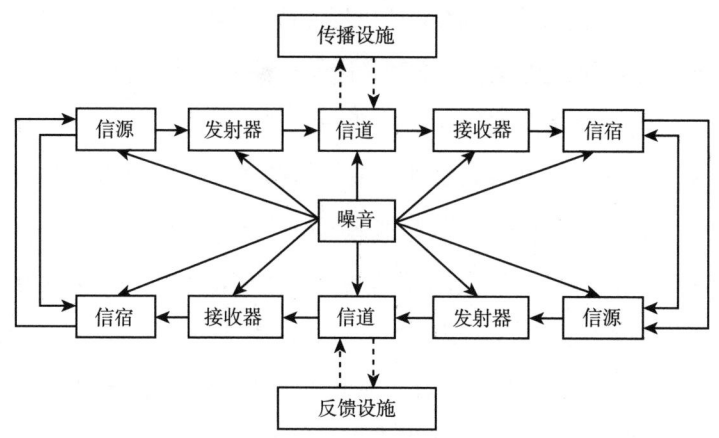

图 1　德弗勒互动过程模式

由于技术所限，传统的信息传播模式多是通过一个信道由信源到信宿的单向过程。随着媒介技术的变迁，弹幕文本以"噪音"的形式参与传播过程，这种看似冗余的信息流拓展了信宿到信源的反馈路径，原本的信宿转化为新的信源并对原来信源传播的内容作出反馈。当这种反馈成为对已有影像语言的补充说明时，作为"噪音"的弹幕文本和影像语言之间就产生了文本间性，这种相互起补充解释作用的互文效果的产生，使得弹幕电影所要传达的语义进一步完善。

间性文本从本质上来讲是一种对话性文本，在传统的影像创作过程中只存在着视频文本的单向对话，这种对话只能依赖于影像语言对被传播者产生作用。在弹幕视频中，弹幕文本和视频文本是同时存在于同一个信道中的，相对于视频文本来说，弹幕文本具有"噪音"属性，会在有限的信道内对视频文本的传播产生排挤。与此同时，弹幕文本噪音属性所带来的被传播者的主动对话也不应被忽视，这种噪音式的对话参与方式，在同时空并置着已完成时态或正在进行时态的视频文本与弹幕文本，弹幕文本可以与视频文本对话，间性文本的互文效果便由此产生。①

正如中国古代诗文评文化传统中，点评人将个人观点以文字形式批注于

---

① 贺滟波.弹幕电影：作为间性文本的影像表达［J］.重庆师范大学学报（哲学社会科学版），2017（3）：95-99.

名著正文旁，以使读者能更好地理解文章内容。后工业时代的弹幕文本也具有对视频文本进一步补充说明的作用。例如，在《荒野求生》第 1 季第 1 集中，主人公"贝爷"在介绍"猫尾巴草"可在寒冷的天气御寒时，一系列"这种植物在中国叫作香蒲""这个可以拿来做火把，很容易点燃的""蒲草的根部是可食用的，略带甜味""小时候看见邻居家把这个点燃熏蚊子，很有效"的弹幕文本，是对该视频原本影像语言所表达的语义的进一步补充，使得视频观看者对某一类影像作品的理解从"点"拓展到"面"，体现了不同影像作品之间的互文性，大大拓展了单一影像作品的语义空间。

（二）游牧式参与革新创作方式

法国当代思想家德塞都认为，读者对文本的解读是一种"前进和撤退，玩弄文本的战术和游戏"，他们是不同文本之间没有固定位置的游牧民，通过参与意义的解读挪用新的材料，以获取新的意义。[①] 詹金斯在《文本盗猎者》一书中也印证了德塞都的观点，他认为粉丝并非法兰克福学派所谓的"文化白痴"，与偷猎者一样，粉丝消费者不断闯入由文化工业生产者所建立的文本禁区，并掠走他们认为有用的东西，再根据自己的方式对这些东西进行加工和改造。

在当下的互联网环境中，文本解读者不单扮演读者的角色，在弹幕视频中还以用户的身份主动参与文本意义的解读，从过去读者时代后仰式的被动文本解读姿态转向前倾式的主动游牧。当这种主动的游牧延伸到影像的再创作过程，表现为对视频的挪用和拼接时，游牧解读与再创造的参与特性便体现出来。

弹幕视频作为青年亚文化的典型代表，用户对其文本的解读也体现着青年网络文化的典型特征。音 MAD，又称鬼畜视频，是弹幕视频中最容易引发弹幕的类型，指的是将高频度重复的画面与音频同步剪辑，以达到一种荒

---

① 别君华. 参与式文化：文本游牧与意义盗猎——以 bilibili 弹幕视频网为例 [J]. 青年记者，2016（23）：43-44.

诞的喜剧效果的影像创作方式，是对严肃正经话题再创作，以达到颠覆经典、解构传统的一种艺术形式。例如，在《三国演义之诸葛亮舌战王司徒》的鬼畜视频中，诸葛亮与王朗沙场舌战的过程被弹幕视频用户以部分片段重复拼贴的方式剪辑出来，配以同步的背景音乐，在一定程度上是网民疏解情绪、减压娱乐的方式。由此看来，在以鬼畜视频为代表的弹幕视频中，用户已超越了对原本单一影像文本意义的游牧，逐渐升华至通过对弹幕视频的剪辑、拼接、效仿而进行的再创造过程，这种再创造的行为是影像创作方式的一大革新。

（三）社交式参与延伸影像价值

马克思说过，人的本质在于其社会性。个人成长的过程就是不断被社会化的过程，在这一过程中，社会交往是重要环节。弹幕视频作为一种影像作品传播的新形式，其允许用户即时参与讨论的机制，打破了传统视频传播的时间和空间限制，为屏幕前的观看者营造了即时沟通的社会交往氛围。观看者的关注对象不仅局限于影像文本，而且逐渐转移至弹幕文本，通过弹幕的一问一答形式将弹幕视频变成了新型的社交平台。

美国社会学家马克·格拉诺维特于1974年提出的"弱连接"理论表明，相对于传统社会中家人、亲属等接触频繁且关系稳定的"强连接"关系，那些互动关系形态上并不很亲密的弱连接关系反而在某些领域起着比强连接更大的作用。弹幕视频为网民提供了新的社交平台，这种社交平台突破了传统媒体时代以血缘和地缘为纽带的社会交往圈，以共有的兴趣爱好为基点吸纳来自不同社群的人，通过对弹幕文本的编码与解码完成与屏幕对面陌生人的社会交往，是新媒体时代社交方式的革新。

弹幕视频中，观看同一视频的观众都有着大致相似的审美趣味，他们之间的关系基于网络而建立，这种弱连接的关系纽带使得观看者身份不分高低，因此拥有相对平等的话语权，在彼此的沟通与交流中更加真实、坦诚，相对于传统的面对面的社交方式，其互动效率更高。弹幕平台上基于网络建立起来的弱连接关系社交平台，向弹幕用户提供了交流的机遇，这种交流因为身份的相对平等而更显真诚和真实。弹幕视频也因为观看者的社交式参与而丰富多彩，其影像价值伴随社交属性的增加而递增。

四、弹幕视频发展的挑战与应对

弹幕视频作为参与式文化的典型代表，体现着互联网时代媒介的参与特性。当下弹幕视频在各大视频传播平台上发展兴盛，但也面临诸多挑战。因此，在弹幕视频热度不减的当下，对其进行冷静思考是弹幕视频可持续发展的重要过程。

（一）弹幕语言的过滤

娱乐性是弹幕语言的重要特征，用户发布的弹幕文本多以吐槽、讽刺的形式出现，因此必然夹杂着不恰当的内容。尼尔·波兹曼在《娱乐至死》一书中强调，一切公众话语都日渐以娱乐方式出现，并成为一种文化精神。我们的政治、宗教、新闻、体育和商业都心甘情愿地成为娱乐的附庸，毫无怨言甚至无声无息，其结果是我们成了一个娱乐至死的物种。[①]在一些具有人文气息和教育意义的视频中，典型人物和历史英雄形象被娱乐化的弹幕语言消解，偏离了原本的传播意涵。例如，在《三国演义》的弹幕中，网民多以"王者荣耀"等游戏中的语言对历史人物进行调侃，孙策重伤身亡时类似"大乔怎么不放大招啊"的弹幕文本充满了屏幕；在电影《肖申克的救赎》中，部分吐槽的弹幕语言存在不理智的情绪，在一定程度上对该电影的教育意义有所损害。因此，弹幕语言作为一种释放压力的手段，在综艺娱乐性质的视频中应用范围更广泛，在涉及严肃教育意义和人文情怀的影像作品中应对弹幕语言适当过滤，防止这种集体狂欢跨越了边界，成为消极的话语权力，使人们变得麻木和无知，置艺术价值和伦理道德于不顾。

---

① 波兹曼.娱乐至死[M].章艳,译.桂林：广西师范大学出版社，2011：4.

(二）对"噪音"的把握

如前文所述，弹幕文本作为一种"噪音"存在于传播过程中，拓展了信宿到信源的反馈路径，使得弹幕文本与影像语言之间产生了文本间性。但与此同时，弹幕文本作为"噪音"与影像文本存在于同一信道中，两者在有限的信道空间内必然会相互挤压。专业团队制作的影像作品都遵循着一定的美学规律，在多数弹幕视频的画面上，弹幕文本以叠加的形式不断增加，对原本清晰的视频产生了遮挡，甚至严重到无法正常观看，这无疑影响了原本影像语言所要传达的美学价值。更重要的是，当大量对影像作品的对抗式解码以弹幕文本形式充斥于屏幕之上时，将会引发网民的盲目跟风，加重言论的混乱程度。因此，弹幕文本的"噪音"属性不能被忽视，过分冗杂的信息流应被适当控制，以防对影像作品的传播效果产生负面影响。

（三）二次创作与侵权问题

弹幕视频作为互联网时代网民主动参与文本解读并进行再创造的产物，必然会存在二次创作的版权问题。鬼畜视频因为强烈的娱乐属性成为容易引发弹幕产生的视频类型，体现了网民二次创作的潜力和热情，但也因为对原素材的肆意拼接而存在侵权问题。诸如《雪姨敲门》、成龙《我的洗发水》《一百块都不给我》等鬼畜视频作品，激发了一大批弹幕文本的产生，也在一定程度上造成了对肖像权、原视频创作者版权的侵犯。另外，弹幕视频网站上存在大量网友自创的内容，当这些弹幕视频的影响力扩大到一定程度时，一些人会进行商业化分享，以谋取利益，这是对网民自创作版权的严重侵害。因此，弹幕视频的再创作应该在合理、合法的法律框架内进行，既保证文本意义编创者的自由，又保护原创者的权利。

五、结语

弹幕视频是相对开放、自由的文本。是互联网时代的弹幕用户在快乐原则、仪式化狂欢、实现身份认同等心理因素的推动下，通过变革编码与解码、制造"噪音"产生文本间性,通过对文本进行游牧和再创造的方式主动参与弹幕文本的生产与弹幕视频的传播,将对影像的解读由后仰式变为前倾式姿态。与此同时,弹幕视频作为参与式文化的典型代表,在弹幕语言、"噪音"干扰、版权等诸多方面面临挑战,因此,明确弹幕视频传播中的参与动力、参与方式及结果,对冲出弹幕传播迷雾、探析其可持续发展的路径大有裨益。

融合传播与互动仪式：央视新闻直播带货模式探索*

2020年是中国电商直播元年，央视新闻进军直播带货领域，并联合淘宝、快手、抖音、拼多多、京东等平台开展多场直播，旨在扶贫助农、助力企业发展。其系列带货直播体现出强烈的公益性，取得了良好的经济效益和社会效益，强化了主流媒体的社会责任感，也是央视新闻媒体融合转型的一次新尝试。

央视新闻通过平台、形式、理念的多方融合，重构了人与平台的关系，打造了带有互动仪式特征的带货直播间。兰德尔·柯林斯认为，互动仪式的构成需要四个初始条件：两个或两个以上的人聚集在同一场所，通过身体在场而相互影响；对局外人设置界限；人们的注意力集中在共同的对象或活动上；人们分享共同的情绪或情感体验。① 央视新闻带货直播满足了互动仪式建立的情境，为用户实现线上虚拟集聚、建立情感关系提供了入口，借助直播的实时互动机制与用户搭建情感联结，维系了直播的可持续性，构建了媒体融合的新常态。

一、形式融合：直播技术实现用户虚拟在场

技术层面的媒介融合创新使身体的非物理在场成为可能，为用户获得具

---

* 本文原载于《电视研究》2020年第10期，与朱润楠合作，收入本书时有改动。
① 柯林斯.互动仪式链[M].林聚任,王鹏,宋丽君,译.北京:商务印书馆,2018:86.

身化的感官体验、实现关注焦点的集聚和情绪的共享提供了物质基础。互动仪式以直播间为平台，借助直播这一形式带来的虚拟共在体验和实时互动机制为用户营造了线上交往情境，在时间与空间两个维度最大限度还原了线下的社会交往。

首先，从空间上看，央视新闻融合直播形式，既为用户提供了具身化的在场体验，也实现了主播身体的虚拟在场。柯林斯认为，仪式是身体亲历的过程，身体在场是互动仪式的开端和基础。随着现代传媒技术的发展，身体在场的形式越发多样化，物理空间的身体在场不再是必需的。作为人身体延伸的网络直播为身体的虚拟在场提供了平台，打破了个体参与仪式的空间藩篱。在央视新闻直播间，每个进入直播间的虚拟 ID 背后都是一个鲜活的个体，一条条评论成为用户确认彼此共同在场的信号。此外，央视新闻借助移动直播技术，从传统的电视"大屏"转向移动端情感价值取向的"小屏"，让主播与用户实现虚拟在场，直播通过摄像头将主播的面部表情和声音清晰地呈现在用户屏幕前，使主播的一举一动更具真实性。主播无差别的身体影像通过数字化呈现强化了用户的感官体验，营造了一种主播与用户面对面交流的临场感和亲近感。[①] 随着央视新闻带货直播的不断运行，直播间成为连接不同地区的线上空间，直播的商品从湖北农副产品拓展到家用电器、国潮品牌，邀请的嘉宾也来自不同地域、不同行业，从最开始的主播与嘉宾远程视频连线到线下集聚，不同的直播场景在空间维度上拓展了用户身体共在的场景范围，营造出"云"上交流的互动场景。

其次，在时间上看，直播搭建了用户的实时互动场景，使主播与用户身处同一条时间线，通过即时的评论、反馈而相互影响。直播实时性、同步性、信息高度复合的特点能让用户在互动中建立共同关注焦点、产生情感互动，从技术层面解决了身体缺席产生的仪式效果削弱问题。[②] 用户通过点赞、转发、评论、送虚拟礼物等方式实时表达自己的态度和情感，既留下了自己"在场"

[①] 张小强，李双. 网红直播带货：身体、消费与媒介关系在技术平台的多维度重构 [J]. 新闻与写作，2020（6）：59.

[②] 荀瑶. 网络直播的互动仪式探析 [J]. 学术交流，2018（5）：141.

的印记，也与其他用户交换了彼此的关注焦点和情绪。直播间显示的实时观看人次和屏幕中弹出的"××进入直播间""××正在购买"都增强了用户群体之间的共在感。主播在线给用户推荐产品，分享使用感受，用户的反馈与疑问通过评论区及时获得回复，既有效提升了用户购物体验，回应了用户诉求，也让用户获得"我在现场"的参与感。

二、平台融合：仪式边界的设定与关注焦点的集聚

央视新闻代表的主流媒体公信力为商品质量背书，其借助淘宝等电商平台、快手等短视频平台和新浪微博等社交媒体平台的用户流量池，深度融合多方平台优势，扩大直播的辐射范围和影响力，最大限度地获取用户注意力。平台融合既带来了人的多元混搭，使平台各自的主播与用户带有的符号特质相融，也带来了关注焦点的聚集。

（一）平台设定群体边界

首先，直播平台和直播房间形成了虚拟的壁垒。对局外人设限有利于维持群体边界的清晰，减少仪式进行过程中噪声的干扰，强化群体成员的身份感和团结感。与具有严格准入限制的其他内容平台不同，直播间进出较为灵活，用户可基于个人兴趣选择直播间。央视新闻发起的系列公益直播吸纳了有收看兴趣的成员加入其中，为用户设立了稳定的共有语境，培养了用户的收视习惯和期待。观看同一直播的用户自动形成了虚拟社群，在封闭的直播间内开展互动交流。央视新闻客户端是央视新闻进行公益直播的主平台，每次直播联动的不同平台为直播拓展了分发渠道，用户只有注册、登录后才可以观看直播，而只有对同一直播话题感兴趣、进入同一直播间，才能共享相同的焦点、建立互动关系，这种基于趣缘的选择设置了隐形的群体边界。

其次，符号屏障是区分群体成员与局外人的第二重边界。不同平台和主播都有自己独特的表达方式，其粉丝群体也有各自的成员身份符号。个体在

互动中所使用的符号储备很大程度上源于之前的互动仪式。①在直播间内，用户通过互动、传递独特的语言符号确认彼此身份，只有了解、认同、使用这套话语机制，才能形成高质量的互动。如果缺乏这些必要的符号储备则很难获得共鸣体验，无法全身心地投入互动仪式。用户在评论中通过呼应主播和其他用户，强化了个体的身份认同。平台的融合、主播的跨界带来了各自的话语模式、价值标准与群体符号的碰撞。随着直播间内互动的不断深入，共同的关注焦点和情感状态不断强化，用户从原来各自的圈层融入新的圈层，在新场域的互动中强化新的成员身份认同。

（二）平台集聚共同关注焦点

互动仪式需要人们将注意力集中在共同的对象或活动上，并通过互动确认彼此的关注焦点，达成某种传播共识。②不同性质的传播平台共享公益带货的主题以公益为主题，将不同平台的用户集聚到同一关注焦点中。每场直播前，央视新闻客户端提前预告直播主题、嘉宾和产品，预告内容为直播仪式进行了铺垫和预热，使用户有准备地进入直播间，为直播中关注焦点的形成奠定了基础。在直播过程中，依次上架售卖的商品成为观众持续关注的焦点，而其中穿插的主播与嘉宾的互动也成为观众共同讨论的议题，主播的流程引导和直播间内的互动交流引起用户关注焦点的不断转换。直播结束后，用户在微博热搜、微信等其他社交媒体平台继续关注直播产生的热点话题，对#朱广权累瘫了#、#央视Boys带货直播3小时卖出5亿#等话题的延伸讨论在直播间外进一步强化了关注焦点。社交媒体平台的二次传播使得议题被裂变式放大，提高了直播的传播效果。

三、理念融合：互动情境强化共享情感

在融媒体时代，移动视频直播的观众变成用户，成为传播节点中的重要

---

① 兰德尔·柯林斯.互动仪式链[M].林聚任,王鹏,宋丽君,译.北京:商务印书馆,2018.
② 邓昕.互动仪式链视角下的弹幕视频解析：以Bilibili网为例[J].新闻界,2015(13):16.

组成部分。央视新闻的直播带货融合电商直播的交互理念，将主播与用户之间、用户与用户之间的互动纳入直播过程，用户的情感在交互中被唤起，在双向、多向互动中确认共享情感，在情绪感染作用下激发集体兴奋和情感共鸣，最终形成对直播间的情感依赖，获得长期稳定的情感能量。

（一）情感动员：主播唤醒参与者情感

柯林斯认为，互动仪式的主要目的是唤醒情感，情感唤醒的根本动力是期望和奖惩。① 人们对参与感、归属感等正向情感的期待是情感能够被唤醒、行动能够被调动的主要动因。

首先，位于直播仪式中心地位的主播，承担着调动观众情感、引导互动节奏与进程的任务。央视新闻与其他平台联合的带货直播协调了不同流量的调性，充分发挥了央视主播与电商主播的专业特长。直播中嘉宾演唱的民歌烘托了直播间的氛围，让两地民众倍感亲切；央视主播科普"秦晋之好"的历史典故，讲述商品背后的故事，增加了商品的文化附加值。主持人长期积累的公信力和影响力强化了用户的信任，弱化了商品推销色彩，既调动了两地用户对家乡味道的思念之情，也点燃了其他地区用户拼单的热情与激情。

其次，央视新闻积极转变语态，采取年轻化的话语表达，以更好地适应直播带货的传播语境，契合网民的审美诉求。直播间中，央视主持人一改传统严肃、高冷的形象，以亲民、接地气的形象化身带货主播，其生动活泼、富有网感的语言拉近了与用户的心理距离。"谁都不能祖蓝我夏丹""权都买琦""权来康康，撒开了买"等宣传语贴近网民的表达方式，吸引了用户的观看兴趣。直播过程中，央视主持人"吃藕不容易变心，因为奇变偶不变""激动的心，颤抖的手，推荐什么大家都买走"等金句频出，诙谐风趣的语言打破了与用户交流的壁垒，更好地调动了用户情绪和场内节奏氛围。

最后，主播"上链接"的口令成为激发群体性效应的仪式设计，催生了

---

① 蒋晓丽，何飞. 互动仪式理论视域下网络话题事件的情感传播研究［J］. 湘潭大学学报（哲学社会科学版），2016，40（2）：122.

大规模的群体一致行动，使用户开启一种"抢货"的集体兴奋模式，形成情绪共振。用户在下单过程中既收获了"买买买"的满足感，又有亲身参与公益项目、助力脱贫攻坚的成就感和自豪感，这种正向情感的满足为用户持续观看直播、参与互动、调动情感奠定了基础。

（二）情感互动：互动情境强化集体情绪

互动仪式发挥效果的前提是"远程传播必须传递观众的参与热情，而不只是领导者和表演者的信息"①。观众的反应是仪式的重要组成部分。主播通过回应评论区内容与用户开展互动，获得反馈的用户的互动热情被进一步激发。"卖光了""秒空"的评论让主播实时了解了售卖情况，进而做出"加满""补货"的回应，用户通过评论推动直播持续进行，影响甚至左右直播进程，提高了自身的参与感与在场感。

用户与用户之间的实时交流互动是群体关系的黏合剂，催化共有情绪的形成。用户在直播间内通过评论交流产品的相关信息，分享抢购成功或失败的情绪体验，或者对直播内容进行调侃，评论区中"愿为湖北胖三斤""既没能为湖北拼命，也没能为湖北拼单""我为美好生活拼一单，中国经济翻一番"等"神回复"引发了用户的情绪共鸣。用户在即时交流中实时传达彼此的情感，体验着"我不是一个人"的归属感和参与感。针对某一内容的评论迅速流动、刷屏，形成了连续的、有节奏的互动仪式，实现了评论区会话的无缝衔接。这种互动仪式的节奏性和秩序性，最大限度地唤起了直播间内的团结。随着个体越来越融入其中，互动的焦点逐渐协调一致，参与者形成共同的节奏，仪式引发的情绪感染与情感连带也越来越强。

（三）情感依赖：情感能量的表现形式

情感是互动仪式的核心因素和结果，作为互动仪式启动条件的共享情感是暂时的，然而仪式的结果——情感能量则是长期稳定的。央视新闻有意识

---

① 兰德尔·柯林斯.互动仪式链[M].林聚任，王鹏，宋丽君，译.北京：商务印书馆，2018.

地建构用户与用户、用户与主播之间的社交关系，搭建用户与直播间的情感纽带。在央视与国美合作的直播间中，央视主持人康辉、撒贝宁、朱广权和尼格买提的"央视Boys"组合产生了奇妙的化学反应，主持人之间的插科打诨、"互怼"将直播变为大型脱口秀，主持人的"翻车"现场被用户调侃为"史诗级的场面"。用户沉浸在直播间打造的社交氛围中，共享着相同的关注焦点和乐趣，一边下单，一边听着主播的段子和金句，在直播间内收获了陪伴式的购物体验，疗愈"社会性孤独"。央视主持人组成"权来康康"和"撒开了买"两队，以比拼的形式为美好生活带货，用户选择不同组合，争先下单，主播与用户、用户与用户之间形成"队友"和"对手"关系，各队销售额的竞技游戏极大地调动了用户的参与热情，增强了用户与直播间的黏性。直播间互动环节的设置融入了娱乐和游戏色彩，让用户通过收看直播获得了轻松愉悦的感官体验。这种设置将电商直播综艺化，赋予直播以社交属性，有利于培养直播间固定的用户群，使用户在互动中对直播间产生稳定的情感依赖，在情绪的共享和共鸣中逐渐结成情感共同体。对于共同体成员而言，直播间提供的不再只是优惠的价格和限量的精品，更提供了情感、价值和趣味，营造了一种归属感和一致性，在满足用户购物需求的同时，也满足了其社交和互动的感性需求。用户在直播间中寻求情感归属和身份认同，在他人评论的支持中获得情感能量的满足，激励其继续参与下一次直播间的互动仪式，由此推动互动仪式链的不断循环。

结　语

直播带货是央视新闻媒体转型的一次新尝试，实现了媒体产品要素的重组，平台的跨界互联、直播形式的创新融合、互动理念的强化满足了直播间互动仪式的构成要素，在仪式中建立的用户与媒体的情感联结又对媒体转型形成有益反哺。媒体的带货直播以直播推动融合创新，以电商经济加快媒体转型。作为一种新型融媒体产品，直播带货为媒体服务业务的拓展和经营模式的突破提供了机遇。

从《国家宝藏》看文化综艺节目对文化记忆的媒介重构*

在各国家、民族文化竞争愈加激烈的今天,重振文化自信是时代命题,在党的十九大报告中,习近平总书记强调,文化自信是一个国家、一个民族发展中更基本、更深沉、更持久的力量。文化记忆则是文化自信生成的基石,只有先建构起对本民族历史文化的记忆,才能为增强文化自信提供丰厚的文化滋养。本文以文化记忆和媒介重构为框架,分析 2017 年 12 月央视重磅推出的大型文博探索节目《国家宝藏》如何对传统文化进行媒介再现,重构了文化记忆,并为大众了解我国的历史文化增添了一个崭新的维度。

一、文化记忆的内涵及媒介向度

(一)文化记忆的内涵

20 世纪 20 年代,法国社会学家哈布瓦赫首次提出"集体记忆"的概念,他认为集体记忆是一个社会建构的概念,在本质上是立足现在对过去的一种重构,是秉持"现在中心观"对过去形成的各种观点,每个社会群体或机构(如家庭、社会团体、国家民族等)都有各自不同的集体记忆。[①] 哈布瓦赫

---

* 本文原载于《东南传播》2018 年第 5 期,与李佳咪合作,收入本书时有改动。
① 时晓. 当代德国记忆理论流变 [J]. 上海理工大学学报(社会科学版),2016,38(2):154-158.

的"集体记忆"理论着重强调当下,而忽视了记忆所具有的承载文化延续的功能。

20世纪90年代,德国学者扬·阿斯曼和阿莱达·阿斯曼夫妇在继承"集体记忆"理论的基础上,从社会和文化向度上提出了"文化记忆"理论,用以表述文化的传承。扬·阿斯曼认为,文化记忆是每个社会和每个时代所独有的重新使用的文本、图像和礼仪,通过对它们的"维护",这个社会和时代巩固与达成关于自身的图景,它是集体共同拥有的关于过去的知识,群体将其一致性和独特性的意识建立在这一知识的基础之上。① 通俗来讲,不同于集体记忆是建立在日常交往基础上的沟通交流记忆,文化记忆被外化为了一种抽象的、固化的、稳定的文化符号,它不仅停留在语言和文本中,还存在于博物馆、纪念碑、仪式、节日等各种载体之中,具有稳定性和长久性。通过这些文化载体,一个国家和民族的文化才得以代代传承下去。

(二)文化记忆理论中的媒介向度

所有的文化符号都与媒介密切相关,如历史建筑、纪念碑或者博物馆等文化载体都离不开文字媒介,我们几乎见不到空无一字的历史建筑、纪念碑和博物馆,因为只有依靠文字的注解,后人才能理解它们所承载的历史,而史书、唐诗宋词、历史课本等也都是以文字为载体来建构文化记忆。

20世纪下半叶,影像以其视听兼备、直观易懂、形象生动的优势开始取代文字成为文化记忆的主要载体,尤其是以真实为其本质属性的纪录片承担起了传播民族文化、建构文化记忆的媒介使命。例如,20世纪七八十年代我国涌现了《话说长江》《话说运河》《丝绸之路》等一批优质的历史文化纪录片,它们以民族共同情感为脉络,将历史与当下紧密结合,以影像为文本建构了民众的文化记忆。随着电视媒体的发展,影像再现历史的形式愈加多元,如央视近年来推出的系列文化综艺节目《中国诗词大会》《国家宝藏》等,都在以更生动活泼的形式重构文化记忆,也深受观众的喜爱。因此,媒介是文

---

① 张欣.文化记忆理论研究[D].青岛:中国海洋大学,2015.

化记忆理论中极其重要的向度之一，文化记忆的内容只有借助媒介才能转换为文化层面的集体记忆，为个体所分享。

二、现代化进程中文化记忆的遗忘与解构

（一）现代化进程中文化记忆的遗忘

德国心理学家艾宾浩斯从心理学上对记忆进行了系统的实验，并绘制出了著名的"艾宾浩斯遗忘曲线"，他认为遗忘是不可避免的事情，当下发生的事情在数日之后就会渐渐忘却。如此看来，千百年前的历史文化记忆在朝代的更迭和时间的冲刷中难免会被人们遗忘。文化记忆的遗忘一般包括外部遗忘和内部遗忘两个层面：外部遗忘主要指全球化背景下外来文化的扩张和入侵带来的各国、各民族文化的冲突和融合，国民在接纳他国文化的同时也在一定程度上遗忘了本国的历史文化，如在互联网环境下成长起来的青年一代受到外来文化的影响后，一些人表现出对以"好莱坞"为代表的美国文化和以偶像养成为代表的日韩文化的狂热追捧和对中国传统文化的淡漠；内部遗忘主要指在社会发展变迁的过程中新文化文本对旧文化文本的自然更替和取代，如城市化的扩张使众多具有历史文化符号的古建筑和文化遗产被高楼大厦所替代，现代与历史的记忆联结也随之消失。

（二）复杂网络环境下媒介对文化记忆的解构

媒介建构着文化记忆，但当下文化记忆的主要载体——网络媒介彻底颠覆了口语、文字传播时代的媒介环境，网络传播的平民性、开放性、娱乐性和消费性使得文化记忆不断地被解构，尤以网络恶搞为甚。

网络恶搞指运用多媒体手段对经典文化进行曲解、讽刺和二次创作的颠覆性解构行为。2006年初，网友根据电影《无极》改编的视频《一个馒头引发的血案》走红网络，成为我国网络恶搞的标志性事件，此后，各类网络恶搞事件层出不穷。2017年8月，关于日军侵华战争中我国幸存慰安妇的长篇

纪录片《二十二》上映后，就有网友把《二十二》中的人物截图并配上"我真的委屈啊""不知所措""无语凝噎"等网络流行语，制作成表情包进行传播。《二十二》本是想通过记录抗日战争中幸存慰安妇的生活状态，唤起人们对战争受害者的关注，建构抗日战争的历史记忆，但制作慰安妇表情包的恶搞行为无疑是在历史未愈的伤口上撒了一把盐，是对受害者的不尊重和对文化记忆的解构。解构是恶搞文化最为本质的特征，它通过对原本存在的文本符号进行选择和拼贴，割裂先文本符号的能指和所指，使其去历史化、去语境化，经过重新拼贴后的文本符号产生了一种与先文本符号完全不同的新意义和价值导向，从而实现了对文化记忆的解构。

三、《国家宝藏》对文化记忆的媒介重构

（一）《国家宝藏》对文化记忆的仪式化重构

1975年，美国学者詹姆斯·凯瑞正式提出了传播的仪式观，他把人类的传播活动看作一种文化仪式，在这个过程中，文化信息被传递，符号和意义被建构，人们也因此有了维系社会现实的共同价值观和信仰。①《国家宝藏》播出后广受好评，唤起了观众对博物馆和历史文物的关注，与其对文化记忆的符号化重构有着密切的关系。

首先，《国家宝藏》建构了仪式化的传播空间。例如，节目的开场是恢宏大气且极具金属质感的中国风设计，低沉的号角音乐渲染了庄严肃穆的氛围，灯光的变幻营造出了5000年的时空重叠，营造了大气磅礴的视听震撼效果。另外，舞台主屏幕采用了长43米、高7米的巨型环屏，每一个环节的主视觉都由它来实现，如在演绎国宝"大报恩寺琉璃塔拱门"的前世故事时，主屏幕通过动态化的处理实现了大报恩寺不同场景的切换，使演员被大报恩寺的影像所包围，就好像置身于大报恩寺之中，极大地增强了历史剧的真实感。

---

① 谌湘闽.詹姆斯·W.凯瑞传播仪式观研究［D］.长沙：中南大学，2013.

《国家宝藏》灵活调动画面、音乐、灯光等视听元素，营造了逼真的历史情境，渲染了庄重神圣的仪式气氛，让观众有了身临其境的体验。在这样充满仪式感的空间中，观众的情绪被调动，从而加深了对节目传播内容的认同。

其次，《国家宝藏》设定了仪式化的节目流程。每期节目通过"前世传奇"和"今生故事"两个主要环节讲述三件重磅文物背后鲜为人知的历史故事。例如，第二期节目展示的第一件历史文物是越王勾践剑，"前世传奇"环节中，演员段奕宏以"剑"的身份发声演绎了越王勾践剑的历史故事；"今生故事"环节中，段奕宏请出湖北省博物馆文保中心副主任江旭东博士，他利用最先进的科学检测设备还原了2000多年前越王勾践剑的真身，讲解了越王勾践剑历经2000多年依然寒光逼人的科学原因。节目正是通过"前世传奇"和"今生故事"两个仪式化的程序，实现了文物从历史到现代的跨越，凸显了历史和现代的紧密联系。另外，《国家宝藏》还有一个贯穿节目的关键词——守护，无论是在"前世传奇"还是在"今生故事"中，每一件国宝重器都有一位守护人。在"今生故事"结束后，都有颁发国宝守护人印信并宣读守护誓词的仪式。守护人的设定和宣誓仪式建构了守护国宝的秩序和形式，强化了守护的庄重感和仪式感，感染了屏幕前的观众，使其油然而生一种对历史文物的敬畏和珍重。

最后《国家宝藏》借助社交媒体实现了节目的仪式性收看。丹尼尔·戴扬和伊莱休·卡茨提出了"媒介事件"的概念，认为媒介事件是对电视的节日性收看，即关于那些令国人乃至世人屏息驻足的电视直播的历史事件，如总统就职仪式、奥运会等。[1]随着社交媒体的勃兴和媒介议程设置范围的扩大，"媒介事件"也有了更为丰富的内涵，泛指经大众媒体报道宣传后产生一定社会影响的事件，如春晚、两会等。《国家宝藏》自2017年12月3日晚开播后热度一路攀升，截至2018年1月1日，豆瓣最高评分达9.5分，微博话题阅读量突破14亿，爱奇艺、腾讯、优酷三大视频网站视频播放总量达14亿，在各大社交媒体刷屏。《国家宝藏》的高品质为节目赢得了良好口碑，并在拥

---

[1] 戴扬,伊莱休.媒介事件：历史的现场直播[M].北京：北京广播学院出版社,2000：1.

有广泛受众的社交媒体上持续发酵,实现指数级的扩散大大增强了节目的影响力,使《国家宝藏》成为"媒介事件",收看《国家宝藏》也因此成为一种仪式性的行为。

《国际宝藏》通过仪式化的传播空间和仪式化的节目流程建构了一场场守护历史文物的仪式,借助社交媒体强大的传播力和影响力使观看节目本身也成了一种仪式,两种仪式感的重叠作用将不同时空环境中的观众聚合在一起,塑造出属于中华儿女的共同心理空间,那些被遗忘的历史文化记忆在他们确认民族身份认同的过程中被唤醒和重构,并因为仪式的庄重性和神圣性而不能被随意解构和颠覆。

(二)《国家宝藏》对文化记忆的符号化重构

斯特·卡西尔提出了"人是符号的动物"这一命题,认为符号是人类文化的根本存在形式。的确,人类文化的传播就是一个符号化的过程,传播的文化内容首先要被编码为文字、图像、声音、影像等符号,以符号的形式进行传播,受众接收后解码符号才有意义。《国家宝藏》正是通过生动形象的语言符号和视听符号填补了人们对历史文物"意义"的缺失,将符号与意义的断裂重新连接,从而重构文化记忆。

斯图尔特·霍尔认为,"表征是通过语言产生意义"。《国家宝藏》首先通过语言符号替代和再现历史文物,引起观众对历史文物的想象,从而获得意义。例如,第五期节目出场的第一件国宝是辽宁省博物馆的《洛神赋图》,在短片中,辽宁省博物馆的讲解员介绍了"《洛神赋图》的作者是东晋时期的画家顾恺之,整幅画描绘的是曹植和洛水女神相见、相爱以及离别的爱情故事",使观众对《洛神赋图》的历史背景和内涵有了一个基本的了解。接着在"前世传奇"中,演员陈晓化身"画圣"顾恺之演绎了《洛神赋图》的创作过程;在"今生故事"中,中国美术学院教师叶露盈展示了自己所作的漫画版《洛神赋图》,并讲述了自己是如何将中国传统画风与现代漫画技艺相融合的。语言一直是贯穿《国家宝藏》的重要表征符号,主持人和国宝守护人是语言表征文化记忆的主体,他们在节目中以不同的语言形式谈论、演绎历史文物,重构文化记忆。

当然，在语言符号之外，《国家宝藏》中无处不在的音乐、图像、灯光、服饰等非语言符号也在对历史文物所承载的文化记忆进行重构。首先，节目在背景音乐的挑选上费尽心思，在不同的场景匹配不同的音乐，如节目开场，主持人张国立介绍九位博物馆馆长时用的是游戏"剑侠情缘网络版三"里带有秦汉古风旋律的《唐门—唐家堡》；在曾侯乙编钟的"前世传奇"中用的背景音乐是根据先秦时期楚国音调特点改编的编钟乐曲《楚商》。在《国家宝藏》中，音乐是不可或缺的重要符号，由不同乐器、旋律和节奏构成的音乐适配了不同场景中的情感表达，有效增强了画面的感染力，并以其细腻丰富的艺术形式与观众实现了情感的交流，成为加深观众记忆、产生联想的声音符号。

另外，《国家宝藏》充分发挥电视媒介的优势，运用大量的视觉符号使历史人物、历史场景以及历史文物都活灵活现地呈现在观众眼前，如张国立在介绍乾隆皇帝时，背景墙上出现了乾隆皇帝的漫画形象，具有极强的观赏性，观众也在观看的过程中潜移默化地建构了关于历史文物的影像记忆。在"前世传奇"的历史短剧演绎中，参演者的服饰、肢体语言也均是文化符号，如演员刘涛在守护国宝妇好鸮尊时头戴圆箍形冠卷，身着商朝上下两端的朴素衣裳，行商朝礼仪。参演者多样的服饰和肢体语言不仅丰富了节目形式，也是对博大精深的中华传统文化的符号化传播。

《国家宝藏》综合运用语言符号和现代化的视听符号对历史文物进行影像化的重构，使其不再是书本上的抽象名词和安静摆放在博物馆里的冰冷物件，而是融合了语言、图像、音乐等多元符号的影像文本，使传统文化迸发了新的生命力，也让文化记忆更具吸引力和现代感，适应了现代社会的传播需要。

（三）《国家宝藏》对文化记忆的娱乐化重构

一直以来，我国的文化节目大多形式单一、内容老套，其建构的文化记忆虽然彰显了我国悠久的历史和博大精深的民族文化，却难免有些枯燥乏味。

《国家宝藏》摒弃了文化节目长期以来刻板严肃、高度一体化的取向，借用大众喜闻乐见且生动活泼的综艺形式，对文化记忆进行了娱乐化的重构。

对于广大观众而言，历史文物是摆放在博物馆里的冰冷器物或历史书上的抽象概念，总之，与娱乐似乎相去甚远，而《国家宝藏》将一件件国宝重器搬上荧屏，通过镜头和360度全息幻影成像技术全方位、多角度地呈现在观众面前，以新颖别致的历史剧式的叙事手法演绎国宝的前世传奇，让观众不禁感叹"原来历史文物也如此有趣"，颠覆了大众对历史文物的记忆，达到了感官愉悦，满足了大众娱乐化的需求。艺人也是娱乐化的显著标志之一，在当下热播的真人秀节目中，都不乏当红艺人的身影，借助艺人的影响力提高节目的关注度是综艺节目的常用策略。《国家宝藏》也不例外，它为每件国宝邀请一位守护人，如王凯、李晨、易烊千玺等，将其打造为国宝的代言人，利用他们自身的影响力弘扬历史文化，引导观众关注并传承历史文化。

另外，《国家宝藏》还善于以年轻人喜爱的表达方式撬动年轻收视群体。例如，第一期节目中，王凯化身乾隆演绎了国宝"各种釉彩大瓶"的诞生故事。乾隆一心想打造出集中国瓷器之大成的瓷瓶，却被大臣吐槽一个瓶子十七种花色有些过，乾隆非常委屈，认为王羲之和黄公望两位艺术大家一定会认可自己的审美。睡梦中，乾隆梦见了王羲之和黄公望，他们却一起吐槽乾隆总是在自己的作品上题字，连雍正也吐槽乾隆的审美有失大清的颜面。节目基于历史合理地虚构剧情，采用网络流行的表达方式，让网友们觉得亲切无比。该期节目播出后，"农家乐审美""王羲之嫌弃三连""3D立体环绕DISS"等都成为网络热搜词。

当然，《国家宝藏》对文化记忆的娱乐化重构并不是娱乐狂欢，它仍然以文化为内核，只是借用娱乐化的方式进行创新性的表达，用现代的方式激活古老的文化基因，让原本不是文博类节目的年轻受众成为节目的忠实粉丝，体现了央视作为主流媒体，对当下消费化、泛娱乐化电视生态的反思，是其肩负国家媒体责任的一次与时俱进的创新尝试。

四、结语

媒介作为传承民族文化和建构文化记忆的重要载体,肩负着重构文化记忆的重任。《国家宝藏》创新文化综艺节目的内容和表达方式,通过影像化和娱乐化的多元符号,强化了观众的感官体验,重构了被遗忘的、被解构的抽象的历史文化记忆,使其生动化和具象化。我国有着上下五千年的悠久历史,文化的丰富性和多样性可见一斑,一档文化综艺节目显然无法完全呈现中华文化的灿烂辉煌,因此电视媒体应借鉴《国家宝藏》的创新思维,深入挖掘中华文化宝库,丰富传统文化的表现形式,平衡好文化性和娱乐性的关系,制作出观众喜闻乐见且真正传承中华文化的优质文化综艺节目。

主流媒体报道对微博舆论中公众情绪的影响研究*

——基于近三年网络群体性事件相关微博的分析

一、引言

中国互联网络信息中心（CNNIC）发布的《第46次中国互联网络发展状况统计报告》显示，截至2020年6月，我国网民规模达9.4亿，互联网普及率达67%。① 由9.4亿网民构成的虚拟网络社会是现实社会的投射和延伸。随着中国特色社会主义进入新时代，改革进入攻坚期和深水区，我国社会发展的深层矛盾逐步凸显，而互联网的低门槛、虚拟性和匿名性使其成为普通公众意见表达和信息交流的主要渠道，导致当下网络空间中不同意见的竞争更为激烈，网络群体性事件频发。网民关于网络群体性事件的讨论和意见表达，不是经过理性和充分的思考，而是基于情绪的感染、扩散和共鸣。因此在诸多网络群体性事件中，情绪的传播要远远多于事实传播。虽然公众情绪在一定程度上推动了事件的解决，但由于网民的非理性情绪表达在很长时间内占据主导地位，舆论发展愈发被情绪操纵而难以控制，造成群体焦虑恐慌以及

---

* 本文原载于《中国新闻传播研究》2021年第11期，与李佳咪合作，收入本书时有改动。
① 中国互联网络信息中心.第46次中国互联网络发展状况统计报告［EB/OL］.（2020-09-29）［2020-12-21］.https://www.gov.cn/xinwen/2020-09/29/content_5548175.htm.

不同群体之间的冲突对峙。这一现象引起了学界对于网络舆论场中公众情绪的重视，并对其展开了一系列研究。

在公众情绪影响因素的研究中，媒体报道的作用受到了学者的关注。不少学者都肯定了媒体报道对网络舆论场中的公众情绪存在一定影响，还有部分学者提出了媒体对公众负面情绪的疏导策略，而关于媒体报道的微观因素在网络群体性事件中具体如何影响公众情绪的研究较为缺乏。笔者认为，如果能找到媒体报道对公众情绪影响的关键因素，就能及时调整报道策略，对公众情绪进行有针对性的引导。为了解决这一问题，本文将对网络群体性事件中的媒体报道和公众情绪样本进行内容分析和文本分析，以期找到媒体报道影响公众情绪的关键因素。

本文将微博作为样本采集的平台。微博2019年第三季度财报显示，2019年9月微博月活跃用户数为4.97亿，平均日活跃用户数为2.16亿，在诸多新媒体平台中，微博凭借碎片化、开放性、共享性、交互性等特性成为舆论的发酵池和公众情绪表达的"公开市场"，因此微博平台中公众情绪的样本比较具有代表性。此外，本研究中媒体报道的主体为主流媒体，因为主流媒体拥有强大的话语权和大量的粉丝群，每一次发声都能对网民的态度、言论和情绪产生较大影响，且主流媒体由于其媒体性质，承担着舆论引导和疏导公众负面情绪的重任。

二、研究设计与研究实施

（一）研究假设

为深入探究主流媒体报道对微博舆论中公众情绪的影响，本研究通过对网络群体性事件中主流媒体在微博平台的报道及下方网友评论进行内容分析，探讨新闻时效性、新闻来源、新闻框架、报道形式、报道基调和新闻体裁六个变量对公众情绪类型和情绪客体的影响，具体研究假设如下：

H1：在网络群体性事件中，主流媒体报道的时效性对微博舆论中公众情绪的类型存在一定影响，时效性越强，公众的情绪表达越趋于理性。

H2：在网络群体性事件中，主流媒体的报道采用的新闻框架对微博舆论中公众情绪的类型存在一定影响。

H3：在网络群体性事件中，主流媒体的报道形式对微博舆论中公众情绪的类型存在一定影响。相较于文字，图片和视频更容易引发公众的负面情绪。

H4：在网络群体性事件中，主流媒体的报道基调对微博舆论中公众情绪的类型存在一定影响。正面报道对公众积极情绪具有正向影响，负面报道对公众负面情绪具有正向影响，中性报道对公众无明显情绪具有正向影响。

H5：在网络群体性事件中，主流媒体的报道体裁对微博舆论中公众情绪的类型存在一定影响。相较于文字，评论更容易唤起公众的负面情绪。

H6：在网络群体性事件中，主流媒体报道的消息来源对愤怒和贬责情绪指向的客体存在一定影响。当消息来源于政府机构或官员时，公众愤怒和贬责情绪的客体主要指向政府；当消息来源于事件当事方时，公众愤怒和贬责情绪的客体主要指向事件当事方；当消息来源于事件第三方时，公众愤怒和贬责情绪的客体主要指向事件第三方。

（二）样本选取

1. 案例样本选取

本研究将以 2016—2018 年的人民网舆情数据中心发布的年度 TOP10 热点舆情事件为总案例样本，从中选取网络群体性事件作为案例研究样本。

（1）选择人民网舆情数据中心发布的年度热点舆情事件是因为：人民网舆情数据中心是国内最早从事互联网舆情监测、研究的专业机构，在舆情监测和分析研究领域处于国内领先地位。自 2008 年起，人民网舆情数据中心已经连续十多年发布中国互联网舆情分析报告，报告基于报刊、网络新闻、论坛、博客、微博、微信、App 七大类媒介的相关新闻数量加权求得的热度指标，计算出年度内每月排名前 50 的热点事件，最终梳理出年度 TOP10 热点舆情事件，较为全面客观。

（2）选取 2016—2018 年的热点舆情事件是因为：本文写作期间，人民网舆情数据中心尚未发布 2019 年中国互联网舆情分析报告。另外，由于微博平台的数据会定期清理，早些年热点舆情事件的相关微博数据部分缺失，会影响研究结果的客观性和可靠性，因此选取了2016—2018年近三年的数据。

表1是人民网舆情数据中心2016—2018年发布的网络热点舆情事件TOP10。基于网络性事件的内涵和特征，本文认为在2016—2018年的30起网络热点舆情事件中，共有6起典型的网络群体性事件，分别是：雷洋事件、魏则西事件、山东于欢案、长生问题疫苗事件、滴滴顺风车乘客遇害系列事件和红黄蓝幼儿园虐童事件。因此，本文选取主流媒体关于这6起网络群体性事件在微博平台的报道和网友评论为样本进行研究。

表1　2016—2018年网络热点舆情事件TOP10

2016年	2017年	2018年
杭州G20峰会	党的十九大召开	中美经贸摩擦
南海仲裁案	《战狼2》大热	2018年全国两会
雷洋事件	《人民的名义》热播	长生问题疫苗事件
2016年美国总统选举	中印洞朗对峙	《我不是药神》引热议
王宝强离婚事件	河北雄安新区设立	范冰冰偷逃税事件
魏则西事件	山东于欢案	2018年个税改革
女排奥运夺冠	罗一笑事件	中非合作论坛北京峰会
网络直播带动"网红"	学区房话题及各地出台租购同权政策	美国制裁中兴事件
A顾熔断机制实施四天后暂停	2017"一带一路"国家高峰论坛	滴滴顺风车乘客遇害系列事件
2016年全国多省份暴雨洪灾	"共享单车"话题	红黄蓝幼儿园虐童事件

2. 主流媒体样本选取

为了选取微博平台上最具影响力的主流媒体进行研究，本文采用新浪舆情通平台发布的媒体微博账号影响力排行榜的TOP5作为研究的媒体账号样本。新浪舆情通平台是一家基于新浪微博数据进行舆情研究的大数据服务平台，它根据媒体微博账号的发博总数、发博频率、总阅读数、粉丝数、评论数、被赞数、被转发数、被@数、回复评论数等多项核心数据，计算出媒体微博账号的发布指数、互动指数、活跃指数和微博影响力指数，并根据四个指数计算出媒体微博账号的综合影响力指数。表2是新浪舆情通平台发布的媒体微博账号影响力排行榜，TOP5媒体分别是央视新闻、人民日报、中国新闻网、人民网、新京报，但由于人民日报和人民网均属于《人民日报》旗下的矩阵媒体，在报道方式、报道手段、媒体立场上存在诸多相似性，因此将人民网替换为排名第六的澎湃新闻。最终选择的媒体微博账号是@央视新闻、@人民日报、@中国新闻网、@新京报和@澎湃新闻。

表2 媒体微博账号影响力排行榜

排名	微博昵称	累计指数	发布指数	互动指数	活跃指数	微博影响力（BII）
1	央视新闻	74.74	82.62	84.78	82.6	83.59
2	人民日报	74.73	82.83	84.28	80.86	83.29
3	中国新闻网	74.4	83.43	83.03	78.96	82.8
4	人民网	74.7	83.56	82.65	79.67	82.76
5	新京报	74.02	85.52	82.54	79.27	82.65
6	澎湃新闻	73.09	83.57	82.37	77.63	82.44
7	环球网	73.21	83.56	81.75	76.74	82.06
8	中国日报	74.2	83.52	81.6	76.93	82
9	每日经济新闻	74.49	82.5	82.05	76.91	81.74
10	观察者网	72.95	83.49	81.31	75.73	81.73

3. 公众情绪样本选取

在微博平台，网民的情绪主要通过点赞、转发和评论的方式来表达，但点赞和单纯转发行为无法进行文本分析，因此本文选取5家主流媒体关于6

起网络群体性事件的报道中网民的评论作为公众情绪的研究总样本。由于网络群体性事件涉及广大公众利益，有较多网民参与讨论，评论样本总量巨大，且同一条微博下网友评论呈现的情绪具有相似性，为了降低数据处理难度并保证样本的代表性和科学性，本文将每条微博下方的评论按热度排序，选取前20条评论作为公众情绪的研究样本。如果没有热门评论，则采取系统抽样的方法抽取20条评论。

（三）变量设计与操作化定义

1. 自变量：媒体报道

在变量设计中，自变量是因变量发生变化的因素和条件。本研究将媒体报道视为自变量，具体由报道的时效性、新闻体裁、消息来源、新闻框架、报道形式和报道基调六个子变量构成。

（1）时效性

时效性可以量化为新闻发布时间与事件发生时间的时间差，由于互联网传播的即时性，公众对媒体报道的时效性提出了更高的要求。一般要求媒体在事件发生后能立即进行报道，因此本研究将时效性分为四类：0~12 小时、12~24 小时、1~3 天、3 天以上。

（2）新闻体裁

新闻体裁一般分为消息、通讯、深度报道、专访和评论五类，由于微博的媒介特征，发布的文字内容字数较少，以短平快的消息为主，因此本文将新闻体裁分为消息和评论两类。

（3）消息来源

根据网络群体性事件的特征，本文将消息来源分为普通群众、记者调查、政府机构或官员、专家学者、事件当事方、当事方家属及亲朋、事件第三方、相关资料和其他媒体九类。

（4）新闻框架

在利用框架理论对新闻文本进行分析时，很多学者都借鉴恩特曼（Entman）提出的四大框架和瑟曼特克（Semetko）、沃肯伯格（Valkenburg）提出的五大框架，并根据所研究事件的特征建构合适的框架，本文借鉴这一研究思路。由于网络群体性事件多涉及公共利益，且一般遵循事件曝光—舆论发酵—官方发表声明—舆论二次升温—事件平息的发展路径，因此本文基于恩特曼的四大框架，建构以下几类框架类型。

①事实界定框架：通过较为客观的语言描述事件的起因、经过和结果，对相关细节进行梳理，使受众能够清楚地了解事件始末。②责任归因框架：关注事件发生背后的原因。与道德评价框架的浓重感情色彩不同，责任归因框架主要从法律及制度层面进行分析，对事件的相关方进行责任归因和责任追究。③道德评价框架：以社会默认的道德价值、道德规范为依据，对事件进行评价，表达愤怒、谴责、同情和怜悯等情绪。④法理分析框架：主要报道在该领域有一定话语权的专家学者从专业角度对事件的解读。⑤结果框架：及时报道事件处理结果，并关注事件本身或事件处理结果对社会产生的影响。⑥建议框架：媒体承载着一定的教育功能和社会责任，当涉及公众利益的群体性事件发生时，媒体有义务呼吁相关部门推动事件的解决和相关政策的出台，并为公众提供相关知识的科普。

（5）报道形式

根据不同的媒介形式，将媒体在微博平台的报道形式分为文字、图片、视频、文字＋图片和文字＋视频五类。

（6）报道基调

报道基调指新闻所传递出的立场和倾向，一般分为正面、负面和中性三种。正面基调指媒体报道对事件展现出来的积极态度；负面基调指媒体报道流露出的消极态度，如担忧、斥责等；中性基调指媒体报道只陈述事实，而不掺杂任何情感。

2. 因变量：公众情绪

因变量是其他变量的变化导致的自身发生变化的变量。本研究将公众情绪视为因变量，具体由情绪类型和情绪客体两个子变量构成。

（1）情绪类型

本研究在确定公众情绪的类别前，随机抽取了6起网络群体性事件的500

条微博评论，通过对微博评论中的词组及整体语义进行分析，发现网民情绪主要表现为愤怒、恐惧、悲伤、失望、贬责、相信、祝愿和赞扬八类。此外，微博评论中还存在一些理性客观表达的无情绪文本。综上所述，本研究将微博平台公众情绪的类型分为愤怒、恐惧、悲伤、失望、贬责、相信、祝愿、赞扬和无明显情绪九类，其中愤怒、恐惧、悲伤、失望、贬责五种情绪为负面情绪，相信、祝愿、赞扬三种情绪为正面情绪。

（2）情绪客体

情绪客体指导致主体产生情绪的客观对象。根据网络群体性事件的内涵和特点，本文将情绪客体分为社会、政府、媒体、事件当事方、事件第三方、网友和其他七类。

3. 变量测量表

表 3 是根据变量的操作化定义制定的变量测量表。

表 3　变量测量表

变量		定义
自变量 X	时效性	1=0–12 小时；2=12–24 小时；3=1–3 天；4=3 天以上
	新闻体裁	1=消息；2=评论
	消息来源	1=普通群众；2=记者调查；3=政府机构或官员；4=专家学者；5=事件当事方；6=当事方家属及亲朋；7=事件第三方；8=相关资料；9=其他媒体
	新闻框架	1=事实界定框架；2=责任归因框架；3=道德评价框架；4=法理分析框架；5=结果框架；6=建议框架
	报道形式	1=文字；2=图片；3=视频；4=文字+图片；5=文字+视频
	报道基调	1=正面；2=负面；3=中性
因变量 Y	情绪类型	1=愤怒；2=恐惧；3=悲伤；4=失望；5=贬责；6=相信；7=祝愿；8=赞扬；9=无明显情绪
	情绪客体	1=社会；2=政府；3=媒体；4=事件当事方；5=事件第三方；6=网友；7=其他

（四）样本采集

本研究通过对每起网络群体性事件时间线的梳理，确定每起事件的形成期和消退期，从而确定样本采集的时间范围。表4是6起网络群体性事件样本采集的时间段。

表4 6起网络群体性事件样本采集的时间段

事件	样本采集时间段
雷洋事件	2016.5.7—2016.7.5
魏则西事件	2016.5.1—2016.5.15
山东于欢案	2017.3.25—2017.6.23
红黄蓝幼儿园虐童事件	2017.11.22—2017.12.1
长生问题疫苗事件	2018.7.15—2018.8.7
滴滴顺风车乘客遇害系列事件	2018.5.8—2018.5.19；2018.8.25—2018.9.10

1. 媒体报道样本采集

通过微博高级搜索功能，输入5家媒体的微博账号名称、网络群体性事件的关键词及相应的样本采集时间段，抓取6起网络群体性事件的相关微博共计531条。其中，雷洋事件相关微博71条、魏则西事件相关微博61条、山东于欢案相关微博76条、红黄蓝幼儿园虐童事件相关微博79条、长生问题疫苗事件相关微博102条、滴滴顺风车乘客遇害系列事件相关微博142条。为了保证研究的科学性，对数据进行筛选和清洗，剔除重复样本后6起网络群体性事件的媒体报道样本总数为322条。

2. 公众情绪样本采集

公众情绪的样本采集分为有热门评论和无热门评论两类，如有热门评论，直接采集微博下方点赞量排名前20的评论；如无热门评论，则采取系统抽样的方法，根据微博评论总量来确定抽样距离，等距抽取20条评论。样本采集后同样要进行数据清洗，主要剔除三类数据：一是微博发布主体、发布时间和发布内容完全相同的重复数据；二是仅有表情、语气词和标点符号，导致无法评判情绪类型及情绪客体的无效数据；三是与该事件完全无关的无关数据。最终获得微博评论数5056条。

数据清洗完成后对每一条评论进行情绪识别。目前对研究文本进行细粒度情绪识别主要有两种方法：一种是基于情感词典的方法，另一种是基于机器学习的方法，但这两种方法都存在一定的局限性。另外，由于本研究除了需要识别情绪类型之外，还需要识别情绪客体，因此采用人工标注的方式进行情绪分析。

（五）信度检验

信度即可靠性，信度检验指采用同样的方法对同一对象重复测量时所得结果的一致性程度。为保证编码的科学性和分析结果的可靠性，在正式开始编码工作前，对每起网络群体性事件分别随机抽取10条微博和100条微博评论，共计50条微博和600条微博评论（超过样本总量的10%），邀请一名本专业有过内容分析和编码经验的同学与笔者分别对该样本进行编码，编码完成后，检验两者之间的信度，信度检验公式为 $R=2M/N1+N2$。

其中，M 代表两个编码员编码结果相同的次数，$N1$ 和 $N2$ 分别代表两个编码员编码的次数。根据公式计算得出媒体报道微博编码的信度系数约为0.82，微博评论编码的信度系数约为0.89，判定符合信度检验要求。

三、主流媒体报道对公众情绪影响的研究结果

（一）主流媒体报道与公众情绪的描述统计分析

1. 主流媒体报道的基本态势

（1）政府回应成为主流媒体报道的主要消息来源

在322条微博样本中，消息来源于政府机构或官员的微博数量最多，有109条，占比34%；其次是来源于记者调查的微博，有95条，占比29%；来源于普通群众、专家学者、事件当事方、事件方家属及亲朋、事件第三方和相关资料的微博分别有5条、21条、9条、15条、20条和35条。

来源于政府机构或官员的微博数量最多与近年来政府对网络舆情工作的

重视密不可分。当下我国正处于发展转型的重要战略机遇期,也处于矛盾凸显期,利益分配不均、政府监管不力导致的网络群体性事件频发,政府公信力下降。政府及时回应公众关切不仅有利于消除质疑和猜测,也有利于为社会治理营造良好的舆论环境。

(2)事实框架和结果框架为主导

在322条微博样本中,采用事实框架和结果框架的新闻数量最多,分别有121条和111条,占比37.6%和34.5%,责任归因框架、道德评价框架、法理分析框架和建议框架占比分别为9.9%、5.3%、5.9%和6.8%。在网络群体性事件中,事实的真相和事件处理结果是公众最为关心的问题,也是主流媒体报道的重点。

2. 公众情绪的基本态势

(1)负面情绪表达较为显著

对322条微博样本下方的5056条评论进行频数和频率分析发现,对网络群体性事件进行理性讨论的无明显情绪的微博评论有1600条,占比31.6%;而有情绪的微博评论有3456条,占比69.4%,其中负面情绪占比62.6%,正面情绪占比6.8%,说明网络群体性事件的讨论呈现出"强情绪,弱信息"的特征,且低唤醒度的负面情绪表达更为显著。在负面情绪中,愤怒情绪和贬责情绪最为突出,有1606条和1113条;恐惧、悲伤、失望情绪分别有100条、176条、169条。在正面情绪中,赞扬情绪数量最多,有262条;相信情绪和祝愿情绪分别有28条和2条。

(2)不同情绪指向的客体存在较大差异

不同情绪指向的客体存在较大差异。愤怒情绪主要指向事件当事方(42.8%)和事件第三方(26.7%),如红黄蓝幼儿园虐童事件中多名幼儿家长反映教师存在对学生扎针、喂药片、猥亵等行为,网友对事件当事方——涉事教师和幼儿园表达了强烈的愤怒情绪;滴滴顺风车乘客遇害系列事件中,事件第三方——滴滴平台的严重失责导致了悲剧的发生,引爆了网友对滴滴平台的愤怒和谴责情绪。恐惧情绪主要指向社会(68.4%),如雷洋事件中,当事人雷洋嫖娼被警察抓获,和警察发生冲突导致非正常死亡,网络舆论场中阴谋论甚嚣尘上，网友纷纷感到恐惧，害怕自己成为下一个雷洋。

（二）主流媒体报道与公众情绪的相关分析

1. 时效性与情绪类型的相关分析

根据图1，时效性与情绪类型的相关系数为0.057，表明媒体报道的时效性与公众情绪弱相关或不相关。

			时效性	情绪类型
斯皮尔曼Rho	时效性	相关系数	1.000	.057**
		Sig.（双尾）	.	.000
		N	5056	5056
	情绪类型	相关系数	.057**	1.000
		Sig.（双尾）	.000	.
		N	5056	5056

**. 在0.01级别（双尾），相关性显著。

图1 时效性与情绪类型的相关分析

为进一步验证假设，探寻时效性与情绪类型之间的关系，笔者制作了时效性*情绪类型交叉计数表（表5）。根据表5，当时效性为0~12小时、12~24小时、1~3天、3天以上时，公众负面情绪占比均较多，说明网络群体性事件中公众的负面情绪普遍存在，与报道的时效性无太大关系，因此"时效性越强，公众的情绪表达越趋于理性"的假设1不成立。

表5 时效性*情绪类型交叉计数表

时效性	正面情绪	负面情绪	无明显情绪	总计
0~12小时	167	1856	891	2914
12~24小时	35	253	68	356
1~3天	55	747	406	1208
3天以上	18	322	238	578
总计	275	3178	1603	5056

2. 新闻框架与情绪类型的相关分析

根据图2，新闻框架与情绪类型的相关系数为0.27，表明媒体报道的新闻框架与情绪类型整体上具有一般相关性。不同新闻框架对不同情绪类型的影响待后续在回归分析和文本分析中进一步验证。

相关性			情绪分类	新闻框架
斯皮尔曼Rho	情绪分类	相关系数	1.000	.270**
		Sig.（双尾）	.	.000
		N	5056	5056
	新闻框架	相关系数	.270**	1.000
		Sig.（双尾）	.000	.
		N	5056	5056
**.在0.01级别（双尾），相关性显著。				

图2　新闻框架与情绪类型的相关分析

3. 报道形式与情绪类型的相关分析

根据图3，报道形式与情绪类型的相关系数为−0.035，表明媒体报道的报道形式与公众情绪类型弱相关或不相关。

相关性			情绪类型	报道形式
斯皮尔曼Rho	情绪类型	相关系数	1.000	−.035**
		Sig.（双尾）	.	.012
		N	5056	5056
	报道形式	相关系数	−.035**	1.000
		Sig.（双尾）	.012	.
		N	5056	5056
***.在0.05级别（双尾），相关性显著。				

图3　报道形式与情绪类型的相关分析

为进一步验证研究假设3，探寻报道形式和情绪类型之间的关系，笔者制作了报道形式＊情绪类型交叉计数表（表6）。根据表6，当报道形式为纯文字、文字＋图片、文字＋视频时，负面情绪占比均较多，因此，网络群体性事件中公众负面情绪的产生与媒体报道形式无太大关系，研究假设 3 不成立。

表 6 报道形式 * 情绪类型交叉计数表

报道形式	正面情绪	负面情绪	无明显情绪	总计
文字	205	1428	884	2517
文字+图片	70	1409	627	2106
文字+视频	0	341	92	433
总计	275	3178	1603	5056

4. 报道基调与情绪类型的相关分析

根据图 4，报道基调与情绪类型的相关系数为 0.131，表明报道基调与公众情绪类型弱相关或不相关。

相关性			报道基调	情绪类型
斯皮尔曼Rho	报道基调	相关系数	1.000	.131**
		Sig.（双尾）	.	.000
		N	5056	5056
	情绪类型	相关系数	.131**	1.000
		Sig.（双尾）	.000	.
		N	5056	5056
**. 在0.01级别（双尾），相关性显著。				

图 4 报道基调与公众情绪类型的相关分析

为进一步验证研究假设 4，探寻报道基调与情绪类型之间的关系，笔者制作了报道基调 * 情绪类型交叉计数表（表 7）。根据表 7，负面基调的报道基本会引发公众负面情绪，负面报道对公众负面情绪具有正向影响；但正面基调的报道对公众积极情绪的激励和推动作用不明显，部分正面报道反而引发了公众的负面情绪，正面报道对公众正面情绪不具有正向影响；中性基调的报道引发的负面情绪多于无明显情绪，中性报道对公众无明显情绪同样不具有正向影响。因此研究假设 4 部分成立。

表 7 报道基调 * 情绪类型交叉计数表

报道基调	正面情绪	负面情绪	无明显情绪	总计
正面报道	109	177	154	440
负面报道	31	1006	267	1303
中性报道	135	1995	1182	3312
总计	275	3178	1603	5056

5.新闻体裁与情绪类型的相关分析

根据图5，新闻体裁与情绪类型的相关系数为0.003，表明媒体报道的新闻体裁与公众情绪类型完全没有相关性，研究假设5不成立。

相关性			情绪类型	新闻体裁
斯皮尔曼Rho	情绪类型	相关系数	1.000	0.003
		Sig.（双尾）	.	.858
		N	5056	5056
	新闻体裁	相关系数	.003	1.000
		Sig.（双尾）	.858	.
		N	5056	5056

图 5 新闻体裁与情绪类型的相关分析

6.消息来源与情绪客体的相关分析

基于研究假设6，笔者选取了消息来源于政府、事件当事方、事件第三方并产生了愤怒和贬责情绪的微博样本，共有1194条。根据图6，情绪客体和消息来源的相关系数为0.637，表明当媒体报道的消息来源是政府、事件当事方、事件第三方时，消息来源与公众愤怒和贬责情绪的情绪客体相关性较为显著。不同消息来源对不同情绪客体的影响待后续在回归分析和文本分析中进一步验证。

相关性			情绪客体	消息来源
斯皮尔曼Rho	情绪客体	相关系数	1.000	.637**
		Sig.（双尾）	.	.000
		N	1194	1194
	消息来源	相关系数	.637**	1.000
		Sig.（双尾）	.000	.
		N	1194	1194
**. 在0.01级别（双尾），相关性显著。				

图6 消息来源与情绪客体的相关分析

（三）主流媒体报道与公众情绪的回归分析

本研究通过对媒体报道与公众情绪进行相关分析，验证了各个变量之间相关关系的存在与否及相关程度，得出了新闻框架和情绪类型相关性一般、愤怒情绪和贬责情绪中消息来源与情绪客体相关性较为显著的结论。与相关关系不区分因变量和自变量不同，回归分析是研究一个因变量与一个或多个自变量之间的线性或非线性关系的统计分析方法，是对影响关系的进一步深入研究。因此本研究将在相关分析的基础上，结合研究假设，对具有相关性的变量进行回归分析，进一步确定不同新闻框架对不同情绪类型的影响程度以及不同消息来源对不同情绪客体的影响程度。

1. 新闻框架和情绪类型的回归分析

为研究新闻框架对情绪类型的影响，本研究将新闻框架选为自变量，情绪类型选为因变量，失望情绪为因变量的参考类别，使用SPSS软件对样本数据进行多元Logistic回归分析，参数估算值结果见表8。

表8 参数估算值Exp（B）的95%置信区间

情绪类型a	B	标准错误	瓦尔德	自由度	显著性	Exp（B）	下限	上限
1 截距	-.861	.124	48.461	1	.000			
［新闻框架=1］	1.772	.140	160.286	1	.000	5.885	4.473	7.743
［新闻框架=2］	.665	.160	17.178	1	.000	1.944	1.419	2.661

续表

情绪类型a	B	标准错误	瓦尔德	自由度	显著性	Exp（B）	下限	上限
[新闻框架=3]	.982	.252	15.136	1	.000	2.669	1.628	4.376
[新闻框架=4]	−2.015	.384	27.567	1	.000	.133	.063	.283
[新闻框架=5]	.532	.138	14.966	1	.000	1.703	1.300	2.229
[新闻框架=6]	0b	.	.	0	.	.	.	.
2 截距	−3.314	.360	84.787	1	.000			
[新闻框架=1]	1.311	.394	11.072	1	.001	3.712	1.714	8.036
[新闻框架=2]	.843	.436	3.747	1	.053	2.324	.989	5.458
[新闻框架=3]	.344	.809	.180	1	.671	1.410	.289	6.891
[新闻框架=4]	−.984	.798	1.413	1	.235	.387	.081	1.850
[新闻框架=5]	−.134	.423	.100	1	.752	.875	.382	2.004
[新闻框架=6]	0b	.	.	0	.	.	.	.
3 截距	−5.394	1.002	28.960	1	.000			
[新闻框架=1]	4.617	1.007	21.020	1	.000	101.227	14.062	728.708
[新闻框架=2]	1.642	1.100	2.229	1	.135	5.164	.598	44.570
[新闻框架=3]	−12.676	1343.289	.000	1	.992	3.126E−6	.000	.C
[新闻框架=4]	2.230	1.085	4.219	1	.040	9.296	1.107	78.027
[新闻框架=5]	1.540	1.038	2.202	1	.138	4.667	.610	35.692
[新闻框架=6]	0b	.	.	0	.	.	.	.
4 截距	−2.136	.207	106.041	1	.000			
[新闻框架=1]	.718	.242	8.779	1	.003	2.050	1.275	3.297
[新闻框架=2]	−.335	.321	1.089	1	.297	.715	.381	1.342
[新闻框架=3]	−.429	.634	.459	1	.498	.651	.188	2.255
[新闻框架=4]	−2.820	1.025	7.575	1	.006	.060	.008	.444
[新闻框架=5]	−.619	.261	5.608	1	.018	.538	.323	.899
[新闻框架=6]	0b	.	.	0	.	.	.	.

续表

情绪类型a	B	标准错误	瓦尔德	自由度	显著性	Exp（B）	下限	上限
5 截距	−1.522	.159	91.328	1	.000			
[新闻框架=1]	1.582	.177	79.863	1	.000	4.865	3.438	6.882
[新闻框架=2]	1.178	.192	37.842	1	.000	3.429	2.232	4.730
[新闻框架=3]	2.370	.249	90.561	1	.000	10.694	6.564	17.432
[新闻框架=4]	−.101	.261	.150	1	.698	.904	.542	1.507
[新闻框架=5]	1.148	.171	45.317	1	.000	3.153	2.257	4.404
[新闻框架=6]	0b	.	.	0	.	.	.	.
6 截距	−3.448	.384	80.641	1	.000			
[新闻框架=1]	−.037	.500	.005	1	.942	.964	.361	2.571
[新闻框架=2]	−1.914	1.073	3.178	1	.075	.148	.018	1.209
[新闻框架=3]	1.170	.650	3.238	1	.072	3.223	.901	11.533
[新闻框架=4]	−17.819	3482.436	.000	1	.996	1.825E−8	.000	.C
[新闻框架=5]	−1.253	.562	4.973	1	.026	.286	.095	.859
[新闻框架=6]	0b	.	.	0	.	.	.	.
7 截距	−23.309	5896.114	.000	1	.997			
[新闻框架=1]	1.025	7026.167	.000	1	1.000	2.788	.000	.C
[新闻框架=2]	.502	8513.967	.000	1	1.000	1.652	.000	.C
[新闻框架=3]	.762	.000	.	1	.	2.143	2.143	2.143
[新闻框架=4]	−.597	.000	.	1	.	.550	.550	.550
[新闻框架=5]	17.510	5896.114	.000	1	.998	40214579.1	.000	.C
[新闻框架=6]	0b	.	.	0	.	.	.	.
8 截距	−1.897	.187	103.277	1	.000			
[新闻框架=1]	−1.492	.359	17.277	1	.000	.225	.111	.455
[新闻框架=2]	−.168	.277	.370	1	.543	.845	.491	1.454
[新闻框架=3]	1.760	.300	34.452	1	.000	5.812	3.229	10.460

续表

情绪类型a	B	标准错误	瓦尔德	自由度	显著性	Exp（B）	下限	上限
［新闻框架=4］	−.286	.323	.784	1	.376	.751	.399	1.415
［新闻框架=5］	.354	.208	2.878	1	.090	1.424	.947	2.143
［新闻框架=6］	0b	.	.	0	.	.	.	.

注：a.参考类别为：9。b.此参数冗余，因此设置为零。c.计算此统计时发生了浮点溢出。因此，它的值设置为系统缺失值。

根据参数估算值，可以得到以下结果：

（1）事实界定框架容易引发公众负面情绪

与无明显情绪相比，事实界定框架对愤怒情绪、恐慌情绪、悲伤情绪、失望情绪和贬责情绪五类负面情绪均有正向影响，对赞扬情绪有负向影响。这表明在网络群体性事件中，主流媒体报道新闻时采用事实界定框架，网友评论更倾向于表达负面情绪。

（2）责任归因框架容易引发公众愤怒情绪和贬责情绪

与无明显情绪相比，责任归因框架对愤怒情绪和贬责情绪具有正向影响。这表明在网络群体性事件中，主流媒体报道新闻时采用责任归因框架，网友评论更倾向于表达愤怒情绪和贬责情绪。

通过对相关报道和网友评论进行文本分析发现，其主要有两个原因：一是媒体追问事件发生背后的原因，对社会不正之风和不良现象进行批判时，通常采用负面报道基调，而负面情绪具有极强的感染性，因此媒体流露出的负面情绪极易感染受众。二是网络群体性事件的发生常常是多方因素共同作用的结果，因此媒体责任归因的对象格外重要，对公众情绪有显著影响。如果媒体对关键问题避而不谈，不敢对相关部门监管责任缺失进行问责，将引起公众的不满和谴责。

（3）道德评价框架容易引发公众愤怒情绪、贬责情绪和赞扬情绪

与无明显情绪相比，道德评价框架对公众愤怒情绪、贬责情绪和赞扬情绪均有正向影响。笔者通过对相关报道和网友评论进行文本分析，发现道德评价框架的报道基调为正面时，网友评论更倾向于表达赞扬情绪；道德评价

框架的报道基调为负面时，网友评论更倾向于表达愤怒情绪和贬责情绪。

（4）法理分析框架中公众表达更趋于理性

与无明显情绪相比，法理分析框架对愤怒情绪、失望情绪有负向影响。这表明在网络群体性事件中，主流媒体报道新闻时采用法理分析框架，网友评论更倾向于无明显的理性表达。

（5）结果框架容易引发公众愤怒和贬责情绪

与无明显情绪相比，结果框架对愤怒情绪、贬责情绪有正向影响。这表明在网络群体性事件中，主流媒体报道新闻时采用结果框架，网友评论更倾向于表达愤怒情绪和贬责情绪。笔者通过对相关报道和网友评论进行文本分析，发现结果框架易引发公众负面情绪的原因主要是网络群体性事件最后的处理结果难以令公众满意。

2. 消息来源与情绪客体的回归分析

为研究愤怒和贬责情绪中消息来源对情绪客体的影响，本研究将消息来源选为自变量，将情绪客体选为因变量，情绪客体的最后一类"其他"为因变量的参考类别，使用 SPSS 软件对数据进行多元 Logistic 回归分析，参数估算值见表9。

表9 参数估算值 Exp（B）的95%置信区间

情绪客体[a]	B	标准错误	瓦尔德	自由度	显著性	Exp（B）	下限	上限
1 截距	-.182	1765.807	.000	1	1.000			
[消息来源=3]	.000	1765.807	.000	1	1.000	1.000	.000	.b
[消息来源=5]	.000	8199.160	.000	1	1.000	1.000	.000	.b
[消息来源=7]	0C	.	.	0	.	.	.	.
2 截距	17.815	.381	2183.628	1	.000			
[消息来源=3]	-14.112	.253	3108.520	1	.000	7.437E-7	4.529E-7	1.221E-6
[消息来源=5]	-14.069	5461.537	.000	1	.998	7.758E-7	.000	.
[消息来源=7]	0C	.	.	0	.	.	.	.
3 截距	17.335	.418	1720.712	1	.000			

续表

情绪客体[a]	B	标准错误	瓦尔德	自由度	显著性	Exp（B）	下限	上限
[消息来源=3]	−16.237	.345	2213.721	1	.000	8.881E−8	4.516E−8	1.747E−7
[消息来源=5]	−15.928	6022.988	.000	1	.998	1.209E−7	.000	.b
[消息来源=7]	0C	.	.	0	.	.	.	.
4 截距	3.024	355.300	.000	1	.993			
[消息来源=3]	−.604	355.300	.000	1	.999	.547	2.023E−303	1.477E+302
[消息来源=5]	18.882	5409.832	.000	1	.997	158559880	.000	.b
[消息来源=7]	0C	.	.	0	.	.	.	.
5 截距	20.387	.307	4417.627	1	.000			
[消息来源=3]	−18.339	.000	.	1	.	1.085E−8	1.085E−8	1.085E−8
[消息来源=5]	−16.964	5485.459	.000	1	.998	4.292E−8	.000	.b
[消息来源=7]	0C	.	.	0	.	.	.	.

注：a.参考类别为：6。b.计算此统计时发生了浮点溢出。因此，它的值设置为系统缺失值。c.此参数冗余，因此设置为零。

根据参数估算值，消息来源于政府机构或官员对情绪客体指向政府和媒体有正向影响。这表明在网络群体性事件中，当媒体报道的消息来源是政府机构或官员时，公众的愤怒情绪和贬责情绪更倾向于指向政府和媒体。

网络群体性事件发生后，政府希望通过及时公布事件调查进展和结果来回应社会关切，缓解公众负面情绪。但实际结果常常事与愿违，来源于政府的官方消息对疏导公众负面情绪并未取得良好效果，甚至加剧了矛盾冲突，将网民针对事件相关方的愤怒情绪引向政府和媒体，导致政府和媒体的公信力下降。

例如，滴滴顺风车乘客遇害系列事件中，2018年8月28日，@新京报发布了一条《广东省交通厅：滴滴一直拒绝数据介入拒绝接受监管》的新闻，该报道消息来源于广东省交通厅，报道的主题是滴滴平台拒绝接受政府监管，但热门评论中网友的愤怒情绪并没有指向滴滴平台，而是指向了政府，质疑政府前期监管不力，总在事件曝光后"作秀"调查，评论"交通厅这么大的权力,这点事搞不定,说出来不怕别人笑话的,都是推卸责任""一个国家监管怕一个企业吗?强制不行?"等。

消息来源对公众情绪客体的这一显著影响在其他几起网络群体性事件中同样存在,可见媒体报道政府的官方回应对舆情的疏导效果并不乐观,反而导致政府"引火烧身",舆情向消极化方向发展。造成这一结果的主要原因是政府回应与公众诉求之间常常存在偏差,出于舆情管控的考虑,政府在回应时一般会保持审慎的态度,有时可能并非公众迫切想要知道的事实真相,因此常常被质疑是在包庇相关责任者,掩盖事实。

四、结语

当下我国正处于社会转型期,党和政府都高度重视新闻舆论工作,并多次强调营造良好的舆论环境是治国理政、定国安邦的大事。纵观当下的网络舆论场,呈现出事实让位于情绪的特征,公众情绪对舆情的发展起着推波助澜的作用。作为意见领袖的主流媒体,对公众情绪的影响不容小觑,也肩负着疏导公众人负面情绪的重任。本文认为主流媒体可从以下四个方面着手,有效引导公众情绪:明确自身定位,搭建政府和公众沟通的桥梁;坚持平衡报道原则,还原事实真相;注重报道细节,展现人文关怀;建立情绪监测平台,重视情绪预警。

机器人新闻的发展与反思*

一、机器人新闻前沿形态分析

所谓"机器人",实际是一套利用人工智能技术来帮助撰写新闻内容的计算机软件。"机器人新闻"是指在特定的计算机程序系统的基础上,对信息内容进行抓取、分析后自动形成完整的新闻报道的新闻生产方式。它将传统记者从研读数据到采写新闻的时间缩短为几秒钟,并自动生成一条150～300字的新闻报道。

机器人新闻最早出现于2006年。是年3月,美国信息供应商汤姆森金融公司开始运用电脑程序来替代财经记者,自动撰写经济和金融方面的新闻。汤姆森公司称,它的机器人记者可以在公司发布信息后的0.3秒内提取有效数据,并分析整合成一篇报道。2010年,美国西北大学开发出 Stats Monkey 软件,利用此软件可以自动从网页中抓取比赛数据信息,在接收到信息后的2秒内快速生成新闻标题,并将相应的数据填入已有模板。法国《世界报》等媒体利用此软件来报道体育新闻,最初因技术限制只能集中在垒球报道领域。2011年,美国叙述科学公司(Narrative Science)开发的同名软件在一年时间里写出了约150万条关于美国少年棒球联盟的报道,机器人新闻震撼性地进入人们的视野。

2014年3月18日,美国加州地区发生4.1级地震,《洛杉矶时报》通

---

* 本文原载于《电视研究》2016年6期,与张馨亚合作,收入本书时有改动。

过 Quake-bot 地震新闻生成系统，在收到美国地质勘探局电脑系统发出的地震信息后，自动将数据输入模板并提交采编系统，3 分钟内率先发布地震报道[①]。Quake-bot 的成功运用，使"机器人新闻""机器人记者""机器人写手"等字眼进入人们的视野。2014 年 7 月，美联社宣布，与自动化洞察力（Aufomafed Insights）公司达成合作，引入一款名为"Wordsmith"的内容生成平台，从当年 10 月开始全自动地为美联社提供财报新闻撰写服务。借助美联社在全球新闻生产领域的影响力，"机器人记者"的概念广为传播，一些著名新闻机构，如《纽约时报》《洛杉矶时报》《赫芬顿邮报》以及雅虎新闻等也纷纷引入机器人记者参与新闻采写。

我国的机器人新闻虽然起步较晚，但在传统媒体和新媒体上均取得了突破。2015 年 9 月 10 日，腾讯发布国内首篇由机器人撰写的新闻稿《8 月 CPI 同比上涨 2% 创 12 个月新高》。该报道不但引用了 CPI 的数据，还援引了 4 位相关专家和业内人士的分析，对文中的专业术语进行了简要的介绍，就段落布局和语句连贯度看，文通字顺、数据翔实，称得上是一篇中规中矩的新闻。同年 11 月，新华社的首位"机器人员工"——"快笔小新"正式上岗，只需输入一个股票代码，配合两个点击鼠标的动作，3 秒钟内，一篇财报分析便可迅速成稿。

由于技术的缺陷，机器人新闻目前报道的范围主要集中在体育、经济、灾难等领域。这些报道类型的共同点是新闻产品通常涉及大量数据、图表和量化分析，呈现出很强的专业性，多适用于具有数据性、时效性特征的事实类简短消息。

二、机器人新闻的特征

1. 全自动化的新闻生成模式

机器人新闻最大的特征是新闻生产的全自动化。在具体新闻写作过程中，

[①] 赵铎."机器人"记者忙起来[N].人民日报，2014-03-24.

人工参与并不是新闻产品产出的关键和决定性环节,新闻生产的主体实现了由人向机器的转变。比如,美国叙述科学公司撰写新闻包含数个步骤:首先,基于已有资料或数据库进行大量数据采集,尤其是金融业和体育产业中波动性很强的数据,并运用算法对采集到的数据进行关键信息提取和结构化处理。其次,在分析结果的基础上选择新闻点,根据不同报道题材套用固定的文章模板,生成新闻稿。最后,根据需要由人工编辑润色、审核并发布。

从现有的应用情况来看,算法已经不仅能够完成信息和数据的即时捕捉,还可以模拟知名记者或作家的写作风格,实现文风的定制。机器人可根据资深记者提供的词汇组成句子,从而完成一个叙事作品。

2. 基于大数据的新闻生产体系

机器人新闻的产生基于日益庞大的数据库,是数据新闻的延伸和应用,包括互联网中特定第三方的信息推送、基于社交媒体的传感新闻、信息搜索强度和频度的统计分析等。互联网和物联网提供的日益庞大的数据库是整个数据新闻发展的基础,特定编程的软件及算法则是机器人新闻的直接技术支持。在特定软件环境下,算法将传统新闻生产的采写编评等过程融合在一起,化繁为简,形成了从"数据抓取"到"文稿生成"的两步式新闻生产方式,大大缩减了传统的新闻生产流程,优化了整个新闻生产体系。

3. 一触即发式的新闻生产速度

"速度"是新闻采写过程中的关键要素。自动化写作的机器人 24 小时待命,在突发事件来临之际,可以根据算法在第一时间自动生成稿件,瞬时输出分析和研判,将重要资讯和解读送达用户。美国叙述科学公司利用程序完成一篇体育报道需要 30 秒,利用程序生成一个新闻标题只需要 2 秒;美国自动化洞察力公司的 Wordsmith 平台每秒能生产 2000 篇文章。2015 年 9 月 10 日,腾讯财经在政府发布 CPI 资料后短短几分钟内就发布了新闻。高效率的新闻写作机器人不仅为新闻机构抢得了宝贵的时间,而且推动了新闻报道的公开透明。

三、机器人新闻的功能审视

1. 解放人力资源

机器人新闻的出现一度使人与机器的对立成为新闻讨论的热点,其中"机器人要抢记者的饭碗"的"记者失业论"甚嚣尘上。实际上,机器人并不是与记者抢饭碗,基于特定抓取程序的计算机系统能够更高效地收集到可用信息,在减少生产流程的同时,压缩了人力检索、收集、阅读、裁定的过程,是对人一定程度的解放和对人力资源的节约。正如美联社对机器人记者功能的定位——"解放记者,减少重复性的新闻和数据处理"。2014 年,美联社采用了自动化洞察力公司开发的 Wordsmith,而该公司拥有超过 3 亿个模板,可供不同的新闻源使用。

机器人将记者从烦琐的信息收集、处理过程中解放出来,使其不必再沉溺于数据和简单常识,辛劳地徘徊在产业链的最底端,而可以将更充足的时间投入智力密集型、科技密集型的产业,促进了记者职责的升级与转型。

2. 整合信息资源

物联网数据、UGC 等新的新闻信息资源为机器人新闻提供了丰沃的生存土壤;而通过数据挖掘、统计进行社会化媒体等来源的相关信息收集,也使得机器人新闻对用户生成内容的吸收更为广泛、利用更为充分[①]。机器人对传播效果的预判,可以融入选题与写作中,写作由此变成了由用户驱动的过程[②]。《纽约时报》机器人就发挥了比写手更为重要的作用——新媒体版主编。《纽约时报》数据团队开发的机器人 Blossom,每天对 Facebook 等社交平台的海量文章进行大数据分析,甄选"爆款"文章,推荐给各大版面的责任编辑并提出建议,且每天工作 24 小时不休息。据内部统计的数据,被 Blossom 推荐的文章,点击量能够达到非推荐文章的 38 倍。《卫报》联合报纸俱乐部

---

① 彭兰. 大数据时代新闻信息资源的结构性变化及其影响 [J]. 中国广播电视学刊,2013(7):9-11.
② 刘挺. 机器人来了,记者去哪儿 [J]. 中国传媒科技,2015(9):20-22.

（Newspaper Club）设立了一份新媒体报纸 *Long Good Read*，用来收录《卫报》在过去一周里的最佳长篇报道，机器人化身总编辑实行全算法办报——挑选梳理该媒体上周发布的 3000 多篇文章，以及视频和播客，然后由一名编辑从选出的文章中挑选印刷版的发布内容。路透社也推出一款名为 "Open Calais" 的智能方案，用于高能高效编稿。

3. 放大长尾效应

长尾效应同样适用于机器人新闻产品的产制。基于机器人的作品，编辑部对"数据""信息""事实"进行分析解读和二次加工，并根据需要转换新闻点、文章结构、表述方式等，生成适配平面、网络乃至移动、社交等多媒体终端的产品，为用户和受众提供个性化定制内容，从而提升媒体核心竞争力。据自动化洞察力公司的统计，Wordsmith 在 2014 年写了近 10 亿篇文章，平均每篇文章的浏览量在 100 万次左右。此外，Wordsmith 创造出 100 多种报告类型，确立了 50 万则推特内容。

从新闻数据的采集、报道模式的确立到词汇语句的使用，都由计算机程序控制完成，从内容到结构也有相对固定的标准和模式，因此有人曾预言机器将"垄断"新闻。这种说法只是一种被抽象化夸大的预言，因为机器写作新闻自身存在缺陷。

四、机器人新闻的弊端

1. 依赖程度

机器的依赖性主要表现在两方面：一是对模板的依赖。机器无法思考，无法撰写具有创新性的新闻，其新闻报道只能根据现成的模式进行再造。这种现成的模式是根据传统新闻记者的报道风格和特定题材新闻报道的模式生成的，离开这一模式，机器就失去了再造的参照物。二是对于记者的依赖。机器人可以写新闻，但是不能发现新闻，对于新闻点的嗅探仍然需仰仗记者专业的新闻敏感度。

2. 报道深度

尽管目前写作新闻的机器人可以生成符合新闻标准的短篇幅报道，但带有复杂情感、个性独特的长篇幅深度新闻报道还是需要人类自身来实现。中国科学院计算技术研究所原研究员、中国计算机学会原副秘书长陈熙霖表示，人类的智力活动包括记忆、联想、归纳、演绎、判断、思考、顿悟，甚至做梦等，从这个意义上看机器智慧很难超越人类。就新闻而言，机器人只能通过数据收集归纳并用简单的语法写稿件，因此，机器人新闻适用于智力含量低、可替代性强的工作，处于新闻报道的开始阶段，而进阶阶段有一定创造力的后续报道和深度报道仍需要记者参与。以美联社为例，他们秉持机器人"以辅助记者工作为主"的原则，为记者腾出更多时间做需要思考的新闻加工，精心安排采访，构思深度报道，跟进后续报道，从而完成由人撰写的优质新闻。

3. 新闻"温度"

由于技术的局限性，机器人记者完全依靠人工录入的知识库和模板写作，自然写不出那种发人沉思、引人入胜的故事性文章，因此，新闻稿件呈现出模式化、固定化、单一化、同质化的特点。"新闻是有'温度'的，机器人做新闻却没有'温度'，很可能在昙花一现之后，优雅地死掉。"[1]

在专业的新闻业务逐渐趋于自动化的同时，创造力、分析能力以及个性变得更为重要。例如，同样是对统计 CPI 数据的分析报道，江苏某记者这样写道："番茄炒蛋要多花 1 块钱；与 7 月比，鸡蛋成涨价王；猪肉涨价，那我吃素行不行？呵呵，现实是残酷的，51 个鲜菜品种中有 25 个在涨价！"与机器人一本正经地讲道理相比，记者写得更鲜活，更有家常味道，更接地气，令观众感到津津有味。在缺少严格规范的新闻报道范畴中，除了需要精致的骨骼之外，还需要填充丰满的血肉和动人的细节，遇到这种情况，机器人新闻便丧失了话语权。

---

[1] DALEN A N. The algorithms behind the headlines: how machine-written news redefines the core skills of human journalists [J]. Journalism Practice, 2012, 6 (5/6): 648–658.

五、数据新闻的创新方向及优化路径

1."信息小灶"的个性化服务

个性化服务这样的"信息小灶"让机器生产出来的新闻看上去更美。"未来人机一体的新闻报道体系,……可以通过机器分析来预测以什么样的文风使新闻可以传播得更远,自动识别那些对某类新闻感兴趣的人群并针对他们进行写作,预测某个人或某个群体读到某条消息后的情绪反应等。"[①] 有报道称,美国叙述科学公司甚至能依据受众群体特征选择报道角度,如针对某球队的支持者进行报道时,尽量避开使用负面消息和用词。"快笔小新"目前供职于新华社体育部、经济信息部和《中国证券报》3 个部门,撰写体育赛事中英文稿件和财经信息稿件。在这 3 个部门里,"快笔小新"要根据职能和业务板块的需求定制开发程序,有多套特色系统生成不同的稿件内容。2015 年 12 月,腾讯宣布,Dreamwriter 开始进行"风格化""个性化"写作。以财经报道为例,针对不同目标用户的个性化需求,Dreamwriter 已经可以同步推出"研判版"和"民生版"两个个性化版本。

2."术业专攻"的智能化聚合

目前,机器人新闻的应用领域局限于那些数据要求多且拥有成熟报道经验的新闻事件(如体育报道和企业财报等),然而这并不是说计算机所撰写的文章将永远处于边缘位置,也不会永远被限定在一些小打小闹或生成简单的企业营收评论、体育赛事战报上面。随着新闻产业规模的空前增长和扩大,未来机器人新闻会向着更加智能化的方向发展,计算机也将通过相关数据撰写出成本低廉的新闻稿,并将涵盖大量活动、产业趋势和产品开发,而这些领域目前尚未被传统记者所关注。

---

① 彭兰.移动化、智能化技术趋势下新闻生产的再定义[J].新闻记者,2016(1):26-33.

影像创作中景别的单独表意与组合叙事*

景别主要指拍摄设备与被摄物体间的距离或镜头焦距的不同造成的被摄物体在最终画面中所呈现出的范围大小的区别,是通过镜头的外部框架形态来约束镜头内容呈现的方式。从某种程度上讲,景别规范了镜头的内容和意义。

不同景别的选择和组合是导演为了适应人们在观察事物或现象时的视觉需要和心理需求、是影像创作中构图整体画面空间的创作方式,更是吸引观众视觉注意力的有效手段。

因此,景别的选择是导演和摄影师创作构思的重要组成部分,在进行镜头创作时,必须充分考虑景别给整个镜头意义所带来的变化,以选择合适的景别进行内容表达。

一、景别的划分与界定

景别的划分通常是以画面中人物的大小为基本依据的。景别通常划分为远景、全景、中景、近景和特写五个大的类别,但在具体应用中,还可以细分出大远景、中近景、大特写等。其具体划分标准见表1。

---

* 本文原载于《新闻与写作》2020年第7期,与张悦合作,收入本书时有改动。

表 1　景别的划分标准

景别	划分标准
大远景	人物高度占整个画面高度的 1/4 或小于 1/4
远景	人物高度占整个画面高度的一半
大全景	人物高度占整个画面高度的 3/4
全景	人物高度与画面高度接近 1∶1，呈现出几乎满幅的效果
中景	人物膝盖以上
中近景	人物腰部以上
近景	以脖子为分界线，躯干占画面 1/3 强，头部占画面 2/3 弱
特写	人物肩部以上头像或物体局部，充满画面

二、单个景别的表意功能

（一）大远景——营造气氛

大远景以表现空间环境为主，视野开阔、气势宏大、景深悠远，其意义在于情绪的渲染、意境的创造和情感的抒发。拍摄大远景就是在拍摄一个镜头的情绪渲染，所以大远景本身并不是用来交代具体信息量的，而是用来营造氛围和情绪的，常用于影片或某个叙事段落的开头和结尾。（图 1）

图 1

（二）远景——承上启下

远景具有承上启下的结构功能，能够带来人与景的平衡处理的表达。它通过 A 经过 AB 到 B 或 B 经过 AB 到 A 的交集互换，实现了上下段落之间的衔接，所以它不是叙事性的镜头，而是结构性的镜头。

电影《少年的你》中的这组镜头就利用了远景承上启下的过渡功能（图2）。画面先由陈念的中近景切换至二人的远景镜头，又从二人的远景镜头切换至小北的近景镜头，其中远景镜头的信息中既包含了上一镜头中的陈念，又自然引出了下一镜头中的小北。

但是在实际的影像创作过程中，应当严格控制这类非叙事性镜头的数量，

图 2

因为影视作品的主要目的是陈述内容，要保证镜头的信息量，就不能以远景或大远景作为主要的内容呈现方式，但大远景和远景通常具有很强的视觉感染力，所以在强调影像的形式美感时，可以适当地使用这类镜头。

（三）大全景——概述性功能

大全景具有概述性功能，属于具有叙事性的景别结构。利用大全景所要完成的叙事就是通过展现环境或人物与环境的关系，给整体叙事提供大背景。具体来讲，概述性功能是指通过大全景来交代时间、地点、人物、事件及其发展和结果的可能性，因此大全景经常出现在影视作品的开头部分，以交代全面的、整体的空间关系。同时，由于大全景属于关系镜头中的一种，所以大全景也可以很好地交代画面中各个事物之间的联系。

电视剧《清平乐》中的这一镜头采用的就是大全景景别（图3），既能通过景物陈设和灯光布置向观众交代事件发生的空间环境和时间，给叙事提供整体背景，同时人物在画面中的比重较远景更大，也能更好地对人物整体进行表现，让观众了解王拱辰妻子与张娘子之间的关系。

图3

（四）全景——展示动作

全景主要用来交代人物的形体动作和动作范围，人物是画面的绝对主体，环境只是一种造型的补充和背景。与远景相比，全景具有明显的内容中心和结构主体，既能交代人物周围的环境，又能展示人与人之间的关系。

电视剧《鬓边不是海棠红》中的这一全景镜头（图4），光线和人物的精巧布局使得观众的视线完全集中于画面中心的商细蕊，生动地描绘出了商细蕊唱戏时的身体形态和动作。

图4

（五）中景——交代关系

中景是叙事功能最强的一种景别。在包含对话、动作和情绪交流的场景中，利用中景景别可以最有利、最兼顾地表现人物与人物、人物与周围环境之间的关系，进行关系叙事。

关系叙事就是在镜头内部形成人与人之间关系的对比或扭结，进而形成更为丰富的信息传达。它与正反打镜头的区别在于：正反打镜头只能拍摄主体人物，通过两个主体人物的剪辑形成关系叙事；而中景的关系叙事是在一个镜头内部完成对多个人物的关系表达，使得内容表达更为客观。

纪录片《人生第一次》中就运用了大量的中景镜头来体现人物之间的关系（图5），如这个孩子与妈妈的中景镜头，通过画面呈现和人物交流有效地体现出孩子找不到东西时的胆怯和妈妈愤怒、无奈的情绪，叙事客观，符合观众的视觉习惯。

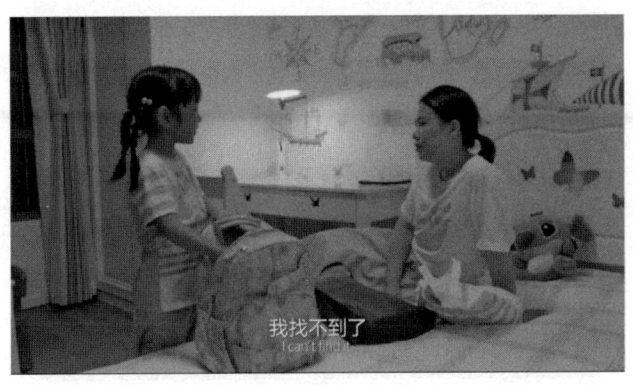

图 5

上文提到，中景也可以进一步细分出中近景。《人生第一次》主要体现的是膝盖以上的中景景别，而这一镜头在表现李子柒和婆婆关系时则很明显地运用了腰部以上的中近景景别。（图6）

实际应用中，在展现双人景别的对话或者人物关系时，用到中近景的可能性更大，展现更多人的关系时用到中景的情况则更多。

图 6

（六）近景——神情描绘

近景属于细节镜头中的一种，着重表现人物的神情变化，传达人物的内心世界，由于它可以制造与观众之间的交流感，因此近景镜头在单人采访中经常使用。

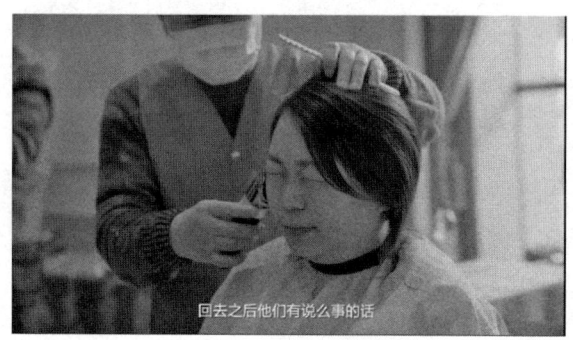

图 7

（七）特写——突出细节

特写也属于细节镜头中的一种，体现着创作者明确的拍摄目的，表达了创作者的态度，蕴含着丰富的信息量。在实际的影像创作过程中，应当多使用特写或大特写镜头支撑影片细节，通过大量的特写镜头的累积丰富影片信息量，从而引导观众的视觉注意力，实现影片主题的表达。

具体来说，特写镜头主要有以下三种功能。

1. 刻画人物，烘托情绪

在刻画人物时，特写可以把人们难以观察到的细微表情和心理活动清晰地传达给观众。

2. 制造悬念，营造神秘感

细节特写可实现局部与整体的割裂，进而调动观众的想象，制造悬念。

3. 服务叙事，推进情节

特写镜头可以展现与情节发展紧密相关或具有暗示性的事物。

《阳光普照》中这个特写镜头通过阿和微皱的眉头、怨恨的眼神等神态细节反映出阿和再次遭到菜头骚扰时内心的愤怒、烦躁和不耐烦。（图8）

图 8

众所周知，影像的叙事表达不能仅靠单个镜头来实现，不同景别的单个镜头虽然具有各自的表现特点，但也有各自的局限性，要想形成完整的叙事表达，必须将不同的镜头组接起来形成镜头组，进行组合叙事。

三、不同景别的组合叙事

（一）逐步式

逐步式景别组合即相邻景别相接，根据视觉距离上的变化可以分为由远及近的"拉近式"和由近及远的"远离式"两种，作为一种特定的景别组合逻辑，逐步式只有配合特定的情节内容使用才能发挥作用。同时要注意，逐步式景别组合通常都是情绪渲染需要，并非叙事需要，所以大都不会在新闻类节目中出现。

曾引发网友热议的"张晋 Vlog"就采用了逐步式的景别组接方式。这组镜头明显地呈现出了拉近式景别组接的画面变化，即远景—全景—中景，有力增强了影片的叙事节奏感。（图9）

而这组近景—中景—全景的远离式的景别变化，则巧妙地让观众产生了退出感、远离感和疏远感。（图10）

图 9　　　　　　　　　　　图 10

（二）跳跃式

跳跃式即非相邻景别相接，以《风味人间》第二季片头为例（图11）。可以发现，这组镜头几乎没有采用相邻景别相接的方式，而是大量运用了远景—近景—特写或全景—远景—特写等非相邻景别的跳跃式组合。这种镜头表现方式不仅实现了景别调度的流畅化表达，也能够增强画面的视觉冲击和表现能力。丰富多样的景别变化提升了观众的视觉体验、推进了整体的叙事节奏，同时与昂扬澎湃的配乐相互配合，有力地展现了食物的力量与人类追求食物、寻求生存的伟大。

图 11

具体而言，跳跃式景别相接又可以分为相隔景别相接与非相隔景别相接两种。由于景别跳跃式相接的方式符合空间关系和心理关系，因此它能够使影像的叙事表达更加流畅、画面更具有视觉变化特征。用跳跃式方法组接镜头的时候，不同幅度的景别跳跃变化将对会对片子节奏、视觉效果产生不同的影响，跳跃幅度变化的大小也决定了片子的整体风格和叙事风格。

1. 相隔景别相接

相隔景别相接，如远景—中景—近景或全景—近景—特写等。相隔景别相接主要是为了防止相邻景别相接叙事带来的"跳"感，是影片流畅化景别调度的常态。

为了让读者更直观地体会相邻景别相接带来的"跳"感，本文以智族GQ为王一博拍摄的"仿生人入侵智族"系列概念片中的一组镜头为例（图12）。画面中的三个镜头采取了全景—中景—近景的组接方式，观众可以很明显地感受到画面的跳跃感和切换感，但是这种跳跃感与音乐的配合反而更符合其概念主题，呈现出一种特别的时空跳跃感。因此相邻景别相接在为了呈现特殊视觉效果的MV和广告片中应用较多，但在纪录片、电影及新闻片等追求流畅化表达的影视作品中使用较少，其大多采取相隔景别相接的组接方式。

例如，《人生第一次》中这组表现小锁坐在墙头写诗的镜头（图13），采用了近景—全景的相隔景别跳接的方式，画面过渡流畅，更符合人眼的视觉接受习惯，提升了观众的视觉体验。

2. 非相隔景别相接

除了与相隔景别相接外，也可以和非相隔的景别相接，如远景—近景、全景—特写等。

《中国医生》的这组镜头就是近景和远景的相接。（图14）

两极镜头调度是跳跃式景别相接中非常特殊的一种，即微观—宏观/环境—细节/远景—特写。

由于跨越范围较大，画面变化带给观众的视觉冲击也就更强，形成了一种视觉奇观，同时能够起到强调被摄对象的作用，有利于吸引观众注意力，推动叙事，表现主题。两极镜头的调度在纪录片和商业广告中应用十分广泛。（图15）

图12

图13

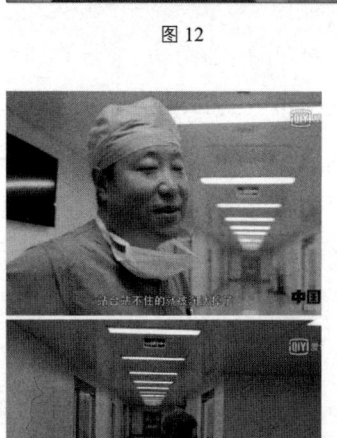

图14

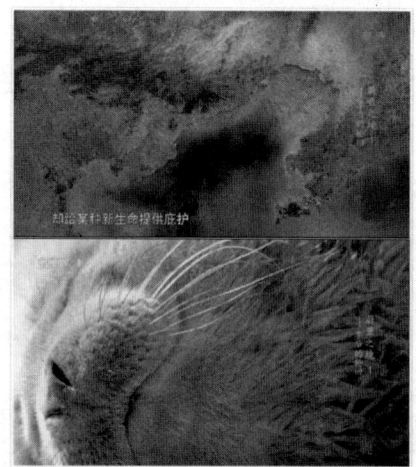

图15

(三）功能式

根据不同的表现功能，景别也可以分为环境镜头（大远景和远景）、关系镜头（大全景、全景和中景）和细节镜头（近景、特写和大特写）三大类。所以创作者也可以根据不同景别的功能划分方式进行景别组合，如细节—关系—环境、环境—关系—细节、关系—细节—环境等，除纪录片、电影、电视剧等艺术作品外，功能式的组接方式在新闻片中也非常常见。

以北京电视台《北京新闻》的一则报道为例，这条新闻既有展现丰台区王佐镇油菜花整体景观的环境镜头，又有报道民众赏花情况的关系镜头，也有很多近景采访、油菜花特写的细节镜头，40秒的新闻报道中，三类镜头有逻辑、有技巧地相互组接，点面结合、重点突出，既丰富了观众的视觉感受，又提升了新闻叙事的流畅性和完整性。（图16）

图16

四、结语

综上，景别是影视创作中的基本元素，是画面空间的表达形式，是导演和摄像师对观众视觉心理的限定，是画面造型的重要手段，是形成画面节奏变化的方式。在影视创作中，具体选择哪一种景别，是由创作者根据剧情发展的需要来决定的，只有恰当地使用景别才能够更准确地传达创作意图，更生动地表现对象特征，更完美地创造新颖的构图形式。

参考文献：

［1］沈紫嫣怡.浅谈镜头语言中景别的功能［J］.西部广播电视，2019（9）：81-82.

［2］陈明，黄心渊.电影视听语言中的景别变化（下）［J］.电视字幕·特技与动画，2006（9）：66-69.

［3］陈明，黄心渊.电影视听语言中的景别变化（上）［J］.电视字幕·特技与动画，2006，12（8）：70-73.

景深：重构影像的画面表达与主题叙事*

众所周知，在影像创作中，构图、色彩、景别和光线都是影响画面质感的重要因素，但人们常常会忽略另一个对影像表达产生重要作用的摄影元素——景深。引发网友热议的爆款国产剧《隐秘的角落》中的很多隐藏细节都是通过浅景深控制呈现的，其电影质感般的细腻画面也不乏景深控制的功劳。下面本文将结合具体应用案例，从景深的内涵、控制因素和具体应用三个角度切入，全方位探究如何利用景深优化影视创作，实现审美表达和主题叙事上的创新与突破。

一、景深的内涵

景深（DOF）是指在摄影机镜头或其他成像器前能够取得清晰影像的成像所测定的被摄物体前后的距离范围。景深分为前景深和后景深，也称为浅景深和深景深。聚焦物到前一部分线段的距离为前景深/浅景深，而聚焦物到后一部分线段的距离为后景深/深景深。如图1所示。

景深的本质其实是一种取舍，大景深利用人与环境、人与人的关系来表情达意；小景深则用虚化来强调主体或者细节，弱化或虚化环境或其他细节。因此，景深具有控制焦点、美化画面、营造意境、突出主体和升华主题的功能。

---

* 本文原载于《新闻与写作》2020年第9期，与张悦、赖仕凡合作，收入本书时有改动。

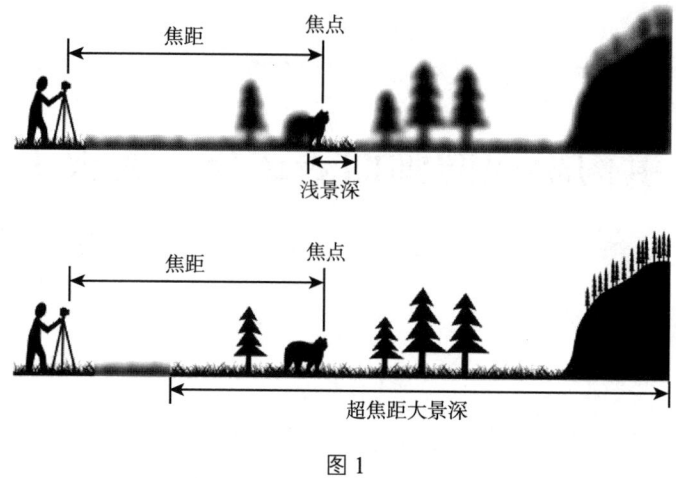

图 1

二、影响景深控制的因素

（一）光圈

光圈是镜头光线的开口，主要通过控制光圈的大小来控制相机的进光量。光圈的大小用"f-stop"值来表示，如 f/8、f/16 等。值得注意的是，光圈大小和 f 值呈反比，即数值越小，光圈越大。通常，镜头光圈的 f 值在 5.6 以下被视为大光圈，f 值在 8.0 以上则被视为小光圈。

光圈与景深大小调节的规律是，光圈越大，景深越浅；光圈越小，景深越深。使用大光圈拍摄出的图像景深较浅，容易使前景、背景得到虚化，画面整体较为朦胧，虚实对比明显，能够起到突出主体、形成视觉注意的作用；而使用小光圈拍摄的图像，画面前景、背景都比较清晰，画面整体信息量较为丰富且立体纵深感明显。

（二）焦距

镜头焦距是指镜头光学后主点到焦点的距离，镜头焦距的长短决定了拍摄的视场角大小，即决定了取景范围。根据焦距的长短，其可分为三种镜头，如表 1 所示。

景深：重构影像的画面表达与主题叙事

表 1　镜头的分类

广角镜头	等效焦距小于35mm	视角大、内容丰富、冲击力强，适合拍摄风光及人群
标准镜头	等效焦距45~58mm	接近人眼视角，常用于拍摄人像
长焦镜头	等效焦距大于80mm	可以拉近放大，适合拍摄野生动物、体育赛事等

注：由于传感器尺寸不同，同一镜头在不同设备上的取景范围也不同，因此在划分标准镜头时需要将其转化为等效焦距。

在利用焦距控制景深大小时，焦距越长，景深越浅；焦距越短，景深越深。因此，广角镜头焦距较短，可以提供较深的景深，同时扩大视角范围，能够捕捉到更多的场景细节；长焦镜头焦距较长，提供了更浅的景深，但会缩小视角范围，可捕捉的场景范围较小。

（三）摄距

摄距即摄像设备与拍摄主体之间的距离。当光圈大小和焦距长短保持不变时，主体越近，景深越浅；主体越远，景深越深。

图 2 是纪录片《中国美》中的场景，在光圈、焦距都相同的情况下，随着人物逐渐远离镜头，焦点随着被摄对象后移跟焦，画面的景深也由浅入深。

单独控制一个因素就可以实现不同景深效果的控制，但在实际的影像拍摄中，可以视拍摄需求的不同，组合应用以上元素，以达到理想的拍摄效果。例如，如果想达到极致的背景虚化效果，可以使用长焦镜头、大光圈、缩小镜头与拍摄对象的距离。相反，如果想要保证画面前、中、远景都有足够的清晰度，使用广角（短焦距）镜头、小光圈、拉大与被摄对象的距离就可以实现目标效果。

图 2

243

三、景深的应用

（一）浅景深：细腻的电影质感

浅景深的运用常常是为了突出主体、净化背景，在浅景深的场景中，主体非常清晰，背景则相对模糊。浅景深画面提供的信息量相对较少，但能更加突出摄影师要呈现的视觉中心，从而起到强调主体、突出画面情感、表现人物情绪、塑造人物形象的作用。

电影质感实际上是由胶片的特性曲线带来的更为细腻的画面光线层次的变化。这一特性可以与小景深的表现特点相结合，因为小景深的虚化与光圈的组合，就是充分利用光线层次的细腻带来的虚化效果的质感，光的层次越多，宽容度越大，虚化层次的质感就越好。小景深的本质并不是全虚化表达，而是希望在虚实对比中适当体现出虚化层次的细节，所以在数字影像的伽马曲线调整的情况下，小景深更容易呈现出电影般的质感。

由于背景呈现较少，浅景深还能够节约置景成本，在人像摄影中凸显朦胧感，创造唯美意境。

纪录片《中国美》中运用了大量浅景深镜头，较好地呈现了中国传统美学的艺术特色。比如，第一集在表现服饰布料时，就很明显地利用了大光圈镜头带来的浅景深控制效果，通过虚化处理，观众的注意力完全集中于布料细节上，既凸显了中国传统布料的精致细节与朴素纹路，呈现出中华传统服饰之美，又运用镜头语言直观地表现出设计师马克所追求的纯粹自然的设计风格和创作宗旨，画面细腻，富有质感。（图3）

景深：重构影像的画面表达与主题叙事

图 3

除展现事物细节外，浅景深镜头也经常用于突出人物的某些情态特征。纪录片《人间世》的这一浅景深镜头通过背景虚化，突出强调了人物的面部细节，观众可以清晰地看清人物的神态和表情，从人物眼中流露的情绪中体会到医生对逝去病人的惋惜和怀念，渲染悲伤、压抑的氛围。（图4）

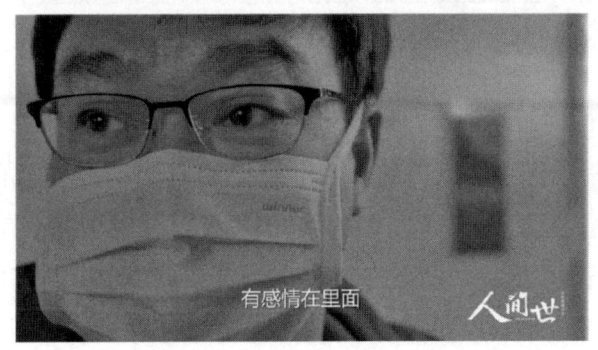

图 4

此外，浅景深控制还经常与移焦拍摄配合使用，以实现引导观众视觉注意的目的，移焦比简单浅景深更强化了镜头调度带来的主观态度，也更具悬念和逻辑重构功能。

（二）大景深：恢宏的影像气势

大景深的手法常用广角镜头来囊括较多的信息，将主体与周围的环境紧密联系起来，观众可以在画面中清晰地看到近处及远处的物体，画面结构性较强。无论是对高大建筑物和自然风光的拍摄还是对众多人物场面的拍摄，大景深镜头都能突显画面空间的辽阔与壮观，突出环境的细节与质感。

纪录片《航拍中国》第三季就是广角镜头大景深控制的代表，为了更完整地介绍各地信息，呈现各地环境，航拍大多采用广角镜头，使画面气势恢宏，凸显自然环境的壮丽与广阔，表现人潮涌动的热闹与繁荣。（图5）

图5

为了更全面地展现环境的整体细节和风格特色，以纪实为主的纪录片和新闻片经常将大景深控制与长镜头调度结合使用，以增强画面的真实感和记录感。跟随镜头运动进行视觉注意力转换不仅带给观众身临其境的探索感，也能使观众在镜头视线的引导下逐步明晰情节发展脉络，进而理解导演的意图和思路。大景深长镜头虽然属于无剪辑摄影，但依旧能够隐晦地体现导演的主观思想，对服化道的设计水准和细节把控要求很高。

四、总结与思考

影像创作需要丰富的个人创造，一味地追求同质化的风格表达只会使影视行业陷入难以突破的怪圈。景深控制终究是为影像画面表达和主题呈现服务的，其选择的初衷应当遵从于基本的视觉审美逻辑和创作者的思想表达诉求，只有根据叙事需求正确且灵活地应用景深才能够突破景深原有的物理概念，实现更高层次的艺术审美诉求。

参考文献：

[1] 李来学.景深在影视摄影中的创新应用分析[J].传播力研究，2019，3（10）：48.

[2] 任峰辉.景深控制的虚实变化[N].中国摄影报，2018-09-04（7）.

[3] 王鼎.影视摄影中"景深"的内涵及其控制因素分析[J].戏剧之家，2018（8）：117

[4] 万波.景深在影视摄影中的创新应用分析[J].戏剧之家，2018（3）：106.

[5] 王家成.控制景深的几个要点[J].照相机，2016（4）：46-47.

[6] 任峰辉.景深控制的奥妙[N].中国摄影报，2016-04-01（12）.

[7] 赵晓星.浅谈现代影视摄影的景深控制[J].大众文艺，2014（14）：186.

[8] 史晓光.景之深——"画说"摄影景深[J].中国摄影家，2014（2）：110-119.

四、新闻传播学学科建设

新闻传播学新文科课程体系建设路径探析*
——以中国传媒大学电视学院为例

党的十九届五中全会明确提出"十四五"时期新时代教育改革发展的目标是建设高质量教育体系。2021年4月召开的全国高教处长会议上,教育部高等教育司司长吴岩强调,高等教育高质量的根本与核心是人才培养质量,专业、课程、教材和技术是新时代高校教育教学的"新基建",而包括新文科建设在内的"四新"建设,则是2021年实现教育质量革命的四项重要工作之一。

人才培养是教育高质量发展的关键,新文科建设的课程质量更是人才培养的核心。课程是教育最微观的问题,解决的却是教育最根本的问题,是体现"以学生发展为中心"理念的"最后一公里",也是落实"立德树人成效"根本标准的具体化、操作化内容。① 单一的课程建设虽然能够打造创新的亮点,但是只有形成课程体系的共性和规模,才能够影响到学生培养的全局。因此,课程体系建设成为在新文科建设中落实高等教育高质量发展的基础和重要抓手。

中国传媒大学电视学院作为国内历史悠久的电视专业教育机构,以科学完善的教育体系、丰富的教学经验,引领着新闻传播学教育的发展。2017年

---

* 本文原载于《现代出版》2021年第7期,与赵甜合作,收入本书时有改动。
① 吴岩. 夯实教学"新基建"托起培养高质量[Z/OL]. (2021-04-01)[2021-06-30]. http://jwch.wfmc.edu.cn/_upload/article/files/3b/86/d1d453b d4e b3b0a a61c c5f0810d d/f3e c c7b7-38d6-4f3e-9a29b2c326fbd883.pdf.

9月，中国传媒大学新闻传播学科入选"双一流"建设学科，学科评估排名第一，广播电视学、广播电视编导学两个专业被评为国家级特色专业。在此基础上，电视学院开展了一系列教学课程体系建设项目，秉承中国传媒大学"立德、敬业、博学、竞先"的校训，以培养"弘道崇德、经世致用"的新时代传媒人为宗旨，结合电视学院"实践教学"特色，探索出了新闻传播学科进行新文科课程体系建设的道路。总结其中的教学改革经验，对明确我国新闻传播学科新文科建设道路大有裨益。

一、文献综述：新文科建设论述丰富，课程体系建设相对松散

现有关于新文科建设与课程体系建设的研究处于相互割裂的状态，当前研究呈现出"新文科建设研究论述丰富，课程体系建设研究相对松散"的态势，鲜有将两者紧密结合在一起的研究成果。当前关于新文科建设的研究成果主要分为三类：

第一，从宏观视野对新文科建设政策背景、目标、意义的解读和阐释。理论内涵、时代需求、发展路径是其聚焦的重点（段禹，2020；樊丽明，2020），也有学者从学科、历史、时代、中国四个维度对新文科建设进行解读（张俊宗，2019）。从整体层面出发，将新文科建设与时代背景相结合，并在其中找到真正适合中国教育改革实际的路径，是这些文献提供的具有参考价值的思路。

第二，针对新文科建设的现状、问题、策略进行的分析。这类文献以新文科建设的难题为切入点，从技术应用、学科交叉、国际交流、评价标准等方面为新文科建设转型发展提出对策（金波，2020；马骁，2021），提出新文科建设应坚持问题导向，结合最新媒介技术，以跨学科思维推动新文科建设转型。但这类研究对新文科建设的价值引领作用有所忽视。因此，通过课程思政来强化新文科建设的价值引领作用，是当前研究需要努力的方向。

第三，具体到新闻传播学科领域，对新文科建设进行理论与实践探索的研究。强调应用型文科的特质（程曼丽，2021；张书玉，2021）、加强马克

思主义新闻观教育以及推动"国标"生根落地（吴岩，2019）、在立足本土国情的基础上进行交叉融合发展（童兵，2021；王仕勇，2021），是新闻传播学科进行新文科建设的要义，这为思考新闻传播学科在新文科建设中的特殊性、寻找中国道路提供了参考。

当前关于课程体系建设的研究比较零散，大多是结合具体的学科以及课程改革实践进行的经验总结。有学者根据音乐学教育改革的实际提出以中国特色、"思政+"理念推进教学改革的实践路径（袁昊昱，2021）。有学者以大学计算机课程的课程体系建设为重点，强调"以学生为中心，注重多学科交叉融合、重点培养学生思维能力"的理念，强调教学方法、考试方式改革的必要性（韩作生，2021）。还有学者针对传媒类"专业思政"建设现状，提出了核心价值体系框架，为将思政元素量化到专业课程教学过程中提供了参考标准（刘彤，2020）。总体而言，当前关于课程体系建设的研究与新文科建设的联系并不紧密。通过以上文献整理可以发现，现有的关于新文科建设的研究成果相对丰富，但缺少对课程体系建设的观照。相比之下，对课程体系建设的研究显得松散而薄弱，而关于新文科建设、课程思政和提升人才培养质量的课程体系的研究尤其匮乏，新文科建设与课程体系建设之间存在有待弥合的空间。因此，本文以新文科背景下新闻传播学科的课程体系建设为切入口，探讨高质量教育体系视角下的教学改革，尤其是课程体系改革。

二、价值引领：以课程思政完善人才培养体系

习近平总书记指出，一个国家、一个民族不能没有灵魂。文化文艺工作、哲学社会科学工作就属于培根铸魂的工作，在党和国家全局工作中居于十分重要的地位，在新时代坚持和发展中国特色社会主义中具有十分重要的作用。①

---

① 坚定文化自信把握时代脉搏聆听时代声音 坚持以精品奉献人民用明德引领风尚［N］.人民日报，2019-03-05（1）.

新闻传播学科恰恰就是为党的新闻舆论工作培养人才的学科,坚定的理想信念不只是个人修养和觉悟问题,更是掌控意识形态领域的话语权、强化阵地意识的必然要求。不过,与思政课程不同,课程思政的核心则是要在专业课程中融入思政内容和思想,让学生在专业学习中培根铸魂。

要建立具有价值引领作用的课程体系,首先要剖析实际的教学问题。一方面,新闻传播学科的课程体系因为深受西方新闻传播学相关理论体系的影响,在课程建设的逻辑上难免被打上西方教育模式的印记。程曼丽认为,新闻传播学科的课程体系往往侧重于对具体现象、场景、故事的描摹以及不同学术流派的辨析、考据,而将价值判断搁置一旁,使学生在获取信息、接受知识的同时得不到理念、观念上的引导,以致形成了较为模糊甚至反向的认知与判断。另一方面,专业课程在融入思政内容方面,与高校思政课程教学遇到的问题相似,往往停留在理论学习和认识上,缺少扎根中国大地办教育的务实性和实践性,因此学生的理解往往不深,甚至存在着一定的抵触情绪。

针对这样的情况,注重价值引领的课程体系应该在以下两个方面着力:一方面,要立足国情,引导学生从中国新闻传播的具体实践入手,研究中国问题,形成中国理论,创立中国学说,培养学生的国情观念、政策意识和中国情怀;另一方面,课程思政要坚持理论与实践的紧密结合,"把思政小课堂同社会大课堂结合起来,教育引导学生立鸿鹄志,做奋斗者"①。

从中国传媒大学电视学院的教学实践来看,其在2015年就率先开设了"实践中的马克思主义新闻观"课程,强调马克思主义在新闻传播教学中的指导地位,同时旗帜鲜明地将马克思主义新闻观教育与新闻实践有机结合在一起,避免抽象的理论讲解。课程开设之初,教学团队就在中宣部和教育部的指导下主持编写了《实践中的马克思主义新闻观——新闻报道经典案例评析》案例教材,这一教材入选马克思主义理论研究和建设工程。该课程开创了立足中国实践、提炼中国理论的教学改革路径,是课程思政结合社会实践的一

---

① 张烁.用新时代中国特色社会主义思想铸魂育人 贯彻党的教育方针落实立德树人根本任务[N].人民日报,2019-03-19(1).

次有益探索。

基于价值引领的课程体系建设应该具备以下几个基本要素：第一，其理论建构应该具有中国实践的特征和学术思考；第二，其课程安排应该注重思政内容和育人思想的融入，而不只是专业知识传授；第三，课程建设的成果应该符合国家战略需要，培养学生的家国情怀和塑造学生的价值观。

三、传承创新：以创作实践坚定文化自信

新文科建设要本着守正创新的基本原则，也就是要顺应文科发展的一般规律和要求，创新首先应该是对传统文科内涵的传承和扬弃。新文科建设并不是对传统文科的颠覆和重建，而是用新视角、新方法、新路径来进一步拓展传统文科的内涵和外延，使其更加符合新时代中国特色社会主义的发展需要。

对传统文化的继承和发扬，就是新闻传播学科在课程体系建设中的一个切入点。一直以来，文学艺术知识一直被当作文科的通识基础课进行讲授，非文学专业的学生对中国传统文化的了解大致停留在概论层面。更为重要的是，学生对传统文化的理解往往局限在文学和历史的宏大叙事和普遍知识中，缺乏鲜活的历史认知和更具贴近性的共鸣，这也使得学生缺乏学习文史知识的动力。对新文科融合发展的理解往往更多考虑的是文科与工科等其他学科间的跨学科建设，实际上文科内部的融合重构就是新文科传承创新的重要内容和路径。

2019年1月，中国传媒大学电视学院开始在实践创作环节融入对传统文化的宣传和推广。其结合广播电视学的视频创作特色进行"北京文化地图"项目的短视频创作，在3分钟左右的时间内介绍一个北京的文化地标，如史家胡同、前门等。学生通过深挖地域文化内涵，加深了对北京的了解和认识，也增强了对国家文化传承的信心和使命感。2019年春节，文化项目短视频开始在北广传媒移动电视和地铁电视播出，普惠北京市民和外地游客。文化短视频项目后来延展到海南、福建、西安等地，共计完成150余部，成为学生

利用专业所长服务国家战略和社会需要的重要内容。

这一项目的开展也启发了编辑出版学和网络与新媒体专业的学生利用专业技能宣传和推广传统文化的文创项目,并自觉加入传播红色文化的行列。其中既包含针对福建古田会议会址研发的红星系列文创产品,也包括南方花窗系列文创产品,以及为西安永兴坊研发的唐朝仕女和纹饰系列文创产品。国际新闻与传播专业的学生完成了"二十四节气"英文版等国际传播文化产品。截止到2020年年底,电视学院师生累计获得国家外观专利38项、国家软件著作权4项。

作为社会服务的一部分,学生参与项目实践使得其在学习传统文化等通识教育内容时变被动接受为主动探究,变知识了解为创作实践。这无疑有利于学生深化对传统文化的认知和认同,从而在价值引导上实现了对文化自信的坚守。

创作实践对课程体系建设的反哺在于开始尝试以项目探索为起点,以课程建设为成果的教学改革路径,这从根本上将课程体系从跟随传统学科框架的思维转变为"在干中学,在学中干"的思维。课程体系建设应该更加贴近业界和社会需求,贴近"以学生为本"的育人思想,以更加灵活的课程建设适应当下瞬息万变的新闻传播发展动态。自2021年以来,电视学院拟开设的专业选修"微课"已经超过100门,其中有一半以上的课程都与学院的社会服务项目和学生创新创业项目相关,同时一些较为成熟的专业选修课将会逐渐替代一些专业必修课,从根本上改变课程体系。

四、技术赋能:媒体融合带动实践课程改革创新

《新文科建设宣言》指出,新文科建设要紧跟新一轮科技革命和产业变革的趋势,积极推动人工智能、大数据等现代信息技术与文科专业深入融合。相较而言,新闻传播学与前沿技术的关系更加紧密。面对日新月异的媒介技术革新,一部分学者认为,新闻传播学的教学应该本着以不变应万变的课程体系建设思路,立足传统新闻传播学的采写编评,以夯实基础为根本任务;

另一部分学者则认为，与时俱进的更新和调整才是顺应时代发展需要的课程体系建设路径。实际上，教学与技术革新的关系就如同艺术创作与技术革新的关系，技术永远是实现目的的手段和途径，而不是目的本身。虽然技术可以赋能新文科的课程体系改革，但新文科建设依然要牢牢把控在文科框架的规范和体系中。"新文科是后工业时代基于知识高度综合化、信息化、数字化的一种文科知识生产与再生产的新形态，是文科知识规训的新模式、新手段。"① 即便是技术赋能，也同样要守正才能创新。

伴随着信息技术的蓬勃发展，技术赋能课堂教学改革的案例比比皆是。在教育部公布的一流本科课程建设"双万计划"的五大"金课"中，与信息技术相关的一流课程类型就包括线上课程、线上线下混合课程和虚拟仿真实验教学课程三大类型。无论是慕课教学、翻转课堂，还是线上会议，融入信息技术之后的教学改革不仅改变了教学方式和教学思维，也在一定程度上改变了教学研究。慕课平台实时的后台大数据，既能够精准勾勒出学生的用户画像，也能分析教学设计和教学方法的效果。应该说，在文科教学中融入信息技术，包括大数据分析和智能应用，已经不是新文科建设的创新，而是当下文科教学的必然要求。

新闻传播学科的教学实践表明，新文科实践课程体系建设的创新，应该基于当前媒体融合的大战略需求，将媒体融合的观念和思维融入课程体系建设的改革中。

电视学院在寒暑假为学生提供阅读书目，以加强学生的理论阅读和专业学习。因为购买专业书籍较为困难，使得这一教学安排的落实大大打折扣，而编辑出版学专业的老师开发出基于 HTML5 技术、云技术的电子书刊在线阅读平台——新媒体书架。它可以使用文本、图像、声音、链接、动画、视频、交互等富媒体元素，在台式电脑、平板电脑、手机等设备中阅读和分享内容，并可以一键提交印刷。只需要付给技术平台公司很少的维护费用，新

---

① 权培培，段禹，崔延强.文科之"新"与文科之"道"：关于新文科建设的思考［J］.重庆大学学报（社会科学版），2021，27（1）：280–290.

媒体书架就可以让学生在线阅读专业书籍章节、赏析经典视频片段，并由此衍生出了很多服务社会的融合传播产品。2021年是中国共产党成立100周年，党中央号召开展"四史"宣传教育活动。对于电视学院而言，将"四史"教育与新闻传播专业特色有机结合起来，是坚持立德树人、践行课程思政的重要路径，也是创新课程体系建设和学生实践形式的重要内容。

电视学院通过制作100个"百年先锋移动听"融音频产品、100个"红色云展厅"融媒体折页、100个"入党故事"融音频产品、100个"红色文物青年说"融视频产品，创新了"四史"传播形态，拓展了"四史"教育场景，激活了"四史"文献资源，通过与各类媒体、研究机构、红色旅游基地合作和加强党史学习教育的网络内容数据库建设，提升了"四史"在数字平台、课堂教学甚至旅游空间中的辐射力，将多元化的教学场景相融合，提升了学习效果。

通过实践项目的实际运行，电视学院初步搭建起"媒体发展与传播创新"实践教学课程体系。依托课程体系建设，师生团队一方面不断加强对国家战略的学习和认识；另一方面注重对智能融媒体作品的创意策划、智能技术应用、融合手段创新、传播推广实施与反馈等能力的培养。电视学院在学校教育、理论研究、文艺创作与传播等过程中引入融媒体技术与理念，实现跨课程、跨专业、跨媒介形态的融媒体教学生态重组，打造了沉浸式的学习环境。

教学团队牢牢把握的建设理念是：实践教学体系的搭建并非对先进媒介技术的功能性应用，而是基于国家战略和社会服务需要的创新性实践。"媒体发展与传播创新"实践教学体系实际上应用的并非5G+8K的视频传播技术，也不是VR+AR的沉浸式虚拟现实技术，而只是传统视音频创作手段，以及非常成熟的H5技术和已普及的云技术应用，但是打造出来的"四个一百"庆祝建党百年系列融媒体产品，每个产品推出后几乎都能获得"10万+"的流量和普遍好评。可见技术赋能的课程体系改革的核心并不是技术，而是新闻传播教育的观念改变。

实践教学课程体系的建设，应该始终坚持以学生为中心，通过"教室—实验室—工作室"的教学场景创新，"作业—作品—产品"的实践成果创新，

"基础实践—综合实践—创新实践"的实践环节创新，打通产学研用的全过程，落实产教融合从"虚拟空间"到"现实空间"的转移。

总之，新闻传播教育可以从媒体融合发展的战略中探索出属于课程体系建设的融合发展路径，同时借助业界媒体资源，实现学生创新实践成果的社会传播和成果转化，让学生参与接近国家战略要求、服务重大主题宣传的实践活动，让实践直接对接业界标准，有利于实现践行"四力"、树牢"四个意识"、坚定"四个自信"的人才培养目标。

五、结语

在建设社会主义现代化强国的新征程中，构建具有世界水平、中国特色的文科人才培养体系，培育担当中华民族伟大复兴重任的时代新人，价值观教育是主线也是重点。因此，高校课程体系建设应该以人才培养为目标、以价值引领为基础、以课程建设为抓手，走"融""跨""承""新"的建设路径。

所谓"融"，就是要打破文科教育体系内部的壁垒，打通思政教育、通识教育和专业教育的界限，重塑理论教学和实践教学的逻辑，改变课堂教学和第二课堂教学的关系，实现线上教学和线下教学的一体化设计，从而打造出符合时代需要的高水平人才。

所谓"跨"，就是文科教育要拓维增效，能够主动纳入理工科的逻辑思维与技术手段，创新课程体系和教学模式，尤其是充分利用信息技术和大数据改造既有的课程教学理念和课程设计。"跨"也意味着跨出教育领域，能够将教育教学纳入社会服务和国家战略，跨入媒体行业，让教育教学贯通产学研用的全过程。

所谓"承"，就是不能彻底颠覆传统文科的教育理念和传统，而是需要对其进行扬弃。新文科应当建立在继承和发扬中国传统文化的基础上，将中国精神和中国文化的精髓转化为对中国经验、中国模式和中国道路的探索。新文科建设就是在传承传统的基础上，将新时代中国特色社会主义的理论融入其中，充分树立学生的道路自信、理论自信、制度自信和文化自信。

所谓"新"，就是创新已有的文科教育方式和教育领域，使文科教育符合国家高等教育高质量发展的根本任务。新文科建设的创新实践应该面向国家需要，重点围绕服务国家战略和社会需要的领域拓维增效。因此，新文科课程体系建设的出发点并不只是立足于专业建设或者学科建设，而且是应该具备更大的格局和视野。同时，要避免"休克疗法"的改革方式，应该在革新中循序渐进，稳步推进课程体系建设。